企业全生命周期税收管理实务

Practices of Enterprise Lifecycle Tax Management

高金平/著

中国财经出版传媒集团
中国财政经济出版社

图书在版编目（CIP）数据

企业全生命周期税收管理实务 / 高金平著. -- 北京：中国财政经济出版社，2021.8

ISBN 978-7-5223-0644-5

Ⅰ. ①企… Ⅱ. ①高… Ⅲ. ①企业管理—税收管理—中国 Ⅳ. ①F812.423

中国版本图书馆CIP数据核字（2021）第135635号

责任编辑：陆宗祥　　责任印制：史大鹏

封面设计：孙俪铭　　责任校对：张　凡

中国财政经济出版社 出版

URL：http：//www.cfeph.cn

E-mail：cfeph @cfemg.cn

社址：北京市海淀区阜成路甲28号　邮政编码：100142

营销中心电话：010-88191522

天猫网店：中国财政经济出版社旗舰店

网址：https：//zgczjjcbs.tmall.com

北京时捷印刷有限公司印刷　各地新华书店经销

成品尺寸：185mm × 260mm　16开　17.75印张　358 000字

2021年8月第1版　2021年8月北京第1次印刷

定价：99.00元

ISBN 978-7-5223-0644-5

（图书出现印装问题，本社负责调换，电话：010-88190548）

本社质量投诉电话：010-88190744

打击盗版举报热线：010-88191661　QQ：2242791300

前言

近年来，税收领域“放管服”持续推进，税收征管体制不断优化，纳税人申报办税日益便捷，政策辅导等纳税服务日趋精准滴灌，征纳成本明显降低。在“以数治税”的理念下，税务机关以税收大数据为驱动力，风险防范逐步实现分级分类全环节全要素动态管理，税法遵从度和纳税人满意度大幅度提升。2020年11月3日，《中共中央关于制定国民经济和社会发展第十四个五年规划和二〇三五年远景目标的建议》中提出要深化税收征管制度改革。2021年3月24日，中办、国办公布了《关于进一步深化税收征管改革的意见》，对深入推进精确执法、精细服务、精准监管、精诚共治，进一步深化税收征管改革作出全面部署，标志着税收征管改革迈入新的征程。

为适应新一轮税收征管改革，方便广大纳税人和税务机关系统把握税收征缴操作要点，笔者系统梳理了近年来国家税务总局颁布的若干税务管理文件，并多次深入基层税务机关、企业访谈，经潜心研究，本书付梓。

本书以企业生命周期为脉络，结合当下征管工作实际与最新税收管理理念，辅之关联度较高的税收政策，从企业设立、纳税申报、税款缴纳与退还、发票管理、纳税服务、风险管理、税务稽查、税务变更、税务注销等九个环节，系统介绍了纳税人关切的、经常发生的、重要的涉税事项。书中汇集了企业设立一表集成、容缺办理；增值税及附加税费简并申报；财产行为税10税种简并申报；企业所得税预缴优化；先进制造业留抵退税；增值税电子发票；便民办税春风行动，“最多跑一次”清单，优化营商环境；主要税种“以数治税”及“信用+风险”管理；最新稽查方向；便利企业跨省迁移；清税证明免办、税务注销即办、优化破产注销等方面，内容前沿、要点突出。同时，针对实务工作中纳税人较为关注的事项，书中全面、细致讲解了增值税、消费税、个人所得税、居民企业所得税、非居民企业所得税、财产行为税、车辆购置税等常见税种的申报要点；企业所得税与个人所得税核定征收管理；发票分级分类管理；增值税异常抵扣凭证管理；虚开界定与处理；纳税信用评价、应用、修复与个人所得税纳税信用建设；企业税收风险防范内控体系搭建；稽查选案、检查、审理、执行四环节流程；简易注销、一般企业注销、破产注销实务等，丰富详实，实用性强。

希望本书能够使读者在较短时间内系统、全面地了解税收征管各环节业务以及主要税种、核心事项的管理重点。本书为广大纳税人全链条把握各项税收事务提供了操作指引，也可供税务机关一线工作人员、税务师事务所等税收从业人员在实务工作中参考。

本书涉税文件截至2021年7月18日。随着金税四期、发票电子化改革、税收服务、执法与监管的进一步深度融合，税收治理将实现数字化、智能化、智慧化的突破，我国已由“发票管税”过渡到“以数治税”，最终实现从经验式执法向科学精确执法转变。管理无止境，创新无止境。新的征管理念、征管模式、征管方式、征管方法等有待不断探索。虽尽力撰写，本书观点难免有疏漏不当之处，诚请读者指正。

岁月不居，
时光如流。
探索无尽，
未来可期。

高金平

2021年7月18日

目录

第一章

企业设立管理

企业设立是税务管理的起点，新开办企业时，纳税人依申请办理的涉税事项主要包括登记信息确认、发票票种核定、增值税一般纳税人登记、增值税专用发票最高开票限额审批、增值税税控系统专用设备初始发行（含税务UKey发放）、发票领用等6个事项；税务机关依职权办理的事项为主管税务机关及科所分配、税（费）种认定等2个事项。本章就企业设立环节重点涉税事项做简要介绍。

附：企业开办涉税事项办理参考流程图（见图1.1）。

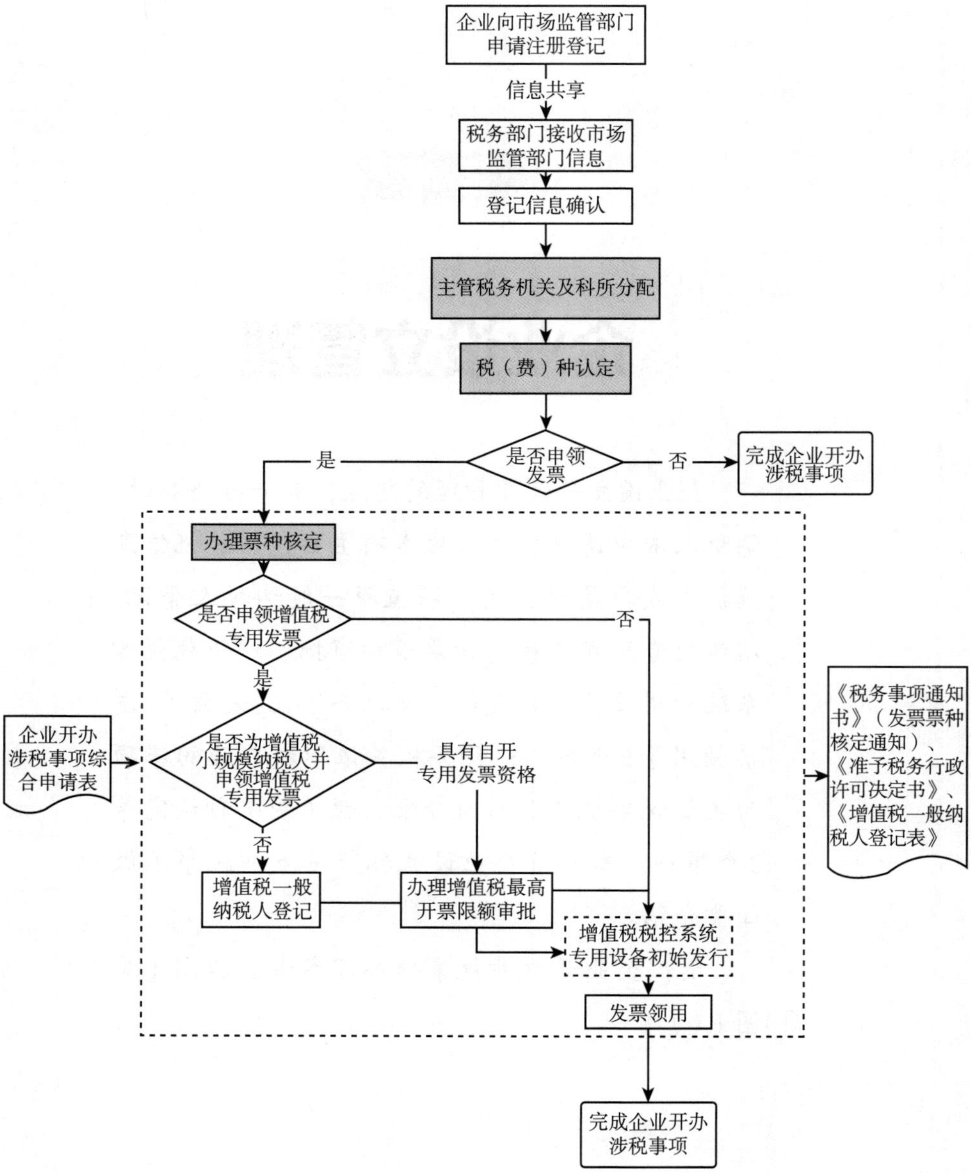

图1.1　企业开办涉税事项办理参考流程图

第一节 登记信息确认

根据《税务登记管理办法》(国家税务总局令第7号)，企业，企业在外地设立的分支机构和从事生产、经营的场所，个体工商户和从事生产、经营的事业单位，均应当按照《税收征管法》及其《实施细则》和本办法的规定办理税务登记。前款规定以外的纳税人，除国家机关、个人和无固定生产、经营场所的流动性农村小商贩外，也应当按照《税收征管法》及其《实施细则》和本办法的规定办理税务登记。根据税收法律、行政法规的规定负有扣缴税款义务的扣缴义务人（国家机关除外)，应当按照《税收征管法》及其《实施细则》和本办法的规定办理扣缴税款登记。

为推进简政放权，便利市场准入，自2015年10月1日起，“三证合一、一照一码”登记改革全面推行。新设立企业、农民专业合作社（以下统称“企业”）领取由工商行政管理部门核发的加载法人和其他组织统一社会信用代码（以下简称“统一代码”）的营业执照后，无须再次进行税务登记，不再领取税务登记证。企业办理涉税事宜时，在完成补充信息采集后，凭加载统一代码的营业执照可代替税务登记证使用。随即，税务部门与民政部门之间能够建立省级统一的信用信息共享交换平台、政务信息平台、部门间数据接口并实现登记信息实时传递的，可以参照企业、农民专业合作社“三证合一、一照一码”的做法，对已取得统一社会信用代码的社会组织纳税人进行“三证合一”登记模式改革试点，由民政部门受理申请，只发放标注统一社会信用代码的社会组织（社会团体、基金会、民办非企业单位）法人登记证，赋予其税务登记证的全部功能，不再另行发放税务登记证件。紧接着，个体工商户营业执照和税务登记证实施“两证整合”，根据相关法律法规和国家标准，建立统一登记流程、统一编码和赋码规则等，全面实行个体工商户“两证整合”登记模式。通过“一窗受理、互联互通、信息共享”，由工商行政管理部门核发加载统一社会信用代码的营业执照，该营业执照具有原营业执照和税务登记证的功能，税务部门不再发放税务登记证，税务机关在个体工商户办理涉税事宜时，确认统一社会信用代码等相关信息，进行税务管理。

由此可见，随着“多证合一”商事登记制度改革，企业设立环节，税收管理由原先的税务登记管理转为纳税人（扣缴义务人）首次办理涉税事项时相关信息的确认与采集。企业基本信息全面、正确的采集对税务机关后续管理至关重要，例如，投资方信息直接关系企业未来股息红利分配、投资方股权转让等涉税事项；法定代表人信息、财务负责人信息是企业未守法合规经营失信惩戒的追责渠道。

一、一照一码户登记信息确认

已实行“多证合一、一照一码”登记模式的纳税人，首次办理涉税事宜时，对税务机关依据市场监督管理等部门共享信息制作的"'多证合一'登记信息确认表"进行确认，对其中不全的信息进行补充，对不准确的信息进行更正。

附："多证合一"登记信息确认表（见表1.1）。

表 1.1　　"多证合一"登记信息确认表

尊敬的纳税人：

以下是您在工商机关办理注册登记时提供的信息。为保障您的合法权益，请您仔细阅读，对其中不全的信息进行补充，对不准的信息进行更正，对需要更新的信息进行补正，以便为您提供相关服务。

一、以下信息非常重要，请您务必仔细阅读并予以确认

纳税人名称				统一社会信用代码			
登记注册类型		批准设立机关			开业（设立）日期		
生产经营期限起		生产经营期限止		注册地址邮政编码		注册地址联系电话	
注册地址							
生产经营地址							
经营范围	（可根据内容调整表格大小）						
注册资本	币种		金额				

投资方名称	证件类型	证件号码	投资比例	国籍或地址
		□□□□□□□□□□□□□□□□□□□□□□□□□		
		□□□□□□□□□□□□□□□□□□□□□□□□□		
……	……	……	……	……

项目 联系人	姓名	证件类型	证件号码	固定电话	移动电话
法定代表人			□□□□□□□□□□□□□□□□□□□□□□□□□		
财务负责人			□□□□□□□□□□□□□□□□□□□□□□□□□		

二、以下信息比较重要，请您根据您的实际情况予以确认

法定代表人电子邮箱		财务负责人电子邮箱	
投资总额	币种		金额	

若您是总机构，请您确认

分支机构名称		分支机构统一社会信用代码	
分支机构名称		分支机构统一社会信用代码	
分支机构名称		分支机构统一社会信用代码	
…		…	

若您是分支机构，请您确认

总机构名称		总机构统一社会信用代码	

经办人：　　　　纳税人（签章）

年　月　日

二、两证整合个体工商户登记信息确认

已实行“两证整合”登记模式的纳税人，首次办理涉税事宜时，对税务机关依据外部信息交换系统获取的登记表单信息及其他税务管理信息进行确认。

三、纳税人（扣缴义务人）身份信息报告

不适用“一照一码”“两证整合”的纳税人，满足以下情形的纳税人应办理纳税人（扣缴义务人）身份信息报告：

1. 取得统一社会信用代码，但批准部门为除市场监督管理部门之外其他有关部门批准设立的（如社会团体，律师事务所等）。

2. 因经营地址变更等原因，注销后恢复开业的。

3. 有独立的生产经营权、在财务上独立核算并定期向发包人或者出租人上交承包费或租金的承包承租人，应当自承包承租合同签订之日起30日内，向承包承租业务发生地税务机关办理“纳税人（扣缴义务人）身份信息报告”。

4. 在中华人民共和国境内承包建筑、安装、装配、勘探工程和提供劳务的境外企业，应当自项目合同或协议签订之日起30日内向项目所在地税务机关办理“纳税人（扣缴义务人）身份信息报告”。

5. 从事生产、经营的纳税人，应经有关部门批准设立但未经有关部门批准的，应当自纳税义务发生之日起30日内向生产、经营所在地税务机关办理“纳税人（扣缴义务人）身份信息报告”。

6. 非境内注册居民企业收到居民身份认定书的。

7. 根据税收法律、行政法规的规定负有扣缴税款义务的扣缴义务人，应当办理扣缴税款登记的。

第二节　增值税一般纳税人登记

根据《增值税一般纳税人登记管理办法》（国家税务总局令第43号）、《国家税务总局关于增值税一般纳税人登记管理若干事项的公告》（国家税务总局公告2018年第6号）等文件，增值税一般纳税人登记要点如下：

一、登记主体

增值税纳税人，年应税销售额超过财政部、国家税务总局规定的小规模纳税人标准（目前为500万元）的，除以下情形外，应当向主管税务机关办理一般纳税人登记：

1.按照政策规定，选择按照小规模纳税人纳税的。选择按照小规模纳税人纳税的政策依据有两个，一是根据《中华人民共和国增值税暂行条例实施细则》第二十九条规定，非企业性单位、不经常发生应税行为的企业可选择按照小规模纳税人纳税；二是根据《营业税改征增值税试点实施办法》（财税〔2016〕36号文件印发）第三条规定，年应税销售额超过规定标准但不经常发生应税行为的单位和个体工商户可选择按照小规模纳税人纳税。

2.年应税销售额超过规定标准的其他个人，其他个人指自然人。

上述年应税销售额，是指纳税人在连续不超过12个月或四个季度的经营期内累计应征增值税销售额，包括纳税申报销售额、稽查查补销售额、纳税评估调整销售额。其中，“经营期”是指在纳税人存续期内的连续经营期间，含未取得销售收入的月份或季度。“纳税申报销售额”是指纳税人自行申报的全部应征增值税销售额，包括免税销售额和税务机关代开发票销售额。“稽查查补销售额”和“纳税评估调整销售额”计入查补税款申报当月（或当季）的销售额，不计入税款所属期销售额。

销售服务、无形资产或者不动产（以下简称“应税行为”）有扣除项目的纳税人，其应税行为年应税销售额按未扣除之前的销售额计算。纳税人偶然发生的销售无形资产、转让不动产的销售额，不计入应税行为年应税销售额。

年应税销售额未超过规定标准的纳税人，会计核算健全，能够提供准确税务资料的，可以向主管税务机关办理一般纳税人登记。会计核算健全，是指能够按照国家统一的会计制度规定设置账簿，根据合法、有效凭证进行核算。

另外，对从事成品油销售的加油站，无论其年应税销售额是否超过小规模纳税人标准，一律按增值税一般纳税人征税。

二、登记程序

纳税人应当向其机构所在地主管税务机关办理一般纳税人登记手续，程序如下：

1.纳税人向主管税务机关填报“增值税一般纳税人登记表”，如实填写固定生产经营场所等信息，并提供税务登记证件（包括纳税人领取的由工商行政管理部门或者其他主管部门核发的加载法人和其他组织统一社会信用代码的相关证件）。

2.纳税人填报内容与税务登记信息一致的，主管税务机关当场登记。

3.纳税人填报内容与税务登记信息不一致，或者不符合填列要求的，税务机关应当场告知纳税人需要补正的内容。

年应税销售额超过规定标准的纳税人，符合政策规定，选择作为小规模纳税人的，应当向主管税务机关提交“选择按小规模纳税人纳税的情况说明”（见表1.3）。

为进一步减轻纳税人负担，一般纳税人登记列入“全程网上办”清单，实现“增值税一般纳税人登记表”填报、信息核对等登记事项网上办理。

纳税人登记为一般纳税人的，自生效之日起，按照增值税一般计税方法计算应纳税额，并可以按照规定领用增值税专用发票。生效之日，是指纳税人办理登记的当月 1 日或者次月 1 日，由纳税人在办理登记手续时自行选择。

附：增值税一般纳税人登记表（见表1.2）。

表 1.2　　增值税一般纳税人登记表

<table>
<tr><td>纳税人名称</td><td colspan="2"></td><td>社会信用代码（纳税人识别号）</td><td colspan="2"></td></tr>
<tr><td>法定代表人（负责人、业主）</td><td></td><td>证件名称及号码</td><td></td><td>联系电话</td><td></td></tr>
<tr><td>财务负责人</td><td></td><td>证件名称及号码</td><td></td><td>联系电话</td><td></td></tr>
<tr><td>办税人员</td><td></td><td>证件名称及号码</td><td></td><td>联系电话</td><td></td></tr>
<tr><td>税务登记日期</td><td colspan="5"></td></tr>
<tr><td>生产经营地址</td><td colspan="5"></td></tr>
<tr><td>注册地址</td><td colspan="5"></td></tr>
<tr><td colspan="6">纳税人类别：企业□　非企业性单位□　个体工商户□　其他□</td></tr>
<tr><td colspan="6">主营业务类别：工业□　商业□　服务业□　其他□</td></tr>
<tr><td colspan="6">会计核算健全：是□</td></tr>
<tr><td colspan="6">一般纳税人生效之日：当月 1 日□　　次月 1 日□</td></tr>
<tr><td colspan="6">纳税人（代理人）承诺：
会计核算健全，能够提供准确税务资料，上述各项内容真实、可靠、完整。如有虚假，愿意承担相关法律责任。

经办人：　　法定代表人：　　代理人：　　（签章）
年　月　日</td></tr>
<tr><td colspan="6">以下由税务机关填写</td></tr>
<tr><td>税务机关受理情况</td><td colspan="5">受理人：　　受理税务机关（章）
年　月　日</td></tr>
</table>

【填表说明】

1. 本表由纳税人如实填写。

2. 表中“证件名称及号码”相关栏次，根据纳税人的法定代表人、财务负责人、办税人员的居民身份证、护照等有效身份证件及号码填写。

3. 表中“一般纳税人生效之日”由纳税人自行勾选。

4. 本表一式两份，主管税务机关和纳税人各留存一份。

表 1.3　　　　选择按小规模纳税人纳税的情况说明

<table>
<tr><td>纳税人名称</td><td></td><td>社会信用代码（纳税人识别号）</td><td></td></tr>
<tr><td rowspan="2" colspan="2">连续不超过 12 个月或四个季度的经营期内
累计应税销售额</td><td colspan="2">货物劳务：　　年　月至　　年　月共　　　元。</td></tr>
<tr><td colspan="2">应税行为：　　年　月至　　年　月共　　　元。</td></tr>
<tr><td>情况说明</td><td colspan="3"></td></tr>
<tr><td colspan="4">纳税人（代理人）承诺：
上述各项内容真实、可靠、完整。如有虚假，愿意承担相关法律责任。

经办人：　　　　法定代表人：　　　　代理人：　　　　（签章）
年　月　日</td></tr>
<tr><td colspan="4">以下由税务机关填写</td></tr>
<tr><td>税务机关受理情况</td><td colspan="3">受理人：　　　　受理税务机关（章）
年　月　日</td></tr>
</table>

【填表说明】

1.“情况说明”栏由纳税人填写符合财政部、国家税务总局规定可选择按小规模纳税人纳税的具体情形及理由。

2. 本表一式两份，主管税务机关和纳税人各留存一份。

第三节　“一表集成”与“容缺式”办理

为进一步简化企业开办涉税事项办理程序、压缩办理时间，2020年6月底前，企业开办涉税事项办理全部实现一套资料、一窗受理、一次提交、一次办结。进一步压缩企业开办首次办税时申领增值税发票时间，有条件的地区可以压缩至1个工作日内。

一、一表集成

企业开办首次申领发票涉及相关事项所需填写、确认的“增值税一般纳税人登记表”“纳税人领用发票票种核定表”“税务行政许可申请表”“增值税专用发票最高开票限额申请单”等集成至“新办纳税人涉税事项综合申请表”，由纳税人一次填报和确认，实现企业开办“一表集成”。

二、“容缺式”办理

企业通过优化后的程序现场办理开办涉税事项，若暂时无法提供企业印章，符合以下条件的，税务机关予以容缺办理：

1. 由其法定代表人办理时，已实名采集认证并承诺后续补齐的。

2. 由办税人员办理时，办税人员已实名采集认证，经法定代表人线上实名采集认证、授予办税人员办税权限的，或者提供法定代表人授权委托书的。

企业30日内未补充提供印章的，税务机关将其行为纳入信用记录，对其实施风险管理并严格办理发票领用。

在优化企业开办流程、压缩办理时间的同时，通过对法定代表人、办税人员进行实名信息采集验证，对新办企业进行用票风险“体检”等方式开展事中事后监管，加强对虚假注册、虚开发票等违法行为的风险防控。

附：新办纳税人涉税事项综合申请表（见表1.4）。

表 1.4　　新办纳税人涉税事项综合申请表

<table>
<tr><td rowspan="3">基本信息</td><td>纳税人名称</td><td></td><td>统一社会信用代码</td><td></td></tr>
<tr><td>经办人</td><td></td><td>身份证件类型</td><td></td></tr>
<tr><td>证件号码</td><td></td><td>联系电话</td><td></td></tr>
<tr><td rowspan="8">增值税一般纳税人资格登记</td><td colspan="4">是否登记为增值税一般纳税人：是□；否□（无须填写以下一般纳税人资格登记信息）</td></tr>
<tr><td rowspan="2">纳税人类别：</td><td colspan="3">企业□ 个体工商户□ 农民合作社□ 其他□</td></tr>
<tr><td colspan="3">（请选择一个项目并在□内打“√”）</td></tr>
<tr><td rowspan="2">主营业务类别：</td><td colspan="3">工业 □ 商业 □ 服务业 □ 其他□</td></tr>
<tr><td colspan="3">（请选择一个项目并在□内打“√”）</td></tr>
<tr><td>会计核算健全：</td><td colspan="3">是□（请选择一个项目并在□内打“√”）</td></tr>
<tr><td colspan="2" rowspan="2">一般纳税人资格生效之日：</td><td colspan="2">当月1日 □ 次月1日 □</td></tr>
<tr><td colspan="2">（请选择一个项目并在□内打“√”）</td></tr>
<tr><td rowspan="7">首次办税申领发票</td><td>发票种类名称</td><td>单份发票最高开票限额</td><td>每月最高领票数量</td><td>领票方式</td></tr>
<tr><td></td><td></td><td></td><td></td></tr>
<tr><td></td><td></td><td></td><td></td></tr>
<tr><td></td><td></td><td></td><td></td></tr>
<tr><td>领票人</td><td>联系电话</td><td>身份证件类型</td><td>身份证件号码</td></tr>
<tr><td></td><td></td><td></td><td></td></tr>
<tr><td></td><td></td><td></td><td></td></tr>
</table>

续表

首次办税申领发票	税务行政许可申请事项：	增值税专用发票（增值税税控系统）最高开票限额审批
	增值税专用发票（增值税税控系统）最高开票限额申请	一千元□ 一万元□ 十万元□ （请选择一个项目并在□内打“√”）
纳税人声明：能够提供准确税务资料，上述各项内容真实、可靠、完整。如有虚假，愿意承担相关法律责任。		
经办人： 代理人： 纳税人（印章）： 年 月 日		

【填表说明】

1. 本表适用于新办企业，新办个体工商户、农民合作社可参照适用；

2. 表单一式一份，由税务机关留存。

第四节 跨区域涉税事项报验管理

根据《国家税务总局关于创新跨区域涉税事项报验管理制度的通知》（税总发〔2017〕103号）、《国家税务总局关于明确跨区域涉税事项报验管理相关问题的公告》（国家税务总局公告2018年第38号）文件，纳税人跨省（自治区、直辖市和计划单列市）临时从事生产经营活动的，向机构所在地的税务机关填报“跨区域涉税事项报告表”，纳税人首次在经营地办理涉税事宜时，向经营地的税务机关报验跨区域涉税事项。纳税人跨区域经营合同延期的，可以向经营地或机构所在地的税务机关办理报验管理有效期限延期手续。纳税人跨区域经营活动结束后，应当结清经营地税务机关的应纳税款以及其他涉税事项，向经营地的税务机关填报“经营地涉税事项反馈表”。经营地的税务机关核对“经营地涉税事项反馈表”后，及时将相关信息反馈给机构所在地的税务机关。纳税人不需要另行向机构所在地的税务机关反馈。

跨区域报验管理事项的报告、报验、延期、反馈等信息，通过信息系统在机构所在地和经营地的税务机关之间传递，实时共享。

附：跨区域涉税事项报告表（见表1.5）和经营地涉税事项反馈表（见表1.6）。

表 1.5 **跨区域涉税事项报告表**

纳税人名称		纳税人识别号 （统一社会信用代码）			
经办人		座机		手机	
跨区域涉税事项联系人		座机		手机	
跨区域经营地址	______省（自治区/市）______市（地区/盟/自治州）______县（自治县/旗/自治旗/市/区）______乡（民族乡/镇/街道）______村（路/社区）______号				

续表

<table>
<tr><td>经营方式</td><td colspan="3">建筑安装□ 装饰修饰□ 修理修配□ 加工□
批发□ 零售□ 批零兼营□ 零批兼营□ 其他□</td></tr>
<tr><td>合同名称</td><td colspan="1"></td><td>合同编号</td><td></td></tr>
<tr><td>合同金额</td><td></td><td>合同有效期限</td><td>年 月 日至 年 月 日</td></tr>
<tr><td>合同相对方名称</td><td></td><td>合同相对方纳税人识别号（统一社会信用代码）</td><td></td></tr>
<tr><td rowspan="2">延长有效期</td><td>跨区域涉税事项报验管理编号</td><td colspan="2">税跨报〔 〕 号</td></tr>
<tr><td>最新有效期止</td><td colspan="2">至 年 月 日</td></tr>
<tr><td colspan="4">纳税人声明：我承诺，上述填报内容是真实的、可靠的、完整的，并愿意承担相应法律责任。
经办人： 纳税人（盖章）
年 月 日
税务机关事项告知：纳税人应当在跨区域涉税事项报验管理有效期内在经营地从事经营活动，若合同延期，可向经营地或机构所在地的税务机关办理报验管理有效期的延期手续。</td></tr>
<tr><td colspan="4">以下由税务机关填写</td></tr>
<tr><td colspan="4">跨区域涉税事项报验管理编号： 税跨报〔 〕 号
经办人： 负责人：
税务机关（盖章）
年 月 日
税务机关联系电话：</td></tr>
<tr><td colspan="2">跨区域涉税事项报验管理有效日期</td><td colspan="2">自 年 月 日起至 年 月 日</td></tr>
<tr><td colspan="2">延长后的跨区域涉税事项报验管理有效日期</td><td colspan="2">自 年 月 日起至 年 月 日</td></tr>
</table>

【填表说明】

1. 本表由纳税人在跨区域经营活动前向税务机关报告时，以及在办理跨区域涉税事项报验管理有效期延期时填写。纳税人在跨区域经营活动前向机构所在地的税务机关填报，在办理报验管理有效期延期时向经营地或机构所在地的税务机关填报。

2. 本表一式两份，纳税人、机构所在地或经营地的税务机关各留存一份。

3. “纳税人识别号（统一社会信用代码）”栏，未换领加载统一社会信用代码营业执照的纳税人填写原 15 位纳税人识别号，已领用加载统一社会信用代码营业执照的纳税人填写 18 位统一社会信用代码。

4. “经办人”栏填写办理“跨区域涉税事项报告表”的人员；“跨区域涉税事项联系人”栏填写负责办理跨区域经营活动具体涉税事宜的人员。“座机”“手机”栏请务必准确填写，以方便联系沟通，尤其是方便税务机关及时反馈办理进程。

5. “经营方式”栏，按照实际经营情况在对应选项“□”里打“√”。

6. “合同名称”和“合同编号”栏，按照同一份合同的名称和编号填写。

7. “合同相对方纳税人识别号（统一社会信用代码）”栏，根据合同相对方的实际情况填写，若合同相对方无纳税人识别号（统一社会信用代码），可不填写。

8. “跨区域涉税事项报验管理编号”“最新有效期止”栏，由办理报验管理有效期延期的纳税人填写。

9. 纳税人因合同延期，需办理报验管理有效期延期的，重新使用本表，但只填写“纳税人名称”“纳税人识别号（统一社会信用代码）”以及“延长有效期”栏次，并签章。

表 1.6　　　　**经营地涉税事项反馈表**

<table>
<tr><td>纳税人名称</td><td colspan="3"></td></tr>
<tr><td>纳税人识别号（统一社会信用代码）</td><td></td><td>跨区域涉税事项报验管理编号</td><td>税跨报〔　　〕号</td></tr>
<tr><td>实际经营期间</td><td colspan="3">自　　年　月　日起至　　年　月　日</td></tr>
<tr><td>货物存放地点</td><td colspan="3"></td></tr>
</table>

合同包含的项目名称	预缴税款征收率	已预缴税款金额	实际合同执行金额	开具发票金额（含自开和代开）	应补预缴税款金额
合计金额					

经办人： 纳税人（盖章）： 年　月　日	税务机关意见： 经办人： 税务机关（盖章）： 年　月　日

【填表说明】

1. 本表由纳税人在跨区域经营活动结束时填写，向经营地的税务机关填报。税务机关受理后，纳税人可索取“税务事项通知书”（受理通知）。

2. 本表一式一份，经营地的税务机关留存。

3. “纳税人识别号（统一社会信用代码）”栏，未换领加载统一社会信用代码营业执照的纳税人填写原 15 位纳税人识别号，已领用加载统一社会信用代码营业执照的纳税人填写 18 位统一社会信用代码。

4. “跨区域涉税事项报验管理编号”栏填写原“跨区域涉税事项报告表”中注明的管理编号。

5. “实际经营期间”栏填写实际经营开始日期和经营结束日期。

6. “货物存放地点”栏填写跨区域经营货物的具体存放地点，要明确填到区、街及街道号。若无跨区经营货物的，此栏不需要填写。

7. “预缴税款征收率”栏按预缴税款时适用的征收率填写。

8. “已预缴税款金额”栏填写已向经营地税务机关预缴的增值税税款的累计金额（金额单位：元，下同）。

9. 纳税人结清经营地的税务机关应纳税款，以及办结其他涉税事项后，才能向经营地的税务机关填报本表。

第二章

纳税申报管理

纳税申报是纳税人接触最多的涉税事项，纳税申报数据是税收管理的重要基础，直接关系着后续精细服务、精准监管；纳税人是否按期、准确申报是税务管理的重中之重。为进一步推进“放管服”改革，税务机关不断从纳税人的角度出发，简并申报资料，优化申报流程。

第一节　增值税

一、基本规定

（一）纳税义务发生时间

发生应税销售行为，为收讫销售款项或者取得索取销售款项凭据的当天；先开具发票的，为开具发票的当天。进口货物，为报关进口的当天。增值税扣缴义务发生时间为纳税人增值税纳税义务发生的当天。

（二）纳税地点

固定业户应当向其机构所在地的主管税务机关申报纳税。总机构和分支机构不在同一县（市）的，应当分别向各自所在地的主管税务机关申报纳税；经国务院财政、税务主管部门或者其授权的财政、税务机关批准，可以由总机构汇总向总机构所在地的主管税务机关申报纳税。

固定业户到外县（市）销售货物或者劳务，应当向其机构所在地的主管税务机关报告外出经营事项，并向其机构所在地的主管税务机关申报纳税；未报告的，应当向销售地或者劳务发生地的主管税务机关申报纳税；未向销售地或者劳务发生地的主管税务机关申报纳税的，由其机构所在地的主管税务机关补征税款。

非固定业户销售货物或者劳务，应当向销售地或者劳务发生地的主管税务机关申报纳税；未向销售地或者劳务发生地的主管税务机关申报纳税的，由其机构所在地或者居住地的主管税务机关补征税款。

进口货物，应当向报关地海关申报纳税。

扣缴义务人应当向其机构所在地或者居住地的主管税务机关申报缴纳其扣缴的税款。

（三）纳税期限

增值税的纳税期限分别为1日、3日、5日、10日、15日、1个月或者1个季度。纳税人的具体纳税期限，由主管税务机关根据纳税人应纳税额的大小分别核定；不能按照固定期限纳税的，可以按次纳税。

纳税人以1个月或者1个季度为1个纳税期的，自期满之日起15日内申报纳税；以1日、3日、5日、10日或者15日为1个纳税期的，自期满之日起5日内预缴税款，于次月1日起15日内申报纳税并结清上月应纳税款。

扣缴义务人解缴税款的期限，依照上述规定执行。

二、预缴申报

纳税人（不含其他个人，下同）跨地级行政区（市、区、州）提供建筑服务、房地产开发企业预售自行开发的房地产项目、纳税人（不含其他个人，下同）出租与机构所在地不在同一县（市）的不动产等按规定需要在项目所在地或不动产所在地主管税务机关预缴税款的，填报“增值税及附加税费预缴表”及其他相关资料，向税务机关进行纳税申报。按照现行规定应当预缴增值税税款的小规模纳税人，凡在预缴地实现的月销售额未超过15万元的，当期无须预缴税款。

（一）建筑服务

1.纳税人提供建筑服务取得预收款，应在收到预收款时，以取得的预收款扣除支付的分包款后的余额，按规定的预征率预缴增值税。

按照现行规定应在建筑服务发生地预缴增值税的项目，纳税人收到预收款时在建筑服务发生地预缴增值税。按照现行规定无须在建筑服务发生地预缴增值税的项目，纳税人收到预收款时在机构所在地预缴增值税。

适用一般计税方法计税的项目预征率为2%，适用简易计税方法计税的项目预征率为3%。

（1）适用一般计税方法计税的：

应预缴税款=（全部价款和价外费用-支付的分包款）÷（1+9%）×2%

（2）适用简易计税方法计税的：

应预缴税款=（全部价款和价外费用-支付的分包款）÷（1+3%）×3%

纳税人应按照工程项目分别计算应预缴税款，分别预缴。纳税人取得的全部价款和价外费用扣除支付的分包款后的余额为负数的，可结转下次预缴税款时继续扣除。

2.纳税人按照上述规定从取得的全部价款和价外费用中扣除支付的分包款，应当取得符合法律、行政法规和国家税务总局规定的合法有效凭证，否则不得扣除。上述凭证是指：

（1）从分包方取得的2016年4月30日前开具的建筑业营业税发票。上述建筑业营业税发票在2016年6月30日前可作为预缴税款的扣除凭证。

（2）从分包方取得的2016年5月1日后开具的，备注栏注明建筑服务发生地所在县（市、区）、项目名称的增值税发票。

（3）国家税务总局规定的其他凭证。

3.纳税人跨地级行政区提供建筑服务，在向建筑服务发生地主管税务机关预缴税款时，需填报“增值税及附加税费预缴表”，并出示以下资料：

（1）与发包方签订的建筑合同复印件（加盖纳税人公章）；

（2）与分包方签订的分包合同复印件（加盖纳税人公章）；

（3）从分包方取得的发票复印件（加盖纳税人公章）。

4.纳税人跨地级行政区提供建筑服务预缴的增值税税款，凭完税凭证作为合法有效凭证，在当期增值税应纳税额中抵减，抵减不完的，结转下期继续抵减。

5.对跨地级行政区提供的建筑服务，纳税人应自行建立预缴税款台账，区分不同县（市、区）和项目逐笔登记全部收入、支付的分包款、已扣除的分包款、扣除分包款的发票号码、已预缴税款以及预缴税款的完税凭证号码等相关内容，留存备查。

6.纳税人跨地级行政区提供建筑服务，应向建筑服务发生地主管税务机关预缴税款而自应当预缴之月起超过6个月没有预缴税款的，由机构所在地主管税务机关按照《中华人民共和国税收征收管理法》及相关规定进行处理。

纳税人在同一直辖市、计划单列市范围内地级行政区提供建筑服务的，由直辖市、计划单列市税务局决定是否在建筑服务所在地预缴增值税。

（二）房地产开发企业预售房地产

一般纳税人采取预收款方式销售自行开发的房地产项目，无论是一般计税项目还是简易计税项目，均应在收到预收款时按照3%的预征率预缴增值税，并填报“增值税及附加税费预缴表”，在取得预收款的次月纳税申报期向主管税务机关预缴税款。纳税人向税务机关预缴的增值税税款，可以在当期增值税应纳税额中抵减，抵减不完的，结转下期继续抵减。纳税人以预缴税款抵减应纳税额，应以完税凭证作为合法有效凭证。

应预缴税款=预收款 ÷（1+适用税率或征收率）×3%

适用一般计税方法计税的，按照9%的适用税率计算；适用简易计税方法计税的，按照5%的征收率计算。

房地产企业的开发项目所在地通常与机构所在地一致，跨县（县级市、区）开发的，在项目所在地预缴增值税，回机构所在地办理纳税申报。

房地产企业为促销、融资等目的，在未签订房屋销售合同之前以房屋认购书、购房意向书等名义收取的诚意金、意向金，属于“预约登记费”性质，不作为预收账款处理。

（三）出租不动产

1.一般纳税人出租其2016年4月30日前取得的不动产，可以选择适用简易计税方法，按照5%的征收率计算应纳税额。不动产所在地与机构所在地不在同一县（市、区）的，纳税人应按照上述计税方法向不动产所在地主管税务机关预缴税款，向机构所在地主管税务机关申报纳税。不动产所在地与机构所在地在同一县（市、区）的，纳税人向机构所在地主管税务机关申报纳税。

一般纳税人出租其2016年5月1日后取得的不动产，适用一般计税方法计税。不动产所在地与机构所在地不在同一县（市、区）的，纳税人应按照3%

的预征率向不动产所在地主管税务机关预缴税款，向机构所在地主管税务机关申报纳税。不动产所在地与机构所在地在同一县（市、区）的，纳税人应向机构所在地主管税务机关申报纳税。一般纳税人出租其2016年4月30日前取得的不动产适用一般计税方法计税的，按照上述规定执行。

2.小规模纳税人出租不动产，按照以下规定缴纳增值税。

（1）单位和个体工商户出租不动产（不含个体工商户出租住房），按照5%的征收率计算应纳税额。个体工商户出租住房，按照5%的征收率减按1.5%计算应纳税额。

不动产所在地与机构所在地不在同一县（市、区）的，纳税人应按照上述计税方法向不动产所在地主管税务机关预缴税款，向机构所在地主管税务机关申报纳税。

不动产所在地与机构所在地在同一县（市、区）的，纳税人应向机构所在地主管税务机关申报纳税。

（2）其他个人出租不动产（不含住房），按照5%的征收率计算应纳税额，向不动产所在地主管税务机关申报纳税。其他个人出租住房，按照5%的征收率减按1.5%计算应纳税额，向不动产所在地主管税务机关申报纳税。

3.纳税人应在取得租金的次月纳税申报期或不动产所在地主管税务机关核定的纳税期限预缴税款。提供租赁服务采取预收款方式的，其纳税义务发生时间为收到预收款的当天。向不动产所在地主管税务机关预缴的增值税款，可以在当期增值税应纳税额中抵减，抵减不完的，结转下期继续抵减。纳税人以预缴税款抵减应纳税额，应以完税凭证作为合法有效凭证。

4.纳税人出租的不动产所在地与其机构所在地在同一直辖市或计划单列市但不在同一县（市、区）的，由直辖市或计划单列市税务局决定是否在不动产所在地预缴税款。

（四）销售不动产（不含开发产品）

1.一般纳税人销售其2016年4月30日前取得的不动产（不含自建），适用一般计税方法计税的，以取得的全部价款和价外费用减去该项不动产购置原价或者取得不动产时的作价后的余额，按照5%的预征率在不动产所在地预缴税款后，向机构所在地主管税务机关进行纳税申报。

2.一般纳税人销售其2016年4月30日前自建的不动产，适用一般计税方法计税的，应以取得的全部价款和价外费用为销售额计算应纳税额。纳税人应以取得的全部价款和价外费用，按照5%的预征率在不动产所在地预缴税款后，向机构所在地主管税务机关进行纳税申报。

3.一般纳税人销售其2016年5月1日后取得（不含自建）的不动产，应适用一般计税方法，以取得的全部价款和价外费用为销售额计算应纳税额。纳税人应以取得的全部价款和价外费用减去该项不动产购置原价或者取得不动产时的作价后的余额，按照5%的预征率在不动产所在地预缴税款后，向机构所在地主管税务机关进行纳税申报。

4.一般纳税人销售其2016年5月1日后自建的不动产，应适用一般计税方法，以取得的全部价款和价外费用为销售额计算应纳税额。纳税人应以取得的全部价款和价外费用，按照5%的预征率在不动产所在地预缴税款后，向机构所在地主管税务机关进行纳税申报。

三、一般纳税人申报

一般纳税人销售货物、劳务、服务、无形资产、不动产（以下统称“应税销售行为”），应纳税额为当期销项税额抵扣当期进项税额后的余额，当期销项税额小于当期进项税额不足抵扣时，其不足部分可以结转下期继续抵扣。增值税一般纳税人在规定的纳税期限内填报“增值税及附加税费申报表（一般纳税人适用）”、附列资料及其他相关资料，向税务机关进行纳税申报。实务操作中，关注以下几点：

（一）简易计税

对于部分业务，税法规定允许纳税人选择简易计税办法计算缴纳增值税，选择简易办法后，36个月内不得变更。相关业务归纳如表2.1所示。

表2.1 简易计税汇总表

业务内容	政策依据
一般纳税人销售自产的下列货物，可选择按照简易办法依照3%征收率计算缴纳增值税： 1.县级及县级以下小型水力发电单位生产的电力。小型水力发电单位，是指各类投资主体建设的装机容量为5万千瓦以下（含5万千瓦）的小型水力发电单位。 2.建筑用和生产建筑材料所用的砂、土、石料。 3.以自己采掘的砂、土、石料或其他矿物连续生产的砖、瓦、石灰（不含黏土实心砖、瓦）。 4.用微生物、微生物代谢产物、动物毒素、人或动物的血液或组织制成的生物制品。 5.自来水。 6.商品混凝土（仅限于以水泥为原料生产的水泥混凝土）。	财税〔2009〕9号； 财税〔2014〕57号
纳税人销售旧货，按照简易办法依照3%征收率减按2%征收增值税。所称旧货，是指进入二次流通的具有部分使用价值的货物（含旧汽车、旧摩托车和旧游艇），但不包括自己使用过的物品。 自2020年5月1日至2023年12月31日，从事二手车经销业务的纳税人销售其收购的二手车，减按0.5%征收率征收增值税，并按下列公式计算销售额：销售额＝含税销售额/(1+0.5%)。	财税〔2009〕9号； 财税〔2014〕57号 国家税务总局公告2020年第9号
一般纳税人销售货物属于下列情形之一的，暂按简易办法依照3%征收率计算缴纳增值税： 1.寄售商店代销寄售物品（包括居民个人寄售的物品在内）。 2.典当业销售死当物品。	财税〔2009〕9号； 财税〔2014〕57号
一般纳税人销售下列使用过的固定资产，按照简易办法依照3%征收率减按2%征收增值税，不得开具增值税专用发票。纳税人也可以放弃减税，按照简易办法依照3%征收率缴纳增值税，并可以开具增值税专用发票： 1.一般纳税人销售自己使用过的属于条例第十条规定不得抵扣且未抵扣进项税额的固定资产。 2.2008年12月31日以前未纳入扩大增值税抵扣范围试点的纳税人，销售自己使用过的2008年12月31日以前购进或者自制的固定资产。	财税〔2008〕170号； 财税〔2009〕9号； 财税〔2014〕57号；

续表

业务内容	政策依据
3. 2008 年 12 月 31 日以前已纳入扩大增值税抵扣范围试点的纳税人，销售自己使用过的在本地区扩大增值税抵扣范围试点以前购进或者自制的固定资产。 4. 购进或者自制固定资产时为小规模纳税人，认定为一般纳税人后销售该固定资产。 5. 发生按简易办法征收增值税应税行为，销售其按照规定不得抵扣且未抵扣进项税额的固定资产。 6. 营改增纳税人销售自己使用过的、纳入营改增试点之日前取得的固定资产。	国家税务总局公告 2012 年第 1 号； 国家税务总局公告 2015 年第 90 号； 财税〔2016〕36 号
一般纳税人销售下列药物： 1. 药品经营企业销售生物制品，可以选择简易办法按照生物制品销售额和 3% 的征收率计算缴纳增值税。药品经营企业，是指取得（食品）药品监督管理部门颁发的《药品经营许可证》，获准从事生物制品经营的药品批发企业和药品零售企业。 2. 兽用药品经营企业销售兽用生物制品，可以选择简易办法按照兽用生物制品销售额和 3% 的征收率计算缴纳增值税。兽用药品经营企业，是指取得兽医行政管理部门颁发的《兽药经营许可证》，获准从事兽用生物制品经营的兽用药品批发和零售企业。 3. 自 2018 年 5 月 1 日起，生产销售和批发、零售抗癌药品，可选择按照简易办法依照 3% 征收率计算缴纳增值税。 4. 自 2019 年 3 月 1 日起，生产销售和批发、零售罕见病药品，可选择按照简易办法依照 3% 征收率计算缴纳增值税。	国家税务总局公告 2012 年第 20 号； 国家税务总局公告 2016 年第 8 号； 财税〔2018〕47 号； 财税〔2019〕24 号
单采血浆站销售非临床用人体血液，可以按照简易办法依照 3% 征收率计算应纳税额，但不得对外开具增值税专用发票。	国税函〔2009〕456 号； 财税〔2014〕57 号
下列应税行为可以选择适用简易计税方法计税： 1. 公共交通运输服务，包括轮客渡、公交客运、地铁、城市轻轨、出租车、长途客运、班车。班车，是指按固定路线、固定时间运营并在固定站点停靠的运送旅客的陆路运输服务。 2. 经认定的动漫企业为开发动漫产品提供的动漫脚本编撰、形象设计、背景设计、动画设计、分镜、动画制作、摄制、描线、上色、画面合成、配音、配乐、音效合成、剪辑、字幕制作、压缩转码（面向网络动漫、手机动漫格式适配）服务，以及在境内转让动漫版权（包括动漫品牌、形象或者内容的授权及再授权）。 动漫企业和自主开发、生产动漫产品的认定标准和认定程序，按照《文化部 财政部 国家税务总局关于印发〈动漫企业认定管理办法（试行）〉的通知》（文市发〔2008〕51 号）的规定执行。 3. 电影放映服务、仓储服务、装卸搬运服务、收派服务和文化体育服务。 4. 以纳入营改增试点之日前取得的有形动产为标的物提供的经营租赁服务。 5. 在纳入营改增试点之日前签订的尚未执行完毕的有形动产租赁合同。	财税〔2016〕36 号
下列建筑服务可以选择适用简易计税方法计税： 1. 以清包工方式提供的建筑服务。以清包工方式提供建筑服务，是指施工方不采购建筑工程所需的材料或只采购辅助材料，并收取人工费、管理费或者其他费用的建筑服务。 2. 为甲供工程提供的建筑服务。甲供工程，是指全部或部分设备、材料、动力由工程发包方自行采购的建筑工程。 3. 为建筑工程老项目提供的建筑服务。建筑工程老项目，是指“建筑工程施工许可证”注明的合同开工日期在 2016 年 4 月 30 日前的建筑工程项目；未取得“建筑工程施工许可证”的，建筑工程承包合同注明的开工日期在 2016 年 4 月 30 日前的建筑工程项目。 4. 建筑工程总承包单位为房屋建筑的地基与基础、主体结构提供工程服务，建设单位自行采购全部或部分钢材、混凝土、砌体材料、预制构件的，适用简易计税方法计税（不可选择）。	财税〔2016〕36 号； 财税〔2017〕58 号
销售 2016 年 4 月 30 日前取得的不动产，可以选择适用简易计税方法计税。	财税〔2016〕36 号
房地产开发企业销售自行开发的房地产老项目，可以选择适用简易计税方法计税。	财税〔2016〕36 号

续表

业务内容	政策依据
出租其2016年4月30日前取得的不动产，可以选择适用简易计税方法，按照5%的征收率计算应纳税额。	财税〔2016〕36号
公路经营企业中的一般纳税人收取试点前开工的高速公路的车辆通行费，可以选择适用简易计税方法，减按3%的征收率计算应纳税额。试点前开工的高速公路，是指相关施工许可证明上注明的合同开工日期在2016年4月30日前的高速公路。	财税〔2016〕36号
农村信用社、村镇银行、农村资金互助社、由银行业机构全资发起设立的贷款公司、法人机构在县（县级市、区、旗）及县以下地区的农村合作银行和农村商业银行提供金融服务收入，可以选择适用简易计税方法。	财税〔2016〕46号
对中国农业银行纳入“三农金融事业部”改革试点的各省、自治区、直辖市、计划单列市分行下辖的县域支行和新疆生产建设兵团分行下辖的县域支行（也称“县事业部”），提供农户贷款、农村企业和农村各类组织贷款取得的利息收入，可以选择适用简易计税方法。	财税〔2016〕46号
提供劳务派遣服务，可以选择差额纳税，以取得的全部价款和价外费用，扣除代用工单位支付给劳务派遣员工的工资、福利和为其办理社会保险及住房公积金后的余额为销售额，可以选择按照简易计税方法依5%的征收率计算缴纳增值税。 安全保护服务，比照劳务派遣服务政策执行。	财税〔2016〕47号、财税〔2016〕68号
人力资源外包服务，可以选择适用简易计税方法，按照5%的征收率计算缴纳增值税。	财税〔2016〕47号
一般纳税人2016年4月30日前签订的不动产融资租赁合同，或以2016年4月30日前取得的不动产提供的融资租赁服务，可以选择适用简易计税方法，按照5%的征收率计算缴纳增值税。	财税〔2016〕47号
纳税人转让2016年4月30日前取得的土地使用权，可以选择适用简易计税方法，以取得的全部价款和价外费用减去取得该土地使用权的原价后的余额为销售额，按照5%的征收率计算缴纳增值税。	财税〔2016〕47号
提供非学历教育服务，可以选择适用简易计税方法。	财税〔2016〕68号
非企业性单位中的一般纳税人提供的研发和技术服务、信息技术服务、鉴证咨询服务，以及销售技术、著作权等无形资产，可以选择简易计税方法按照3%征收率计算缴纳增值税。 非企业性单位中的一般纳税人提供《营业税改征增值税试点过渡政策的规定》（财税〔2016〕36号）第一条第（二十六）项中的“技术转让、技术开发和与之相关的技术咨询、技术服务”，可以参照上述规定，选择简易计税方法按照3%征收率计算缴纳增值税。	财税〔2016〕140号
提供教育辅助服务，可以选择简易计税方法。	财税〔2016〕140号
资管产品管理人运营资管产品过程中发生的增值税应税行为，暂适用简易计税方法，按照3%的征收率缴纳增值税。	财税〔2017〕56号。
自2018年7月1日至2020年12月31日，对中国邮政储蓄银行纳入“三农金融事业部”改革的各省、自治区、直辖市、计划单列市分行下辖的县域支行，提供农户贷款、农村企业和农村各类组织贷款取得的利息收入，可以选择适用简易计税方法。	财税〔2018〕97号

（二）差额计税

差额征税项目是增值税日常管理的重点，尤其对于扣除部分按规定不得开具增值税专用发票的项目更为关注，可通过票表比对筛选异常企业名单并具体核实。现将增值税差额计税项目做简要梳理（见表2.2）。

表 2.2 差额征税汇总表

金融商品转让，按照卖出价扣除买入价后的余额为销售额	财税〔2016〕36号
经人民银行、银监会或者商务部批准从事融资租赁业务的试点纳税人，提供融资租赁服务，以取得的全部价款和价外费用，扣除支付的借款利息（包括外汇借款和人民币借款利息）、发行债券利息和车辆购置税后的余额为销售额；提供融资性售后回租服务，以取得的全部价款和价外费用（不含本金），扣除对外支付的借款利息（包括外汇借款和人民币借款利息）、发行债券利息后的余额作为销售额。	财税〔2016〕36号
经纪代理服务，以取得的全部价款和价外费用，扣除向委托方收取并代为支付的政府性基金或者行政事业性收费后的余额为销售额。	财税〔2016〕36号
航空运输企业的销售额，不包括代收的机场建设费和代售其他航空运输企业客票而代收转付的价款。	财税〔2016〕36号
自2018年1月1日起，航空运输销售代理企业提供境外航段机票代理服务，以取得的全部价款和价外费用，扣除向客户收取并支付给其他单位或者个人的境外航段机票结算款和相关费用后的余额为销售额。其中，支付给境内单位或者个人的款项，以发票或行程单为合法有效凭证；支付给境外单位或者个人的款项，以签收单据为合法有效凭证，税务机关对签收单据有疑义的，可以要求其提供境外公证机构的确认证明。	财税〔2017〕90号
航空运输销售代理企业提供境内机票代理服务，以取得的全部价款和价外费用，扣除向客户收取并支付给航空运输企业或其他航空运输销售代理企业的境内机票净结算款和相关费用后的余额为销售额。其中，支付给航空运输企业的款项，以国际航空运输协会（IATA）开账与结算计划（BSP）对账单或航空运输企业的签收单据为合法有效凭证；支付给其他航空运输销售代理企业的款项，以代理企业间的签收单据为合法有效凭证。航空运输销售代理企业就取得的全部价款和价外费用，向购买方开具行程单，或开具增值税普通发票。	国家税务总局公告2018年第42号
试点纳税人中的一般纳税人（以下称一般纳税人）提供客运场站服务，以其取得的全部价款和价外费用，扣除支付给承运方运费后的余额为销售额。	财税〔2016〕36号
试点纳税人提供旅游服务，可以选择以取得的全部价款和价外费用，扣除向旅游服务购买方收取并支付给其他单位或者个人的住宿费、餐饮费、交通费、签证费、门票费和支付给其他接团旅游企业的旅游费用后的余额为销售额。	财税〔2016〕36号
试点纳税人提供建筑服务适用简易计税方法的，以取得的全部价款和价外费用扣除支付的分包款后的余额为销售额。	财税〔2016〕36号
房地产开发企业中的一般纳税人销售其开发的房地产项目（选择简易计税方法的房地产老项目除外），以取得的全部价款和价外费用，扣除受让土地时向政府部门支付的土地价款后的余额为销售额。 房地产开发企业中的一般纳税人销售其开发的房地产项目（选择简易计税方法的房地产老项目除外），在取得土地时向其他单位或个人支付的拆迁补偿费用也允许在计算销售额时扣除。纳税人按上述规定扣除拆迁补偿费用时，应提供拆迁协议、拆迁双方支付和取得拆迁补偿费用凭证等能够证明拆迁补偿费用真实性的材料。	财税〔2016〕36号、财税〔2016〕140号
一般纳税人销售其2016年4月30日前取得（不含自建）的不动产，可以选择适用简易计税方法，以取得的全部价款和价外费用减去该项不动产购置原价或者取得不动产时的作价后的余额为销售额，按照5%的征收率计算应纳税额。 小规模纳税人销售其取得（不含自建）的不动产（不含个体工商户销售购买的住房和其他个人销售不动产），应以取得的全部价款和价外费用减去该项不动产购置原价或者取得不动产时的作价后的余额为销售额，按照5%的征收率计算应纳税额。 其他个人销售其取得（不含自建）的不动产（不含其购买的住房），应以取得的全部价款和价外费用减去该项不动产购置原价或者取得不动产时的作价后的余额为销售额，按照5%的征收率计算应纳税额。	财税〔2016〕36号

续表

个人将购买2年以上（含2年）的非普通住房对外销售的，以销售收入减去购买住房价款后的差额按照5%的征收率缴纳增值税。上述政策仅适用于北京市、上海市、广州市和深圳市。	财税〔2016〕36号
一般纳税人提供劳务派遣服务，可以按照《财政部 国家税务总局关于全面推开营业税改征增值税试点的通知》（财税〔2016〕36号）的有关规定，以取得的全部价款和价外费用为销售额，按照一般计税方法计算缴纳增值税；也可以选择差额纳税，以取得的全部价款和价外费用，扣除代用工单位支付给劳务派遣员工的工资、福利和为其办理社会保险及住房公积金后的余额为销售额，按照简易计税方法依5%的征收率计算缴纳增值税。 小规模纳税人提供劳务派遣服务，可以按照《财政部 国家税务总局关于全面推开营业税改征增值税试点的通知》（财税〔2016〕36号）的有关规定，以取得的全部价款和价外费用为销售额，按照简易计税方法依3%的征收率计算缴纳增值税；也可以选择差额纳税，以取得的全部价款和价外费用，扣除代用工单位支付给劳务派遣员工的工资、福利和为其办理社会保险及住房公积金后的余额为销售额，按照简易计税方法依5%的征收率计算缴纳增值税。	财税〔2016〕47号
纳税人提供人力资源外包服务，按照经纪代理服务缴纳增值税，其销售额不包括受客户单位委托代为向客户单位员工发放的工资和代理缴纳的社会保险、住房公积金。	财税〔2016〕47号
纳税人转让2016年4月30日前取得的土地使用权，可以选择适用简易计税方法，以取得的全部价款和价外费用减去取得该土地使用权的原价后的余额为销售额，按照5%的征收率计算缴纳增值税。	财税〔2016〕47号
纳税人提供安全保护服务，比照劳务派遣服务政策执行。	财税〔2016〕68号
提供物业管理服务的纳税人，向服务接受方收取的自来水水费，以扣除其对外支付的自来水水费后的余额为销售额，按照简易计税方法依3%的征收率计算缴纳增值税。	国家税务总局公告2016年第54号
境外单位通过教育部考试中心及其直属单位在境内开展考试，教育部考试中心及其直属单位应以取得的考试费收入扣除支付给境外单位考试费后的余额为销售额，按提供“教育辅助服务”缴纳增值税；就代为收取并支付给境外单位的考试费统一扣缴增值税。	国家税务总局公告2016年第69号
纳税人提供签证代理服务，以取得的全部价款和价外费用，扣除向服务接受方收取并代为支付给外交部和外国驻华使（领）馆的签证费、认证费后的余额为销售额。	国家税务总局公告2016年第69号
纳税人代理进口按规定免征进口增值税的货物，其销售额不包括向委托方收取并代为支付的货款。	国家税务总局公告2016年第69号

（三）加计抵减

为推进增值税实质性减税，《财政部、国家税务总局、海关总署关于深化增值税改革有关政策的公告》（财政部、国家税务总局、海关总署公告2019年第39号，以下简称“39号公告”）推出加计抵减政策，规定自2019年4月1日至2021年12月31日，允许生产、生活性服务业纳税人按照当期可抵扣进项税额加计10%，抵减应纳税额（简称“加计抵减政策”）。为进一步加大加计抵减政策力度，《财政部、国家税务总局关于明确生活性服务业增值税加计抵减政策的公告》（财政部、国家税务总局公告2019年第87号，以下简称“87号公告”）文件规定，2019年10月1日至2021年12月31日，允许生活性服务业纳税人按照当期可抵扣进项税额加计15%，抵减应纳税额。

1.适用范围。

根据39号公告，生产、生活性服务业纳税人，是指提供邮政服务、电信服务、现代服务、生活服务（以下简称“四项服务”）取得的销售额占全部销售额的比重超过50%的纳税人。四项服务的具体范围按照《销售服务、无形资产、不动产注释》（财税〔2016〕36号印发）执行。经财政部和国家税务总局或者其授权的财政和税务机关批准，实行汇总缴纳增值税的总机构及其分支机构，以总机构本级及其分支机构的合计销售额，确定总机构及其分支机构适用加计抵减政策。

2019年3月31日前设立的纳税人，自2018年4月至2019年3月期间的销售额（经营期不满12个月的，按照实际经营期的销售额）符合上述规定条件的，自2019年4月1日起适用加计抵减政策。2019年4月1日后设立的纳税人，自设立之日起3个月的销售额符合上述规定条件的，自登记为一般纳税人之日起适用加计抵减政策。需要注意的是，虽然加计抵减政策只适用于一般纳税人，但在确定主营业务时参与计算的销售额，不仅指纳税人在登记为一般纳税人以后的销售额，其在小规模纳税人期间的销售额也参与计算。另外，某些新成立的纳税人，可能成立后的前3个月未开展生产经营。如果前3个月的销售额均为0，则以当年内自纳税人形成销售额的当月起往后计算3个月来判断当年是否适用加计抵减政策。纳税人确定适用加计抵减政策后，当年内不再调整，以后年度是否适用，根据上年度销售额计算确定，对于纳税人可计提但未计提的加计抵减额，可在确定适用加计抵减政策当期一并计提。

根据87号公告，生活性服务业纳税人，是指提供生活服务取得的销售额占全部销售额的比重超过50%的纳税人。生活服务的具体范围按照《销售服务、无形资产、不动产注释》（财税〔2016〕36号印发）执行，主要包括文化体育服务、教育医疗服务、旅游娱乐服务、餐饮住宿服务、居民日常服务和其他生活服务。

2019年9月30日前设立的纳税人，自2018年10月至2019年9月期间的销售额（经营期不满12个月的，按照实际经营期的销售额）符合上述规定条件的，自2019年10月1日起适用加计抵减15%政策。2019年10月1日后设立的纳税人，自设立之日起3个月的销售额符合上述规定条件的，自登记为一般纳税人之日起适用加计抵减15%政策。纳税人确定适用加计抵减15%政策后，当年内不再调整，以后年度是否适用，根据上年度销售额计算确定。

另外，加计抵减政策仅适用于境内业务，纳税人出口货物劳务、发生跨境应税行为不适用加计抵减政策，其对应的进项税额不得计提加计抵减额。纳税人兼营出口货物劳务、发生跨境应税行为且无法划分不得计提加计抵减额的进项税额，按照以下公式计算：

不得计提加计抵减额的进项税额＝当期无法划分的全部进项税额 × 当期出口货物劳务和发生跨境应税行为的销售额 ÷ 当期全部销售额。

2.具体计算。

纳税人应按照当期可抵扣进项税额的10%计提当期加计抵减额。按照现行规定不得从销项税额中抵扣的进项税额，不得计提加计抵减额；已计提加计抵减额的进项税额，按规定作进项税额转出的，应在进项税额转出当期，相应调减加计抵减额。计算公式如下：

当期计提加计抵减额=当期可抵扣进项税额 ×10%

当期可抵减加计抵减额=上期末加计抵减额余额+当期计提加计抵减额-当期调减加计抵减额

上述计算中，农产品加计抵扣的进项税额可以计入加计抵减计算基数，计算加计抵减额。

纳税人应按照现行规定计算一般计税方法下的应纳税额（以下简称“抵减前的应纳税额”）后，区分以下情形加计抵减：

（1）抵减前的应纳税额等于零的，当期可抵减加计抵减额全部结转下期抵减；

（2）抵减前的应纳税额大于零，且大于当期可抵减加计抵减额的，当期可抵减加计抵减额全额从抵减前的应纳税额中抵减；

（3）抵减前的应纳税额大于零，且小于或等于当期可抵减加计抵减额的，以当期可抵减加计抵减额抵减应纳税额至零。未抵减完的当期可抵减加计抵减额，结转下期继续抵减。

3.申报享受。

纳税人适用加计抵减政策，采取自主判断、自主申报、自主享受，于年度首次确认适用加计抵减政策时，通过电子税务局（或前往办税服务厅）提交“适用加计抵减政策的声明”，并在增值税及附加税费申报表附列资料（四）“加计抵减情况”中填报。

4.其他。

纳税人应单独核算加计抵减额的计提、抵减、调减、结余等变动情况。骗取适用加计抵减政策或虚增加计抵减额的，按照《中华人民共和国税收征收管理法》等有关规定处理。

需要注意的是，当企业既有即征即退项目又有其他项目时，享受即征即退的项目与其他项目需分别核算，两者的进项税额与加计抵减税额不能混抵，即，即征即退项目的进项税额与加计抵减额不能用于抵扣其他项目的销项税额，反之亦然。

四、小规模纳税人申报

小规模纳税人发生应税销售行为，实行按照销售额和征收率计算应纳税额的简易办法，并不得抵扣进项税额。除国务院另有规定外，小规模纳税人增值税征收率为3%。增值税小规模纳税人按规定在纳税期限内填报《增值税及附加税费申报表（小规模纳税人适用）》、附列资料和其他相关资料，向税务机关进行纳税申报。

（一）小微企业免征

根据《财政部、国家税务总局关于明确增值税小规模纳税人免征增值税政策的公告》（财政部、国家税务总局公告2021年第11号）、《国家税务总局关于小规模纳税人免征增值税征管问题的公告》（国家税务总局公告2021年第5号）文件，自2021年4月1日起，小规模纳税人发生增值税应税销售行为，合计月销售额未超过15万元（以1个季度为1个纳税期的，季度销售额未超过45万元，下同）的，免征增值税。小规模纳税人发生增值税应税销售行为，合计月销售额超过15万元，但扣除本期发生的销售不动产的销售额后未超过15万元的，其销售货物、劳务、服务、无形资产取得的销售额免征增值税。适用增值税差额征税政策的小规模纳税人，以差额后的销售额确定是否可以享受本公告规定的免征增值税政策。《增值税纳税申报表（小规模纳税人适用）》中的“免税销售额”相关栏次，填写差额后的销售额。按照现行规定应当预缴增值税税款的小规模纳税人，凡在预缴地实现的月销售额未超过15万元的，当期无须预缴税款。《中华人民共和国增值税暂行条例实施细则》第九条所称的其他个人，采取一次性收取租金形式出租不动产取得的租金收入，可在对应的租赁期内平均分摊，分摊后的月租金收入未超过15万元的，免征增值税。

按固定期限纳税的小规模纳税人可以选择以1个月或1个季度为纳税期限，一经选择，一个会计年度内不得变更。

（二）转登记小规模纳税人

根据《国家税务总局关于明确二手车经销等若干增值税征管问题的公告》（国家税务总局公告2020年第9号）等文件，符合条件的一般纳税人在2020年12月31日前，可选择转登记为小规模纳税人。

1.转登记的条件。

转登记日前连续12个月（以1个月为1个纳税期）或者连续4个季度（以1个季度为1个纳税期）累计销售额未超过500万元的一般纳税人，在2020年12月31日前，可选择转登记为小规模纳税人。转登记日前经营期不满12个月或者4个季度的，按照月（季度）平均应税销售额估算上款规定的累计应税销售额。销售额的口径，执行前述一般纳税人登记中的销售额口径。

一般纳税人转登记为小规模纳税人后，自转登记日的下期起，按照简易计税方法计算缴纳增值税，转登记日当期仍按照一般纳税人的有关规定计算缴纳增值税。但是，资源税、城市维护建设税、房产税、城镇土地使用税、印花税、耕地占用税、教育费附加和地方教育附加的小规模纳税人减征优惠，则自转登记当月起即可适用。

2.转登记的税务处理。

（1）进项税额的处理。纳税人在转登记以前发生的采购活动，可能在转登记以后才取得进项税额抵扣凭证，或者已经取得但尚未申报。

对于前者，转登记日当期尚未取得的增值税专用发票、机动车销售统一发票、收费公路通行费增值税电子普通发票，转登记纳税人在取得上述发票以后，应当持税控设备，由主管税务机关通过增值税发票选择确认平台（税务局端）为其办理选择确认。尚未取得的海关进口增值税专用缴款书，转登记纳税人在取得以后，经稽核比对相符的，应当由主管税务机关通过稽核系统为其下载《海关进口增值税专用缴款书稽核结果通知书》；经稽核比对异常的，应当按照现行规定进行核查处理。

对于后者，转登记日当期已经取得的增值税专用发票、机动车销售统一发票、收费公路通行费增值税电子普通发票，应当已经通过增值税发票选择确认平台进行选择确认或认证后稽核比对相符；经稽核比对异常的，应当按照现行规定进行核查处理。已经取得的海关进口增值税专用缴款书，经稽核比对相符的，应当自行下载《海关进口增值税专用缴款书稽核结果通知书》；经稽核比对异常的，应当按照现行规定进行核查处理。

符合前述规定的尚未申报抵扣的进项税额以及转登记日当期的期末留抵税额，计入"应交税费—待抵扣进项税额"核算，并参与转登记纳税人在一般纳税人期间出口货物劳务、服务免抵退税的计算。未来再转回一般纳税人时，可再次用作抵扣。

（2）转登记前发生业务的调整。转登记纳税人在一般纳税人期间销售或者购进的货物、劳务、服务、无形资产、不动产，自转登记日的下期起发生销售折让、中止或者退回的，调整转登记日当期的销项税额、进项税额和应纳税额。

调整后的应纳税额小于转登记日当期申报的应纳税额形成的多缴税款，从发生销售折让、中止或者退回当期的应纳税额中抵减；不足抵减的，结转下期继续抵减。

调整后的应纳税额大于转登记日当期申报的应纳税额形成的少缴税款，从"应交税费—待抵扣进项税额"中抵减；抵减后仍有余额的，计入发生销售折让、中止或者退回当期的应纳税额一并申报缴纳。

转登记纳税人因税务稽查、补充申报等，需要对一般纳税人期间的销项税额、进项税额和应纳税额进行调整的，按照上述规定处理。

3.申办流程。

符合规定条件的纳税人，可以向主管税务机关填报"一般纳税人转为小规模纳税人登记表"。如果纳税人在2019年及之前曾选择由一般纳税人转登记为小规模纳税人，后又登记为一般纳税人的，允许在2020年再次由一般纳税人转登记为小规模纳税人。但是需要注意，2020年选择转登记的次数只有1次，也就是说2020年选择转登记后再次登记为一般纳税人的，当年不能够再转登记为小规模纳税人。

（三）小规模纳税人转换为一般纳税人政策衔接

1.纳税人认定或登记为一般纳税人前进项税额抵扣问题。

《国家税务总局关于纳税人认定或登记为一般纳税人前进项税额抵扣问题的

公告》(国家税务总局公告2015年第59号):“纳税人自办理税务登记至认定或登记为一般纳税人期间,未取得生产经营收入,未按照销售额和征收率简易计算应纳税额申报缴纳增值税的,其在此期间取得的增值税扣税凭证,可以在认定或登记为一般纳税人后抵扣进项税额。”

2.纳税人年应税销售额超过小规模纳税人标准的征税问题。

《国家税务总局关于界定超标准小规模纳税人偷税数额的批复》(税总函〔2015〕311号)规定:“纳税人年应税销售额超过小规模纳税人标准且未在规定时限内申请一般纳税人资格认定的,主管税务机关应制作《税务事项通知书》予以告知。纳税人在《税务事项通知书》规定时限内仍未向主管税务机关报送一般纳税人认定有关资料的,其《税务事项通知书》规定时限届满之后的销售额依照增值税税率计算应纳税额,不得抵扣进项税额。税务机关送达的《税务事项通知书》规定时限届满之前的销售额,应按小规模纳税人简易计税方法,依3%征收率计算应纳税额。”

五、汇总纳税

《中华人民共和国增值税暂行条例》规定:“固定业户应当向其机构所在地的主管税务机关申报纳税。总机构和分支机构不在同一县(市)的,应当分别向各自所在地的主管税务机关申报纳税;经国务院财政、税务主管部门或者其授权的财政、税务机关批准,可以由总机构汇总向总机构所在地的主管税务机关申报纳税。”《财政部、国家税务总局关于固定业户总分支机构增值税汇总纳税有关政策的通知》(财税〔2012〕9号)规定:“固定业户的总分支机构不在同一县(市),但在同一省(区、市)范围内的,经省(区、市)财政厅(局)、税务局审批同意,可以由总机构汇总向总机构所在地的主管税务机关申报缴纳增值税。”

根据上述规定,一般情况下,分支机构和总机构分别单独作为增值税纳税人,单独核算各自的销项税额、进项税额、应纳增值税额,但是,经有关部门批准,可以实行增值税汇总纳税,即将各总分机构的销售收入、销项税额、进项税额抵扣、进项税额转出、加计扣除等统一汇总合并计算,得出应纳税额总额。例如,《财政部、国家税务总局关于铁路运输企业汇总缴纳增值税的通知》(财税〔2020〕56号)规定,自2014年1月1日起,中国国家铁路集团有限公司及其分支机构提供铁路运输服务以及与铁路运输相关的物流辅助服务,按照《总分机构试点纳税人增值税计算缴纳暂行办法》(财税〔2013〕74号)的规定计算缴纳增值税,合资铁路运输企业总部本级及其下属站段(含委托运输管理的站段,)本级的销售额适用的预征率为1%,合资铁路运输企业总部及其下属站段汇总的销售额适用的预征率为3%。《财政部、国家税务总局关于航空运输企业汇总缴纳增值税总分机构名单的通知》(财税〔2020〕30号)规定,本通知附件列明的航空运输企业总分机构,自列明的汇总纳税时间起,按照财税

〔2013〕74号文件的规定计算缴纳增值税，上述航空运输企业分支机构的预征率为1%。

根据财税〔2013〕74号文件，分支机构发生《应税服务范围注释》所列业务，按照应征增值税销售额和预征率计算缴纳增值税。分支机构兼营销售货物、提供加工修理修配劳务的，则不实行汇总纳税办法，按照增值税暂行条例及相关规定就地申报缴纳增值税。

总机构汇总计算的应纳税额总额，抵减分支机构已预缴的增值税税款后，向总机构主管税务机关缴纳税款。不足抵减的，可以结转下期继续抵减。

每年的第一个纳税申报期结束后，对上一年度总分机构汇总纳税情况进行清算。总机构和分支机构年度清算应缴增值税，按照各自销售收入占比和总机构汇总的上一年度应缴增值税税额计算。分支机构预缴的增值税超过其年度清算应缴增值税的，通过暂停以后纳税申报期预缴增值税的方式予以解决。分支机构预缴的增值税小于其年度清算应缴增值税的，差额部分在以后纳税申报期由分支机构在预缴增值税时一并就地补缴入库。

另外，各地关于汇总纳税也会制定具体规定。例如，《福建省税务局关于印发〈总分机构增值税汇总计算、属地入库管理办法（试行）〉的通知》（闽国税发〔2014〕33号）规定，实行省内增值税“汇总计算、属地缴纳”管理办法，即：由总机构汇总当期一般增值税（改征增值税）的全部销售额，核算出当期应纳增值税额，并按总（分）机构当期实现的应税销售额占总分机构全部应税销售额的比例计算分配总（分）机构应就地申报缴纳的增值税额的纳税申报方式。

六、扣缴申报

《中华人民共和国增值税暂行条例》规定，中华人民共和国境外的单位或者个人在境内销售劳务，在境内未设有经营机构的，以其境内代理人为扣缴义务人；在境内没有代理人的，以购买方为扣缴义务人。《财政部、国家税务总局关于全面推开营业税改征增值税试点的通知》（财税〔2016〕36号）规定，境外单位或者个人在境内销售服务、无形资产或者不动产，在境内未设有经营机构的，以购买方为增值税扣缴义务人，财政部和国家税务总局另有规定的除外。

扣缴义务人应扣缴税额=购买方支付的价款÷（1+税率）×税率

需注意，小规模纳税人履行扣缴义务时，应按应税行为适用的税率（非小规模纳税人自身适用的征收率）计算应扣缴税额。

增值税一般纳税人代扣代缴税款于“增值税及附加税费申报表附列资料（二）”中的“一、申报抵扣的进项税额——代扣代缴税收缴款凭证”“三、待抵扣进项税额——代扣代缴税收缴款凭证”“四、其他——代扣代缴税额”行次中填报。

七、减免税管理

享受增值税减免税优惠政策的增值税一般纳税人和小规模纳税人需填报“增值税减免税申报明细表”，其中“减税性质代码及名称”“免税性质代码及名称”均根据国家税务总局最新发布的“减免性质及分类表”所列减免性质代码、项目名称填写。仅享受月销售额不超过15万元（按季纳税45万元）免征增值税政策或未达起征点的增值税小规模纳税人不需填报该表，即小规模纳税人当期“增值税及附加税费申报表（小规模纳税人适用）”第12栏“其他免税销售额”“本期数”和第16栏“本期应纳税额减征额”“本期数”均无数据时，不需填报。

对于属于备案类税收减免的纳税人，如需享受相应税收减免，在首次享受减免税的申报阶段或在申报征期后的其他规定期限内提交相关资料向主管税务机关申请办理税收减免备案，目前，增值税备案类税收减免主要涉及政策见表2.3。

表 2.3　增值税备案类税收减免政策汇总表

政策内容	报送资料	文件依据
安置残疾人就业增值税即征即退优惠	（1）“税务资格备案表”2份。 （2）安置精神残疾人的，提供精神残疾人同意就业的书面声明以及其法定监护人签字或印章的证明精神残疾人具有劳动条件和劳动意愿的书面材料。 （3）中华人民共和国残疾人证或中华人民共和国残疾军人证（1至8级）复印件，注明与原件一致，并逐页加盖公章。 （4）安置的残疾人的身份证件复印件。 （5）当期由银行等金融机构或纳税人加盖公章的按月为残疾人支付工资的清单。	财税〔2016〕52号、国家税务总局公告2016年第33号
光伏发电增值税即征即退优惠	（1）“税务资格备案表”2份。 （2）自产的利用太阳能生产的电力产品的相关材料。	财税〔2016〕81号
软件产品增值税即征即退优惠	（1）“税务资格备案表”2份。 （2）取得软件产业主管部门颁发的软件产品登记证书或著作权行政管理部门颁发的计算机软件著作权登记证书。	财税〔2011〕100号
新型墙体材料增值税即征即退优惠	（1）“税务资格备案表”2份。 （2）不属于国家发展和改革委员会《产业结构调整指导目录》中的禁止类、限制类项目和环境保护部《环境保护综合名录》中的“高污染、高环境风险”产品或者重污染工艺的声明材料。	财税〔2015〕73号
风力发电增值税即征即退优惠	“税务资格备案表”2份。	财税〔2015〕74号
资源综合利用产品及劳务增值税即征即退优惠	（1）“税务资格备案表”2份。 （2）综合利用的资源，属于环境保护部《国家危险废物名录》列明的危险废物的，提供省级及以上环境保护部门颁发的危险废物经营许可证原件及复印件（原件查验后退回）。	财税〔2015〕78号

续表

政策内容	报送资料	文件依据
资源综合利用产品及劳务增值税即征即退优惠	（3）不属于国家发展改革委《产业结构调整指导目录》中的禁止类、限制类项目和环境保护部《环境保护综合名录》中的“高污染、高环境风险”产品或者重污染工艺，以及符合《资源综合利用产品和劳务增值税优惠目录》规定的技术标准和相关条件的书面声明材料。	财税〔2015〕78 号
黄金期货交易增值税即征即退优惠	“税务资格备案表”2 份	财税〔2008〕5 号
有形动产融资租赁服务增值税即征即退优惠	（1）“税务资格备案表”2 份。 （2）有形动产融资租赁服务业务合同复印件。	财税〔2016〕36 号
动漫企业增值税即征即退增值税优惠	（1）“税务资格备案表”2 份。 （2）软件产业主管部门颁发的软件产品登记证书或著作权行政管理部门颁发的计算机软件著作权登记证书。	财税〔2018〕38 号
飞机维修劳务增值税即征即退优惠	“税务资格备案表”2 份。	财税〔2000〕102 号
管道运输服务增值税即征即退优惠	（1）“税务资格备案表”2 份。 （2）管道运输服务业务合同复印件。	财税〔2016〕36 号
铂金增值税即征即退优惠	（1）“税务资格备案表”2 份。 （2）国内生产企业自产自销铂金的证明材料原件及复印件（原件查验后退回）。 （3）上海黄金交易所开具的上海黄金交易所发票结算联（查验后退回）。	财税〔2003〕86 号

纳税人享受减免税优惠的，需将相关资料留存备查。税务机关在为纳税人减负增效，便利纳税人减免税政策适用的同时，强化减免税优惠的事中、事后管理，常态化关注纳税人享受的减免税优惠是否符合具体政策规定，是否与其他业务分别独立核算，相关资质是否真实、有效等。

八、跨境应税服务免税管理

纳税人发生向境外单位销售服务或无形资产等跨境应税行为符合免征增值税条件的，在首次享受免税的纳税申报期内或在各省、自治区、直辖市和计划单列市税务局规定的申报征期后的其他期限内，到主管税务机关办理跨境应税行为免税备案手续。根据《国家税务总局关于发布〈营业税改征增值税跨境应税行为增值税免税管理办法（试行）〉的公告》（国家税务总局公告2016年第29号）、《国家税务总局关于在境外提供建筑服务等有关问题的公告》（国家税务总局公告2016年第69号）、《国家税务总局关于跨境应税行为免税备案等增值税问题的公告》（国家税务总局公告2017年第30号）等文件，具体要求如表2.4所示。

（一）备案资料

表 2.4　　跨境服务免税备案汇总表

<table>
<tr><th>免税内容</th><th>需提交的资料</th></tr>
<tr><td>工程项目在境外的建筑服务</td><td>1. 跨境应税行为免税备案表。
2. 跨境销售服务或无形资产的合同原件及复印件。
3. 服务地点在境外的证明材料原件及复印件，凡与发包方签订的建筑合同注明施工地点在境外的，可不再提供工程项目在境外的其他证明材料。
4. 向境外单位销售服务或无形资产，应提交服务或无形资产购买方的机构所在地在境外的证明材料。
5. 国家税务总局规定的其他资料。</td></tr>
<tr><td>工程项目在境外的工程监理服务</td><td rowspan="6">1. 跨境应税行为免税备案表。
2. 跨境销售服务或无形资产的合同原件及复印件。
3. 服务地点在境外的证明材料原件及复印件。
4. 向境外单位销售服务或无形资产，应提交服务或无形资产购买方的机构所在地在境外的证明材料。
5. 国家税务总局规定的其他资料。</td></tr>
<tr><td>工程、矿产资源在境外的工程勘察勘探服务</td></tr>
<tr><td>会议展览地点在境外的会议展览服务</td></tr>
<tr><td>存储地点在境外的仓储服务</td></tr>
<tr><td>标的物在境外使用的有形动产租赁服务</td></tr>
<tr><td>在境外提供的广播影视节目（作品）的播映服务</td></tr>
<tr><td>在境外提供的文化体育服务、教育医疗服务、旅游服务</td><td>1. 跨境应税行为免税备案表。
2. 跨境销售服务或无形资产的合同原件及复印件。
3. 服务地点在境外的证明材料原件及复印件，境内的单位和个人在境外提供旅游服务，以下列材料之一作为服务地点在境外的证明材料：（1）旅游服务提供方派业务人员随同出境的，出境业务人员的出境证件首页及出境记录页复印件。出境业务人员超过 2 人的，只需提供其中 2 人的出境证件复印件。（2）旅游服务购买方的出境证件首页及出境记录页复印件。旅游服务购买方超过 2 人的，只需提供其中 2 人的出境证件复印件。
4. 向境外单位销售服务或无形资产，应提交服务或无形资产购买方的机构所在地在境外的证明材料。
5. 国家税务总局规定的其他资料。</td></tr>
<tr><td>为出口货物提供的邮政服务、收派服务、保险服务</td><td>1. 跨境应税行为免税备案表。
2. 向境外单位销售服务或无形资产，应提交服务或无形资产购买方的机构所在地在境外的证明材料。
3. 国家税务总局规定的其他资料。</td></tr>
<tr><td>向境外单位销售的完全在境外消费的电信服务</td><td rowspan="6">1. 跨境应税行为免税备案表。
2. 跨境销售服务或无形资产的合同原件及复印件。
3. 向境外单位销售服务或无形资产，应提交服务或无形资产购买方的机构所在地在境外的证明材料。
4. 国家税务总局规定的其他资料。</td></tr>
<tr><td>向境外单位销售的完全在境外消费的知识产权服务</td></tr>
<tr><td>向境外单位销售的完全在境外消费的物流辅助服务（仓储服务、收派服务除外）</td></tr>
<tr><td>向境外单位销售的完全在境外消费的鉴证咨询服务</td></tr>
<tr><td>向境外单位销售的完全在境外消费的专业技术服务</td></tr>
<tr><td>向境外单位销售的完全在境外消费的商务辅助服务</td></tr>
</table>

续表

免税内容	需提交的资料
向境外单位销售的广告投放地在境外的广告服务	1. 跨境应税行为免税备案表。 2. 跨境销售服务或无形资产的合同原件及复印件。 3. 服务地点在境外的证明材料原件及复印件。 4. 向境外单位销售服务或无形资产，应提交服务或无形资产购买方的机构所在地在境外的证明材料。 5. 国家税务总局规定的其他资料。
向境外单位销售的完全在境外消费的无形资产（技术除外）	1. 跨境应税行为免税备案表。 2. 跨境销售服务或无形资产的合同原件及复印件。 3. 向境外单位销售服务或无形资产，应提交服务或无形资产购买方的机构所在地在境外的证明材料。 4. 国家税务总局规定的其他资料。
为境外单位之间的货币资金融通及其他金融业务提供的直接收费金融服务，且该服务与境内的货物、无形资产和不动产无关	
属于以下情形的国际运输服务： 1. 以无运输工具承运方式提供的国际运输服务。 2. 以水路运输方式提供国际运输服务但未取得“国际船舶运输经营许可证”的。 3. 以公路运输方式提供国际运输服务但未取得“道路运输经营许可证”或者“国际汽车运输行车许可证”，或者“道路运输经营许可证”的经营范围未包括“国际运输”的。 4. 以航空运输方式提供国际运输服务但未取得“公共航空运输企业经营许可证”，或者其经营范围未包括“国际航空客货邮运输业务”的。 5. 以航空运输方式提供国际运输服务但未持有“通用航空经营许可证”，或者其经营范围未包括“公务飞行”的。	1. 跨境应税行为免税备案表。 2. 实际发生国际运输业务的证明材料。 3. 关于纳税人基本情况和业务介绍的说明。 4. 依据的税收协定或国际运输协定复印件。 5. 向境外单位销售服务或无形资产，应提交服务或无形资产购买方的机构所在地在境外的证明材料。 6. 国家税务总局规定的其他资料。
符合零税率政策但适用简易计税方法或声明放弃适用零税率选择免税的下列应税行为： 1. 国际运输服务。 2. 航天运输服务。 3. 向境外单位提供的完全在境外消费的下列服务：（1）研发服务；（2）合同能源管理服务；（3）设计服务；（4）广播影视节目（作品）的制作和发行服务；（5）软件服务；（6）电路设计及测试服务；（7）信息系统服务；（8）业务流程管理服务；（9）离岸服务外包业务。 4. 向境外单位转让完全在境外消费的技术。	1. 已向办理增值税免抵退税或免退税的主管税务机关备案的“放弃适用增值税零税率声明”。 2. 该项应税行为享受零税率到主管税务机关办理增值税免抵退税或免退税申报时需报送的材料和原始凭证。

纳税人按上述规定提交备案的跨境销售服务或无形资产合同原件为外文的，应提供中文翻译件并由法定代表人（负责人）签字或者单位盖章。纳税人无法提供所需境外资料原件的，可只提供复印件，注明“复印件与原件一致”字样，并由法定代表人（负责人）签字或者单位盖章；境外资料原件为外文的，应提供中文翻译件并由法定代表人（负责人）签字或者单位盖章。主管税务机关对提交的境外证明材料有明显疑义的，可以要求纳税人提供境外公证部门出具的证明材料。

（二）其他要求

1.纳税人向境外单位销售服务或无形资产，按本办法规定免征增值税的，该项销售服务或无形资产的全部收入应从境外取得，否则，不予免征增值税。

下列情形视同从境外取得收入：

（1）纳税人向外国航空运输企业提供物流辅助服务，从中国民用航空局清算中心、中国航空结算有限责任公司或者经中国民用航空局批准设立的外国航空运输企业常驻代表机构取得的收入。

（2）纳税人与境外关联单位发生跨境应税行为，从境内第三方结算公司取得的收入。上述所称第三方结算公司，是指承担跨国企业集团内部成员单位资金集中运营管理职能的资金结算公司，包括财务公司、资金池、资金结算中心等。

（3）纳税人向外国船舶运输企业提供物流辅助服务，通过外国船舶运输企业指定的境内代理公司结算取得的收入。

（4）国家税务总局规定的其他情形。

2.纳税人发生跨境应税行为免征增值税的，应单独核算跨境应税行为的销售额，准确计算不得抵扣的进项税额，其免税收入不得开具增值税专用发票。

纳税人为出口货物提供收派服务，按照下列公式计算不得抵扣的进项税额：

不得抵扣的进项税额＝当期无法划分的全部进项税额×（当期简易计税方法计税项目销售额＋免征增值税项目销售额－为出口货物提供收派服务支付给境外合作方的费用）÷当期全部销售额

3.原签订的跨境销售服务或无形资产合同发生变更，或者跨境销售服务或无形资产的有关情况发生变化，变化后仍属于免税范围的，纳税人应向主管税务机关重新办理跨境应税行为免税备案手续。

4.纳税人发生跨境应税行为，按规定办理免税备案手续后发生的相同跨境应税行为，不再办理备案手续。

5.纳税人应当完整保存上述规定的各项材料，纳税人在税务机关后续管理中不能提供上述材料的，不得享受免税政策，对已享受的减免税款应予补缴，并依照《中华人民共和国税收征收管理法》的有关规定处理。纳税人发生跨境应税行为享受免税的，应当按规定进行纳税申报。纳税人享受免税到期或实际经营情况不再符合免税条件的，应当停止享受免税，并按照规定申报纳税。

（三）税务管理

1.纳税人办理跨境应税行为免税备案手续时，主管税务机关应当根据以下情况分别做出处理：

（1）备案材料存在错误的，应当告知并允许纳税人更正。

（2）备案材料不齐全或者不符合规定形式的，应当场一次性告知纳税人补正。

（3）备案材料齐全、符合规定形式的，或者纳税人按照税务机关的要求提交全部补正备案材料的，应当受理纳税人的备案，并将有关资料原件退还纳税人。

（4）按照税务机关的要求补正后的备案材料仍不符合本办法第八、九、十条规定的，应当对纳税人的本次跨境应税行为免税备案不予受理，并将所有报送材料退还纳税人。

主管税务机关受理或者不予受理纳税人跨境应税行为免税备案，应当出具加盖本机关专用印章和注明日期的书面凭证。

2.税务机关应高度重视跨境应税行为增值税免税管理工作，针对纳税人的备案材料，采取案头分析、日常检查、重点稽查等方式，加强对纳税人业务真实性的核实，关注跨境应税服务交易价格的公允性，关注服务签订方、服务最终接受方与服务发生地等要素，以判断该项应税服务是否真实属于跨境应税服务。

九、简并申报

为切实减轻纳税人、缴费人申报负担，根据《国家税务总局关于简并税费申报有关事项的公告》（国家税务总局公告2021年第9号），自2021年5月1日起，海南、陕西、大连和厦门开展增值税、消费税分别与城市维护建设税、教育费附加、地方教育附加申报表整合试点，启用增值税及附加税费申报表（一般纳税人适用）、增值税及附加税费申报表（小规模纳税人适用）、增值税及附加税费预缴表及其附列资料和消费税及附加税费申报表。纳税人申报增值税、消费税时，一并申报附征的城市维护建设税、教育费附加和地方教育附加等附加税费，具体申报时，纳税人填写增值税、消费税相关申报信息后，自动带入附加税费附列资料（附表）；纳税人填写完附加税费其他申报信息后，回到增值税、消费税申报主表，形成纳税人本期应缴纳的增值税、消费税和附加税费。上述表内信息预填均由系统自动实现。

根据《国家税务总局关于增值税、消费税与附加税费申报表整合有关事项的公告》（国家税务总局公告2021年第20号），自2021年8月1日起，增值税、消费税分别与城市维护建设税、教育费附加、地方教育附加申报表整合，启用“增值税及附加税费申报表（一般纳税人适用）”“增值税及附加税费申报表（小规模纳税人适用）”“增值税及附加税费预缴表”及其附列资料和“消费税及附加税费申报表”。申报表整合之后，实现了多税费种“一张报表、一次申报、一次缴款、一张凭证”，提高了办税效率，同时，利用信息化手段实现税额自动计算、数据关联比对、申报异常提示等功能，可有效避免漏报、错报，有利于确保申报质量，有利于优惠政策及时落实到位。

附：增值税税率/征收率表（见表2.5至表2.7）

表 2.5　　增值税税率汇总表

应税行为	税率	文件依据
除另有规定外的一般货物销售、进口货物	13%	《中华人民共和国增值税暂行条例》；财税〔2018〕32 号；财政部、国家税务总局、海关总署公告 2019 年第 39 号
销售或者进口下列货物： （1）粮食等农产品、食用植物油、食用盐； （2）自来水、暖气、冷气、热水、煤气、石油液化气、天然气、二甲醚、沼气、居民用煤炭制品； （3）图书、报纸、杂志、音像制品、电子出版物； （4）饲料、化肥、农药、农机、农膜； （5）国务院规定的其他货物。	9%	《中华人民共和国增值税暂行条例》；财税〔2018〕32 号；财政部、国家税务总局、海关总署公告 2019 年第 39 号
加工、修理修配劳务	13%	《中华人民共和国增值税暂行条例》；财税〔2018〕32 号；财政部、国家税务总局、海关总署公告 2019 年第 39 号
销售交通运输、邮政、基础电信、建筑、不动产租赁服务，销售不动产，转让土地使用权	9%	《中华人民共和国增值税暂行条例》；财税〔2016〕36 号
有形动产租赁服务	13%	《中华人民共和国增值税暂行条例》；财税〔2016〕36 号
销售增值电信服务、金融服务、现代服务（租赁服务除外）、生活服务、销售无形资产（转让土地使用权除外）	6%	《中华人民共和国增值税暂行条例》；财税〔2016〕36 号
境内单位和个人跨境销售国务院规定范围内的服务、无形资产	0	《中华人民共和国增值税暂行条例》
出口货物	0	《中华人民共和国增值税暂行条例》
自 2019 年 1 月 1 日起至 2020 年 12 月 31 日止，纳税人生产销售新支线飞机	5%	财政部、国家税务总局公告 2019 年第 88 号
进口空载重量在 25 吨以上的飞机	5%	财关税〔2013〕53 号
租赁企业一般贸易项下进口飞机并租给国内航空公司使用的，享受与国内航空公司进口飞机同等税收优惠政策	5%	财关税〔2014〕16 号
自 2019 年 3 月 1 日起，进口罕见病药品	3%	财税〔2019〕24 号

注：税率的调整，由国务院决定。纳税人兼营不同税率的项目，应当分别核算不同税率项目的销售额；未分别核算销售额的，从高适用税率。

表 2.6　　增值税征收率表（小规模纳税人）

应税行为（小规模纳税人）	征收率	文件依据
除另有规定外的小规模纳税人	3%	《中华人民共和国增值税暂行条例》
自 2020 年 3 月 1 日至 12 月 31 日，除湖北省外，其他省、自治区、直辖市的增值税小规模纳税人	1%	财政部、国家税务总局公告 2020 年第 13 号
自 2020 年 5 月 1 日至 2023 年 12 月 31 日，从事二手车经销业务的纳税人销售其收购的二手车	0.5%	国家税务总局公告 2020 年第 9 号

续表

应税行为（小规模纳税人）	征收率	文件依据
小规模纳税人提供劳务派遣服务选择差额征税的；安全保护服务比照执行。	5%	财税〔2016〕47号、财税〔2016〕68号
纳税人转让2016年4月30日前取得的土地使用权，可以选择适用简易计税方法，以取得的全部价款和价外费用减去取得该土地使用权的原价后的余额为销售额	5%	财税〔2016〕47号
纳税人转让2016年4月30日前取得的土地使用权，可以选择适用简易计税方法，以取得的全部价款和价外费用减去取得该土地使用权的原价后的余额为销售额	5%	财税〔2016〕47号
小规模纳税人销售其取得（不含自建）的不动产（不含个体工商户销售购买的住房和其他个人销售不动产），应以取得的全部价款和价外费用减去该项不动产购置原价或者取得不动产时的作价后的余额为销售额	5%	财税〔2016〕36号
小规模纳税人销售其自建的不动产，应以取得的全部价款和价外费用为销售额	5%	财税〔2016〕36号
房地产开发企业中的小规模纳税人，销售自行开发的房地产项目	5%	国家税务总局公告2016年第18号
小规模纳税人出租其取得的不动产（不含个人出租住房）	5%	财税〔2016〕36号
其他个人出租其取得的不动产（不含住房）	5%	财税〔2016〕36号
个人出租住房	按照5%的征收率减按1.5%计算	财税〔2016〕36号
小规模纳税人（除其他个人外）销售自己使用过的固定资产； 纳税人销售旧货；	依照3%征收率减按2%征收	财税〔2009〕9号；财税〔2008〕170号；财税〔2014〕57号

表2.7　　增值税征收率表（一般纳税人选择适用简易计税方法）

应税行为（一般纳税人选择适用简易计税方法）	征收率	文件依据
自2020年5月1日至2023年12月31日，从事二手车经销业务的纳税人销售其收购的二手车	0.5%	国家税务总局公告2020年第9号
自2019年3月1日起，增值税一般纳税人生产销售和批发、零售罕见病药品，可选择按照简易办法	3%	财税〔2019〕24号
一般纳税人提供的城市电影放映服务，可以按现行政策规定，选择按照简易计税办法计算缴纳增值税	3%	财税〔2019〕17号
自2018年7月1日至2020年12月31日，对中国邮政储蓄银行纳入“三农金融事业部”改革的各省、自治区、直辖市、计划单列市分行下辖的县域支行，提供农户贷款、农村企业和农村各类组织贷款（具体贷款业务清单见附件）取得的利息收入，选择适用简易计税方法的	3%	财税〔2018〕97号
自2018年5月1日起，增值税一般纳税人生产销售和批发、零售抗癌药品，选择简易计税办法的	3%	财税〔2018〕47号

续表

应税行为（一般纳税人选择适用简易计税方法）	征收率	文件依据
建筑工程总承包单位为房屋建筑的地基与基础、主体结构提供工程服务，建设单位自行采购全部或部分钢材、混凝土、砌体材料、预制构件的，适用简易计税方法计税	3%	财税〔2017〕58号
资管产品管理人运营资管产品过程中发生的增值税应税行为，暂适用简易计税方法	3%	财税〔2017〕56号
非企业性单位中的一般纳税人提供的研发和技术服务、信息技术服务、鉴证咨询服务，以及销售技术、著作权等无形资产，提供财税〔2016〕36号文件第一条第（二十六）项中的“技术转让、技术开发和与之相关的技术咨询、技术服务”，选择简易计税方法的	3%	财税〔2016〕140号
一般纳税人提供非学历教育服务，选择适用简易计税方法的	3%	财税〔2016〕68号
房地产开发企业中的一般纳税人，出租自行开发的房地产老项目，选择适用简易计税方法的	5%	财税〔2016〕68号
房地产开发企业中的一般纳税人，销售房地产老项目，选择适用简易计税方法的	5%	国家税务总局公告2016年第18号；国家税务总局公告2019年第31号；财政部、国家税务总局公告2020年第2号
纳税人转让2016年4月30日前取得的土地使用权，可以选择适用简易计税方法，以取得的全部价款和价外费用减去取得该土地使用权的原价后的余额为销售额	5%	财税〔2016〕47号
公路经营企业中的一般纳税人收取试点前开工的一级公路、二级公路、桥、闸通行费，可以选择适用简易计税方法	5%	财税〔2016〕47号
一般纳税人2016年4月30日前签订的不动产融资租赁合同，或以2016年4月30日前取得的不动产提供的融资租赁服务，选择适用简易计税方法的	5%	财税〔2016〕47号
一般纳税人出租其2016年4月30日前取得的不动产，选择适用简易计税方法的	5%	国家税务总局公告2016年第16号
一般纳税人提供人力资源外包服务，可以选择适用简易计税方法	5%	财税〔2016〕47号
一般纳税人提供劳务派遣服务，选择差额纳税的，以取得的全部价款和价外费用，扣除代用工单位支付给劳务派遣员工的工资、福利和为其办理社会保险及住房公积金后的余额为销售额，按照简易计税方法计算缴纳增值税。安全保护服务参照执行。	5%	财税〔2016〕47号；财税〔2016〕68号
农村信用社、村镇银行、农村资金互助社、由银行业机构全资发起设立的贷款公司、法人机构在县（县级市、区、旗）及县以下地区的农村合作银行和农村商业银行提供金融服务收入，选择适用简易计税方法的 对中国农业银行纳入“三农金融事业部”改革试点的各省、自治区、直辖市、计划单列市分行下辖的县域支行和新疆生产建设兵团分行下辖的县域支行（也称县事业部），提供农户贷款、农村企业和农村各类组织贷款（具体贷款业务清单见附件）取得的利息收入，选择适用简易计税方法的	3%	财税〔2016〕46号

续表

应税行为（一般纳税人选择适用简易计税方法）	征收率	文件依据
提供物业管理服务的纳税人，向服务接收方收取的自来水水费，以扣除其对外支付的自来水水费后的余额为销售额，按照简易计税办法计算缴纳增值税	3%	国家税务总局公告 2016 年第 54 号
一般纳税人跨县（市）提供建筑服务，选择适用简易计税方法计税的，应以取得的全部价款和价外费用扣除支付的分包款后的余额为销售额	3%	财税〔2016〕36 号
一般纳税人提供清包工、甲供工程建筑服务，为建筑工程老项目提供建筑服务，选择适用简易计税方式计税的	3%	财税〔2016〕36 号
一般纳税人销售其2016年4月30日前取得（不含自建）的不动产，可以选择适用简易计税方法，以取得的全部价款和价外费用减去该项不动产购置原价或者取得不动产时的作价后的余额为销售额	5%	财税〔2016〕36 号
一般纳税人销售其 2016 年 4 月 30 日前自建的不动产，可以选择适用简易计税方法，以取得的全部价款和价外费用为销售额	5%	财税〔2016〕36 号
公路经营企业中的一般纳税人收取试点前开工的高速公路的车辆通行费，选择适用简易计税方法的	3%	财税〔2016〕36 号
一般纳税人发生下列应税行为可以选择适用简易计税方法计税： （1）公共交通运输服务，包括轮客渡、公交客运、地铁、城市轻轨、出租车、长途客运、班车； （2）经认定的动漫企业为开发动漫产品提供的相关服务，以及在境内转让动漫版权； （3）电影放映服务、仓储服务、装卸搬运服务、收派服务和文化体育服务； （4）以纳入营改增试点之日前取得的有形动产为标的物提供的经营租赁服务； （5）在纳入营改增试点之日前签订的尚未执行完毕的有形动产租赁合同。	3%	财税〔2016〕36 号
一般纳税人的兽用药品经营企业销售兽用生物制品，选择简易计税办法的	3%	国家税务总局公告 2016 年第 8 号
一般纳税人的药品经营企业销售生物制品，选择简易办法的	3%	国家税务总局公告 2012 年第 20 号
一般纳税人的单采血浆站销售非临床用人体血液，选择简易计税办法的	3%	国税函〔2009〕456 号；国家税务总局公告 2014 年第 36 号
（1）一般纳税人销售自己使用过的属于条例第十条规定不得抵扣且未抵扣进项税额的固定资产；2008 年 12 月 31 日以前未纳入扩大增值税抵扣范围试点的纳税人，销售自己使用过的 2008 年 12 月 31 日以前购进或者自制的固定资产；2008 年 12 月 31 日以前已纳入扩大增值税抵扣范围试点的纳税人，销售自己使用过的在本地区扩大增值税抵扣范围试点以前购进或者自制的固定资产； （2）纳税人销售旧货。	依照 3% 征收率减按 2% 征收	财税〔2009〕9 号；财税〔2008〕170 号；财税〔2014〕57 号
一般纳税人销售货物属于下列情形之一的： （1）寄售商店代销寄售物品（包括居民个人寄售的物品在内）； （2）典当业销售死当物品。	3%	财税〔2009〕9 号；财税〔2014〕57 号

续表

应税行为（一般纳税人选择适用简易计税方法）	征收率	文件依据
一般纳税人销售自产的下列货物，选择简易计税办法的： （1）县级及县级以下小型水力发电单位生产的电力。小型水力发电单位，是指各类投资主体建设的装机容量为5万千瓦以下（含5万千瓦）的小型水力发电单位； （2）建筑用和生产建筑材料所用的砂、土、石料； （3）以自己采掘的砂、土、石料或其他矿物连续生产的砖、瓦、石灰（不含黏土实心砖、瓦）； （4）用微生物、微生物代谢产物、动物毒素、人或动物的血液或组织制成的生物制品； （5）自来水； （6）商品混凝土（仅限于以水泥为原料生产的水泥混凝土）。	3%	财税〔2009〕9号；财税〔2014〕57号

第二节 消费税

在中华人民共和国境内生产、委托加工和进口规定的消费品的单位和个人，以及国务院确定的销售税法规定的消费品的其他单位和个人，依据相关税收法律、法规、规章及其他有关规定，在规定的纳税申报期限内填报消费税申报表、附表和其他相关资料，向税务机关进行纳税申报。

一、基本规定

（一）纳税义务发生时间

1.纳税人销售应税消费品，其纳税义务的发生时间为：

（1）纳税人采取赊销和分期收款结算方式的，其纳税义务的发生时间为销售合同规定的收款日期的当天；

（2）纳税人采取预收货款结算方式的，其纳税义务的发生时间为发出应税消费品的当天；

（3）纳税人采取托收承付和委托银行收款方式销售的应税消费品，其纳税义务的发生时间为发出应税消费品并办妥托收手续的当天；

（4）纳税人采取其他结算方式的，其纳税义务的发生时间为收讫销售款或者取得索取销售款的凭据的当天。

2.纳税人自产自用的应税消费品，其纳税义务的发生时间为移送使用的当天。

3.纳税人委托加工的应税消费品，其纳税义务的发生时间为纳税人提货的当天。

4.纳税人进口的应税消费品，其纳税义务的发生时间为报关进口的当天。

（二）纳税地点

1.纳税人销售的应税消费品，以及自产自用的应税消费品，除国务院财政、税务主管部门另有规定外，应当向纳税人机构所在地或者居住地的主管税务机关申报纳税。

2. 委托加工的应税消费品，除受托方为个人外，由受托方向机构所在地或者居住地的主管税务机关解缴消费税税款。对纳税人委托个体经营者加工的应税消费品，一律于委托方收回后在委托方所在地缴纳消费税

3. 进口的应税消费品，应当向报关地海关申报纳税。

（三）纳税期限

消费税的纳税期限分别为1日、3日、5日、10日、15日、1个月或者1个季度。纳税人的具体纳税期限，由主管税务机关根据纳税人应纳税额的大小分别核定；不能按照固定期限纳税的，可以按次纳税。

纳税人以1个月或者1个季度为1个纳税期的，自期满之日起15日内申报纳税；以1日、3日、5日、10日或者15日为1个纳税期的，自期满之日起5日内预缴税款，于次月1日起15日内申报纳税并结清上月应纳税款。

纳税人进口应税消费品，应当自海关填发海关进口消费税专用缴款书之日起15日内缴纳税款。

二、纳税申报

为深入推进税务领域“放管服”改革，优化营商环境，切实减轻纳税人、缴费人申报负担，《国家税务总局关于增值税、消费税与附加税费申报表整合有关事项的公告》（国家税务总局公告2021年第20号）对消费税申报表也实行简并优化。新申报表将原分税目的8张消费税纳税申报表主表整合为1张主表，将原分税目的22张消费税纳税申报表附表整合为7张附表，其中4张为通用附表，1张成品油消费税纳税人填报的专用附表、2张卷烟消费税纳税人填报的专用附表。系统根据纳税人登记的消费税征收品目信息，自动带出申报表主表中的“应税消费品名称”“适用税率”等内容以及该纳税人需要填报的附表，方便纳税人填报。成品油消费税纳税人、卷烟消费税纳税人需要填报的专用附表，其他纳税人不需填报，系统也不会带出。受托加工应税消费品的扣缴义务人代扣税款后，应给委托方开具中华人民共和国税收缴款书（代扣代收专用），委托方可凭该缴款书按规定申报抵扣消费税款。扣缴义务人向主管税务机关申报缴纳代扣的消费税时，不再填报“本期代收代缴税额计算表”，应填报通用“代扣代缴、代收代缴税款明细报告表”和中华人民共和国税收缴款书（代扣代收专用）附表，并根据系统自动生成的“代扣代缴、代收代缴税款明细报告表”中“实代扣代缴、代收代缴税额”栏的合计数，缴纳代扣税款。

实务中，关注以下内容：

（一）烟类

凡是以烟叶为原料加工生产的产品，不论使用何种辅料，均属于本税目的

征收范围。本税目下设甲类卷烟、乙类卷烟、雪茄、烟丝四个子目。

为有效规范卷烟消费税计税价格、保全卷烟消费税税基，《国家税务总局关于卷烟消费税计税价格核定管理有关问题的公告》（国家税务总局公告2017年第32号）文件规定，对于未按照《卷烟消费税计税价格信息采集和核定管理办法》（国家税务总局令第26号公布，以下简称《办法》）规定报送信息资料的新牌号、新规格卷烟，卷烟生产企业消费税纳税人（以下简称“纳税人”）按照税务总局核定的计税价格计算缴纳消费税满1年后，可向主管税务机关提出调整计税价格的申请。主管税务机关应于收到申请后15日内，将申请调整计税价格文件逐级上报至税务总局。税务总局收到文件后30日内，根据当期已采集的该牌号规格卷烟批发环节连续6个月的销售价格，调整并发布计税价格。

对于因卷烟批发企业申报“卷烟批发企业月份销售明细清单”中销售价格信息错误，造成纳税人对税务总局核定的计税价格有异议的，纳税人可自计税价格执行之日起向主管税务机关提出调整计税价格的申请。主管税务机关收到申请后，应核实纳税人该牌号规格卷烟的生产经营情况，计算该牌号规格卷烟自正式投产以来的加权平均销售价格，对确需调整计税价格的，应于收到申请后25日内，将申请调整计税价格文件逐级上报至税务总局。税务总局收到文件后，重新采集该牌号规格卷烟批发环节销售价格，采集期为已核定计税价格执行之日起连续6个月，采集期满后调整并发布计税价格。

对于纳税人套用其他牌号、规格卷烟计税价格，造成少缴消费税税款的，主管税务机关按照《办法》第十八条规定，调整纳税人应纳税收入时，应按照采集的该牌号、规格卷烟市场零售价格适用最低档批发毛利率确定计税价格，追缴纳税人少缴消费税税款。

（二）酒类

本税目下设白酒、黄酒、啤酒、其他酒子目。需要注意的是，对酒类产品生产企业销售酒类产品而收取的包装物押金，无论押金是否返还与会计上如何核算，均需并入酒类产品销售额中，依酒类产品的适用税率征收消费税。白酒生产企业向商业销售单位收取的“品牌使用费”是随着应税白酒的销售而向购货方收取的，属于应税白酒销售价款的组成部分，因此，不论企业采取何种方式或以何种名义收取价款，均应并入白酒的销售额中缴纳消费税。

（三）成品油

本税目包括汽油、柴油、石脑油、溶剂油、航空煤油、润滑油、燃料油七个子目。

为加强汽油、柴油、航空煤油、石脑油、溶剂油、润滑油、燃料油等成品油消费税的征收管理，维护公平的税收秩序，营造良好营商环境，《国家税务总局关于成品油消费税征收管理有关问题的公告》（国家税务总局公告2018年第1号）作出如下具体规定：

1.所有成品油发票均须通过增值税发票管理新系统中成品油发票开具模块

开具。成品油发票是指销售汽油、柴油、航空煤油、石脑油、溶剂油、润滑油、燃料油等成品油所开具的增值税专用发票（以下称“成品油专用发票”）和增值税普通发票。纳税人需要开具成品油发票的，由主管税务机关开通成品油发票开具模块。开具成品油发票时，应遵守以下规则：

（1）正确选择商品和服务税收分类编码。

（2）发票“单位”栏应选择“吨”或“升”，蓝字发票的“数量”栏为必填项且不为“0”。

（3）开具成品油专用发票后，发生销货退回、开票有误以及销售折让等情形的，应按规定开具红字成品油专用发票。

销货退回、开票有误等原因涉及销售数量的，应在“开具红字增值税专用发票信息表”中填写相应数量，销售折让的不填写数量。

（4）成品油经销企业某一商品和服务税收分类编码的油品可开具成品油发票的总量，应不大于所取得的成品油专用发票、海关进口消费税专用缴款书对应的同一商品和服务税收分类编码的油品总量。

成品油经销企业开具成品油发票前，应登陆增值税发票选择确认平台确认已取得的成品油专用发票、海关进口消费税专用缴款书信息，并通过成品油发票开具模块下载上述信息。

2.外购、进口和委托加工收回的汽油、柴油、石脑油、燃料油、润滑油用于连续生产应税成品油的，应凭通过增值税发票选择确认平台确认的成品油专用发票、海关进口消费税专用缴款书，以及税收缴款书（代扣代收专用），按规定计算扣除已纳消费税税款，其他凭证不得作为消费税扣除凭证。

外购石脑油、燃料油用于生产乙烯、芳烃类化工产品的，应凭取得的成品油专用发票所载明的石脑油、燃料油的数量，按规定计算退还消费税，其他发票或凭证不得作为计算退还消费税的凭证。

3.自税款所属期2018年3月起，纳税人申报的某一类成品油销售数量，应大于或等于开具的该同一类成品油发票所载明的数量；申报扣除的成品油数量，应小于或等于取得的扣除凭证载明数量。申报比对相符后，主管税务机关对纳税人的税控设备进行解锁；比对不相符的，待解除异常后，方可解锁。

4.成品油经销企业应于2018年3月10日前（包括3月10日），将截至2018年2月28日的成品油库存情况（不包括未取得增值税专用发票、海关进口消费税专用缴款书的成品油库存）录入增值税发票选择确认平台。

5.外购用于连续生产的成品油，取得2018年2月28日前（包括2月28日）开具的增值税专用发票且符合扣除规定的，纳税人应于税款所属期2018年4月前申报，计入“本期准予扣除税额计算表”“本期外购入库数量”中，连续生产耗用后，按规定计算扣除已纳消费税税款。

使用新申报表后，纳税人不再填报原“成品油消费税纳税申报表”，新申报表已最大化地兼容原有各类消费税申报表的功能，并与税种登记信息自动关联。申报时系统将成品油消费税纳税人专用的“本期准予扣除税额计算表（成品油消费税纳税人适用)”自动带出，成品油期初库存自动带入，纳税人可以继续计算抵扣税额。

(四)小汽车

本税目下分设乘用车、中轻型商用客车、超豪华小汽车子目。自2016年12月1日起，对超豪华小汽车在零售环节加征10%的消费税。“超豪华小汽车”是指每辆零售价格130万元(不含增值税)及以上的乘用车和中轻型商用客车，即乘用车和中轻型商用客车子税目中的超豪华小汽车。对超豪华小汽车，在生产(进口)环节按现行税率征收消费税基础上，在零售环节加征消费税，税率为10%。国内汽车生产企业直接销售给消费者的超豪华小汽车，消费税税率按照生产环节税率和零售环节税率加总计算。

(五)已纳税款的扣除

在消费税纳税申报中，需关注已纳税款的扣除。

1.扣除范围。

下列应税消费品准予从消费税应纳税额中扣除原料已纳的消费税税款：

(1)以外购或委托加工收回的已税杆头、杆身和握把为原料生产的高尔夫球杆；

(2)以外购或委托加工收回的已税木制一次性筷子为原料生产的木制一次性筷子；

(3)以外购或委托加工收回的已税实木地板为原料生产的实木地板；

(4)纳税人按照现行政策规定，以外购、进口和委托加工收回汽油、柴油、石脑油、燃料油、润滑油(以下简称“应税油品”)用于连续生产应税成品油，准予从成品油消费税应纳税额中扣除应税油品已纳消费税税款；

(5)用外购和委托加工的已税烟丝生产的卷烟；

(6)自2016年10月1日起，纳税人以外购、进口和委托加工收回的高档化妆品为原料连续生产高档化妆品，准予从高档化妆品消费税应纳税额中扣除外购、进口和委托加工收回的高档化妆品已纳消费税税款；用于连续生产非高档化妆品的，不得抵扣消费税；

(7)用外购和委托加工的已税珠宝玉石生产的珠宝玉石；

(8)用外购和委托加工的已税鞭炮焰火生产的鞭炮焰火；

(9)用外购和委托加工的已税摩托车生产的摩托车；

(10)纳税人从葡萄酒生产企业购进、进口葡萄酒连续生产应税葡萄酒的，准予从葡萄酒消费税应纳税额中扣除所耗用应税葡萄酒已纳消费税税款。

2.注意事项。

(1)为生产出口应税消费品，由于出口环节免征消费税，因此不得抵扣外购或委托加工耗用原材料的已纳消费税税款。

(2)关于工业企业从事应税消费品购销的征税问题：

①对既有自产应税消费品，同时又购进与自产应税消费品同样的应税消费

品进行销售的工业企业，对其销售的外购应税消费品应当征收消费税，同时可以扣除外购应税消费品的已纳税款；

②对自己不生产应税消费品，而只是购进后再销售应税消费品的工业企业，其销售的粮食白酒、薯类白酒、高档化妆品、鞭炮焰火和珠宝玉石，凡不能构成最终消费品直接进入消费品市场，而需进一步生产加工的，应当征收消费税，同时允许扣除上述外购应税消费品的已纳税款。

（3）国发〔2015〕11号文件取消了税务机关对消费税税款抵扣审核后，国家税务总局公告2015年第39号文件规定，纳税人以外购、进口、委托加工收回的应税消费品（以下简称“外购应税消费品”）为原料连续生产应税消费品，准予按现行政策规定抵扣外购应税消费品已纳消费税税款。经主管税务机关核实上述外购应税消费品未缴纳消费税的，纳税人应将已抵扣的消费税税款，从核实当月允许抵扣的消费税中冲减。

（4）纳税人应设立抵扣税款台账专项核算，留存备查，例如，设立“葡萄酒消费税抵扣税款台账”，作为申报扣除外购、进口应税葡萄酒已纳消费税税款的备查资料；设立“电池、涂料税款抵扣台账”，作为申报扣除委托加工收回应税消费品已纳消费税税款的备查资料。

3.抵扣税款的计算方法。

准予从消费税应纳税额中扣除原料已纳消费税税款的计算公式按照不同行为分别规定如下：

（1）外购应税消费品连续生产应税消费品。

①实行从价定率办法计算应纳税额的：

当期准予扣除外购应税消费品已纳税款＝当期准予扣除外购应税消费品买价×外购应税消费品适用税率

当期准予扣除外购应税消费品买价＝期初库存外购应税消费品买价＋当期购进的外购应税消费品买价－期末库存的外购应税消费品买价

外购应税消费品买价为增值税专用发票（含销货清单）注明的应税消费品的销售额（其中，木制一次性筷子、实木地板、石脑油、润滑油增值税专用发票必须是2006年4月1日以后开具的）。

②实行从量定额办法计算应纳税额的：

当期准予扣除的外购应税消费品已纳税款＝当期准予扣除外购应税消费品数量×外购应税消费品单位税额×30%

当期准予扣除外购应税消费品数量＝期初库存外购应税消费品数量＋当期购进外购应税消费品数量－期末库存外购应税消费品数量

外购应税消费品数量为增值税专用发票（含销货清单）注明的应税消费品的销售数量。

（2）委托加工收回应税消费品连续生产应税消费品：

当期准予扣除的委托加工应税消费品已纳税款＝期初库存的委托加工应税消费品已纳税款＋当期收回的委托加工应税消费品已纳税款－期末库存的委托

加工应税消费品已纳税款

委托加工应税消费品已纳税款为代扣代收税款凭证注明的受托方代收代缴的消费税。

（3）进口应税消费品：

当期准予扣除的进口应税消费品已纳税款=期初库存的进口应税消费品已纳税款+当期进口应税消费品已纳税款-期末库存的进口应税消费品已纳税款

进口应税消费品已纳税款为“海关进口消费税专用缴款书”注明的进口环节消费税。

需要注意的是，以上计算公式，是按实际生产领用的数量来计算抵扣已纳消费税税额的，公式中采用了“实地盘存制”做法，对于非生产领用或存货发生非常损失的情形，也作为生产领用数并获得抵扣。这是税收政策的漏洞，在实际操作中，应将“抵扣税款台账”增加“非生产领用”一栏，以免多抵扣税款，造成国家税款流失。

三、汇总纳税

《财政部、国家税务总局关于消费税纳税人总分支机构汇总缴纳消费税有关政策的通知》（财税〔2012〕42号）规定：“纳税人的总机构与分支机构不在同一县（市），但在同一省（自治区、直辖市）范围内，经省（自治区、直辖市）财政厅（局）、国家税务局审批同意，可以由总机构汇总向总机构所在地的主管税务机关申报缴纳消费税。”为进一步简政放权、优化服务，《国家税务总局关于进一步优化增值税、消费税有关涉税事项办理程序的公告》（国家税务总局公告2017年第36号）文件规定，自2017年11月1日起，纳税人同时申请汇总缴纳增值税和消费税的，在汇总纳税申请资料中予以说明即可，不需要就增值税、消费税分别报送申请资料。

在具体的汇总纳税办法上，各地规定不一。例如，《北京市财政局、北京市国家税务局关于我市消费税纳税人总分支机构汇总缴纳消费税问题的通知》（京财税〔2012〕1357号）规定，消费税全部由总机构汇总纳税，分支机构不就地预缴，应纳税额总额不就地分摊。

四、征收管理

（一）完善信息化管理

相比增值税，消费税的信息化管理亟待进一步完善。目前，成品油已建立起了“票表比对”信息化管理模式，但对于成品油变名购进、变名销售，将应税产品变更为非应税产品，将高税率产品变名为低税率产品、虚开虚抵等现存问题，需进一步汇集企业及第三方有效数据，精准分析企业运营情况，提高税务人员对炼油工艺程序等行业知识储备，时时更新风险管理模型与评估指标，逐步实现成品油消费税全链条信息化监管。又如，对于酒类的消费税管理，鉴于白酒生产工艺复杂、专业化程度高，税务人员对于产能、出酒率等指标很难界定，因此，需要充实白酒行业的数据采集，利用大数据综合分析、设置行业指标与预警值，同时，可类比成品油“票表比对”信息化管理模式，对白酒消费税也实行票表比对的日常化数据监管。

另外，可从企业是否隐瞒收入、确认收入时点是否正确、是否取得虚开增值税发票等方面进行风险管理，设置评估指标。隐瞒收入方面，常用方法如下：

1. 核实投入产出比率。

（1）投入重量等于产出重量。测量单位产品的重量计算出本期产成品总重量，对照生产成本计算表中的数量测算原材料总重量，看是否少计产成品。

（2）实际考查单位产成品耗用主要原材料的数量，计算投出产出比。再根据生产成本计算表中实际领用的数量，计算应当产出的成品数量，看是否少计产成品。

（3）实际考查产成品耗用原材料的成分及原材料所占比重，各比重是否均衡（如包装物），看是否少计产成品。

（4）实际考查产值与耗用的燃料、动力（如水、电等）之间的数量比，结合实际耗用的燃料、动力数量，计算出应当产出的成品数量，看是否少计产成品。

2. 核实“企业薪酬管理制度”，了解生产工人工资的发放标准，结合“生产成本—工资”实际列支数，测算应当产出的成品数量，看是否少计产成品。

3. 核实“实收资本”“其他应付款——股东”科目，如果金额很大，分析是否账外收入在账内使用的情形。

（二）加强反避税管理

在消费税的征收管理中，需关注消费税反避税问题。例如：纳税人通过自设非独立核算门市部销售的自产应税消费品，应当按照门市部对外销售额或者销售数量征收消费税。外购散酒装瓶出售，视同生产环节计征消费税。纳税人将自产的应税消费品与外购或自产的非应税消费品组成套装销售的，以套装产品的销售额（不含增值税）为计税依据。对啤酒生产企业销售的啤酒，不得以向其关联企业的啤酒销售公司销售的价格作为确定消费税税额的标准，而应当以其关联企业的啤酒销售公司对外的销售价格（含包装物及包装物押金）作为确定消费税税额的标准，并依此确定该啤酒消费税单位税额。纳税人将委托加工收回的白酒销售给销售单位，消费税计税价格低于销售单位对外销售价格（不含增值税）70%以下，属于《中华人民共和国消费税暂行条例》第十条规定的情形，应该按照《国家税务总局关于加强白酒消费税征收管理的通知》（国税函〔2009〕380号）规定的核价办法，核定消费税最低计税价格等。

附：消费税税率表（见表2.8）

表2.8　　　　消费税税率表

<table>
<tr><th>税目</th><th>子目</th><th colspan="2">计税单位</th><th>税率</th><th>备注</th></tr>
<tr><td rowspan="5">一、烟</td><td rowspan="3">1. 卷烟</td><td rowspan="2">生产环节</td><td>（1）甲类卷烟：每标准条（200支）对外调拨价格在70元以上的（含70元，不含增值税）</td><td>56%、0.003元/支</td><td rowspan="2">自2009年5月1日起，依照财税（2009）84号调整税率</td></tr>
<tr><td>（2）乙类卷烟：每标准条（200支）对外调拨价在70元以下的</td><td>36%、0.003元/支</td></tr>
<tr><td colspan="2">批发环节</td><td>11%、0.005元/支</td><td>自2015年5月10日起，依照财税（2015）60号调整税率</td></tr>
<tr><td>2. 雪茄烟</td><td colspan="2">生产环节</td><td>36%</td><td>自2009年5月1日起，依照财税（2009）84号调整税率</td></tr>
<tr><td>3. 烟丝</td><td colspan="2">生产环节</td><td>30%</td><td></td></tr>
<tr><td rowspan="7">二、酒</td><td>1. 粮食白酒</td><td colspan="2">斤或500毫升</td><td>20%、0.5元/斤或0.5元/500毫升</td><td>1. 粮食白酒是指以高粱、玉米、大米、糯米、大麦、小麦、小米、青稞等各种粮食为原料，经过糖化、发酵后，采用蒸馏方法酿制的白酒，含果木或谷物为原料的蒸馏酒；
2. 薯类白酒是指以白薯（红薯、地瓜）、木薯、马铃薯（土豆）、芋头、山药等各种干鲜薯类为原料，经过糖化、发酵后，采用蒸馏方法酿制的白酒。用甜菜酿制的白酒，比照薯类白酒征税</td></tr>
<tr><td>2. 薯类白酒</td><td colspan="2">斤或500毫升</td><td>20%、0.5元/斤或0.5元/500毫升</td><td>3. 自2001年5月1日起白酒采用复合计税办法；
4. 自2006年4月1日起依财税200633号调整税率</td></tr>
<tr><td>3. 黄酒</td><td colspan="2">吨</td><td>240元/吨</td><td>黄酒1吨=962升</td></tr>
<tr><td rowspan="3">4. 啤酒</td><td colspan="2">（1）每吨出厂价格（含包装物及包装物押金）在3 000元（含3 000元，不含增值税）以上的</td><td>250元/吨</td><td rowspan="3">1. 啤酒包括啤酒源，菠萝啤酒，饮食业、商业、娱乐业生产的啤酒和果啤等；
2. 自2001年5月1日起依照财税字（2001）84号调整税率；
3. 啤酒1吨=988升</td></tr>
<tr><td colspan="2">（2）每吨在3 000元以下的</td><td>220元/吨</td></tr>
<tr><td colspan="2">（3）娱乐业和饮食业自制的</td><td>250元/吨</td></tr>
<tr><td>5. 其他酒</td><td colspan="2"></td><td>10%</td><td>它是指除粮食白酒、薯类白酒、黄酒、啤酒以外，酒度在1度以上的各种酒。其征收范围包括糠麸白酒、其他原料白酒、土甜酒、复制酒、果木酒、汽酒、药酒等</td></tr>
</table>

续表

税目	子目	计税单位	税率	备注
三、高档化妆品			15%	1. 征收范围包括高档美容、修饰类化妆品、高档护肤类化妆品和成套化妆品； 2. 高档美容、修饰类化妆品和高档护肤类化妆品是指生产（进口）环节销售（完税）价格（不含增值税）在 10 元 / 毫升（克）或 15 元 / 片（张）及以上的美容、修饰类化妆品和护肤类化妆品； 3. 2016 年 10 月 1 日起，依照财税（2016）103 号调整应税范围和税率
四、贵重首饰及珠宝玉石	金银首饰、铂金首饰和未镶嵌的成品钻石及钻石饰品	零售环节	5%	包括金刚石（钻石）、宝石坯、各种金、银、珠宝首饰及珠宝玉石等
	其他贵重首饰和珠宝玉石	生产环节	10%	
五、鞭炮、焰火			15%	
六、成品油	1. 汽油		1.52 元 / 升	1. 以汽油、汽油组分调和生产的甲醇汽油、乙醇汽油也属于本税目征收范围； 2. 汽油 1 吨 =1 388 升； 3. 自 2015 年 1 月 13 日起，依财税（2015）11 号调整成品油税率
	2. 柴油		1.20 元 / 升	1. 以柴油、柴油组分调和生产的生物柴油也属于本税目征收范围； 2. 柴油 1 吨 =1 176 升
	3. 石脑油		1.52 元 / 升	1. 石脑油的征收范围包括除汽油、柴油、航空煤油、溶剂油以外的各种轻质油； 2. 石脑油 1 吨 =1 385 升
	4. 溶剂油		1.52 元 / 升	1. 橡胶填充油、溶剂油原料，属于溶剂油征收范围； 2. 溶剂油 1 吨 =1 282 升
	5. 润滑油		1.52 元 / 升	1. 润滑油分为矿物性润滑油、植物性润滑油、动物性润滑油和化工原料合成润滑油，润滑油的征收范围包括矿物性润滑油、矿物性润滑油基础油、植物性润滑油、动物性润滑油和化工原料合成润滑油； 2. 润滑油 1 吨 =1 126 升
	6. 燃料油		1.20 元 / 升	1. 包括用于电厂发电、船舶锅炉燃料、加热炉燃料、冶金和其他工业炉燃料的各类燃料油； 2. 燃料油 1 吨 =1 015 升

续表

<table>
<tr><th>税目</th><th>子目</th><th colspan="2">计税单位</th><th>税率</th><th>备注</th></tr>
<tr><td>六、成品油</td><td>7. 航空煤油</td><td colspan="2"></td><td>1.20 元 / 升</td><td>1. 暂缓征税；
2. 航空煤油 1 吨 =1 246 升</td></tr>
<tr><td rowspan="2">七、摩托车</td><td></td><td colspan="2">1. 气缸容量为 250 毫升的</td><td>3%</td><td rowspan="2">1. 自 2006 年 4 月 1 日起依财税（2006）33 号调整税率；
2. 自 2014 年 12 月 1 日起，财税（2014）93 号取消气缸容量 250 毫升（不含）以下的小排量摩托车消费税</td></tr>
<tr><td></td><td colspan="2">2. 气缸容量在 250 毫升以上的</td><td>10%</td></tr>
<tr><td rowspan="9">八、小汽车</td><td rowspan="8">生产环节</td><td rowspan="7">1. 乘用车</td><td>（1）气缸容量（排气量，下同）在 1.0 升以下（含 1.0 升）的</td><td>1%</td><td rowspan="8">1. 乘用车包括含驾驶员座位在内最多不超过 9 个座位（含）的，在设计和技术特性上用于载运乘客和货物；
2. 中轻型商用客车含驾驶员座位在内的座位数在 10 至 23 座（含 23 座）的在设计和技术特性上用于载运乘客和货物；
3. 电动汽车不属于本税目征收范围；
4. 自 2008 年 9 月 1 日起，按照财税环节生产用车 12%（2008）105 号调整乘用车税率</td></tr>
<tr><td>（2）气缸容量在 1.0 升以上至 1.5 升（含 1.5 升）的</td><td>3%</td></tr>
<tr><td>（3）气缸容量在 1.5 升以上至 2.0 升（含 2.0 升）的</td><td>5%</td></tr>
<tr><td>（4）气缸容量在 2.5 升以上至 2.5 升（含 2.5 升）的</td><td>9%</td></tr>
<tr><td>（5）气缸容量在 3.5 升以上至 3.0 升（含 3.0 升）的</td><td>12%</td></tr>
<tr><td>（6）气缸容量在 4.0 升以上至 4.0 升（含 4.0 升）的</td><td>25%</td></tr>
<tr><td>（7）气缸容量在 4.0 升以上的</td><td>40%</td></tr>
<tr><td>2. 中轻型商用客车</td><td></td><td>5%</td></tr>
<tr><td>零售环节</td><td colspan="2">超豪华小汽车</td><td>10%</td><td>1. 超豪华小汽车是指每辆零售价格在 130 万元（不含增值税）及以上的乘用车和中轻型商用客车；
2. 自 2016 年 12 月 1 日起，依据财税（2016）129 号对超豪华小汽车，在生产（进口）环节征收消费税基础上，在零售环节加征一道消费税</td></tr>
<tr><td>九、高尔夫球及球具</td><td></td><td colspan="2"></td><td>10%</td><td>包括高尔夫球、高尔夫球杆及高尔夫球包（袋）、高尔夫球杆的杆头、杆身和握把等</td></tr>
</table>

续表

税目	子目	计税单位	税率	备注
十、高档手表			20%	是指销售价格（不含增值税）每只在10 000元（含）以上的各类手表
十一、游艇			10%	艇身长度大于8米（含）小于90米（含），内置发动机
十二、木制一次性筷子			5%	包括各种规格的木制一次性筷子和未经打磨、倒角的木制一次性筷子
十三、实木			5%	包括各类规格的实木地板、实木指接地板、实木复合地板及用于装饰墙壁、天棚地板的侧端面为榫、槽的实木装饰板和未经涂饰的素板
十四、电池			4%	2015年2月1日起，依据财税（2015）16号设置税目
十五、涂料			4%	2015年2月1日起，依据财税（2015）16号设置税目

第三节　企业所得税

在中华人民共和国境内，企业和其他取得收入的组织（以下统称“企业”）为企业所得税的纳税人，按规定缴纳企业所得税。除税收法律、行政法规另有规定外，居民企业以企业登记注册地为纳税地点。登记注册地在境外的，以实际管理机构所在地为纳税地点。

一、预缴申报

企业所得税分月或者分季预缴，企业应当自月份或者季度终了之日起15日内，向税务机关报送预缴企业所得税纳税申报表，预缴税款。

（一）查账征收企业

实行查账征收的企业，预缴申报时填报“中华人民共和国企业所得税月（季）度预缴纳税申报表（A类）”。为减轻纳税人办税负担，提高报表稳定性，提升企业所得税预缴申报便利化、智能化、个性化水平，结合新出台的企业所得税政策，国家税务总局出台《国家税务总局关于发布〈中华人民共和国企业所得税月（季）度预缴纳税申报表（A类）〉的公告》（国家税务总局公告2021年第3号），进一步简化了查账征收企业所得税预缴纳税申报表，将原采用完整列举模式的表单形式，转为“分类填报”模式，由纳税人根据《企业所得税申报事项目录》填写优惠事项或特定事项（《企业所得税申报事项目录》在总局网站“纳税服务”栏目公布，并根据政策调整情况，适时更新。如政策调整，一般不再修订申报表表单，纳税人根据网站上发布的最新《企业所得税申报事项目录》，选择相应事项填报即可）。对于绝大部分企业，只需填报一张主表，并在主表上填写相应的具体事项即可完成申报，办税负担进一步减轻。

1.填报要点。

（1）一般情况下，企业按实际利润额预缴税款；按实际利润额预缴有困难的，可以按照上一纳税年度应纳税所得额的月度或者季度平均额预缴，或者按照经税务机关认可的其他方法预缴。预缴方法一经确定，该纳税年度内不得随意变更。对采取实际利润额预缴以外的其他企业所得税预缴方式的核定属于行政许可事项，企业申请时需提交“税务行政许可申请表”、经办人身份证件原件（查验后退回）、纳税人确有困难不能按照月度或者季度的实际利润额预缴企业所得税的情况证明，按月度预缴企业所得税的申请人应当于每年1月31日前提出申请；按季度预缴企业所得税的申请人应当于每年3月31日前提出申请。

（2）企业预缴申报时按实际利润额或上年度应纳税所得额的月度或者季度平均额，或税务机关核定的其他预缴方式预缴，因此，不存在纳税调整。

（3）企业预缴申报时，可填报享受国债利息收入免税、股息红利收入免税、固定资产加速折旧、高新技术企业低税率优惠、小型微利企业优惠等预缴环节即可申报享受的企业所得税优惠。为进一步助力企业研发，减轻企业纳税负担，对于研发费加计扣除优惠政策，《财政部、税务总局关于进一步完善研发费用税前加计扣除政策的公告》（财政部、国家税务总局公告2021年第13号）规定，企业预缴申报当年第3季度（按季预缴）或9月份（按月预缴）企业所得税时，可以自行选择就当年上半年研发费用享受加计扣除优惠政策，采取“自行判别、申报享受、相关资料留存备查”办理方式。符合条件的企业可以自行计算加计扣除金额，填报“中华人民共和国企业所得税月（季）度预缴纳税申报表（A类）”享受税收优惠，并根据享受加计扣除优惠的研发费用情况（上半年）填写“研发费用加计扣除优惠明细表”（A107012）。“研发费用加计扣除优惠明细表”（A107012）与相关政策规定的其他资料一并留存备查。企业办理第3季度或9月份预缴申报时，未选择享受研发费用加计扣除优惠政策的，可在次年办理汇算清缴时统一享受。

对于拟享受小型微利企业所得税优惠的纳税人，需正确填报季初从业人数、季末从业人数、季初资产总额（万元）、季末资产总额（万元）、是否为国家限制或禁止行业等信息，避免因数据填报有误，影响税收政策的适用。

（4）从事房地产开发等特定业务的纳税人，填报按照税收规定计算的特定业务的应纳税所得额。房地产开发企业销售未完工开发产品取得的预售收入，按照税收规定的预计计税毛利率计算的预计毛利额扣除实际缴纳且在会计核算中未计入当期损益的土地增值税等税金及附加后的金额填入“特定业务计算的应纳税所得额”行次，年度内已按预计毛利额计入“特定业务计算的应纳税所得额”的未完工开发产品转完工的，该行次可填报负数。

（5）建筑企业总机构直接管理的跨地区设立的项目部，按照税收规定已经向项目所在地主管税务机关预缴企业所得税的本年累计金额填报“特定业务预缴（征）所得税额”行次。

2.税务管理。对于预缴申报，税务机关主要关注以下几点：

（1）预缴申报数据的准确性。企业填报数据的准确性是企业所得税管理的基础，一般会设置各类逻辑校验，尽可能保证纳税人填报数据的准确，对于填报数据明显异常的企业，如小型微利企业，营业收入金额过亿元，则很可能是纳税人数据填报错误，需及时筛选发现并核实调整。为提升企业申报数据质量，税务机关进一步优化了电子税务局等网络申报系统的智能服务功能。例如，对于小型微利企业减免企业所得税政策，申报系统继续提供智能识别、智能计算、智能填报的智能化服务；又如，对于软件和集成电路企业优惠、民族自治地区地方减免等政策，申报系统可帮助纳税人自动计算或校验优惠金额。

（2）对于税收优惠是否应享尽享。对于预缴环节即可享受优惠的政策，尤其是减税降费等助力企业发展的重大优惠政策，如小型微利企业优惠等，需实施抽取数据关注企业是否应享尽享，对于应享未享的企业，要及时做好纳税辅导与政策宣传，辅导企业享受政策。为便利纳税人享受，税务机关应根据企业填报数据，有针对性地推送可能匹配适用的税收优惠政策，做好事前提示提醒。

（3）对于不应享受的税收优惠是否错误享受。对于企业不应享受而享受税收优惠，或是税收优惠填报错误等情形，如将一般的股息红利免税错误填报在永续债利息收入免征企业所得税行次，税务机关一般通过数据抽取及时发现，及时对企业做好纳税辅导，提醒企业更正申报，既使企业正确适用政策、正确填报，又能提升政策效应分析数据有效性。

（二）核定征收企业

按照企业所得税核定征收办法缴纳企业所得税的居民企业在月份或者季度终了之日起的15日内，向税务机关填报“中华人民共和国企业所得税月（季）度预缴和年度纳税申报表（B类）”。

1.核定征收的范围。纳税人具有下列情形之一的，核定征收企业所得税：

（1）依照法律、行政法规的规定可以不设置账簿的；

（2）依照法律、行政法规的规定应当设置但未设置账簿的；

（3）擅自销毁账簿或者拒不提供纳税资料的；

（4）虽设置账簿，但账目混乱或者成本资料、收入凭证、费用凭证残缺不全，难以查账的；

（5）发生纳税义务，未按照规定的期限办理纳税申报，经税务机关责令限期申报，逾期仍不申报的；

（6）申报的计税依据明显偏低，又无正当理由的。

下列企业不得核定征收：

（1）享受《中华人民共和国企业所得税法》及其实施条例和国务院规定的

一项或几项企业所得税优惠政策的企业（不包括仅享受《中华人民共和国企业所得税法》第二十六条规定免税收入优惠政策的企业、第二十八条规定的符合条件的小型微利企业）；

（2）汇总纳税企业；

（3）上市公司；

（4）银行、信用社、小额贷款公司、保险公司、证券公司、期货公司、信托投资公司、金融资产管理公司、融资租赁公司、担保公司、财务公司、典当公司等金融企业；

（5）会计、审计、资产评估、税务、房地产估价、土地估价、工程造价、律师、价格鉴证、公证机构、基层法律服务机构、专利代理、商标代理以及其他经济鉴证类社会中介机构；

（6）专门从事股权（股票）投资业务的企业；

（7）国家税务总局规定的其他企业。

主管税务机关要严格按照规定的范围和标准确定企业所得税的征收方式，不得违规扩大核定征收企业所得税范围；对其中达不到查账征收条件的企业核定征收企业所得税，并促使其完善会计核算和财务管理，达到查账征收条件后要及时转为查账征收。

2.核定方法。税务机关应根据纳税人具体情况，对核定征收企业所得税的纳税人，核定应税所得率或者核定应纳所得税额。实践中，税务机关多采用核定应税所得率的做法。

核定征收的目标应当是尽可能与纳税人的实际利润相匹配，因此核定的应税所得率和应纳税所得额应当与企业盈利能力相匹配。为此，在核定应税所得率或应纳税所得额时，税务机关应采用下列方法：参照当地同类行业或者类似行业中经营规模和收入水平相近的纳税人的税负水平核定；按照应税收入额或成本费用支出额定率核定；按照耗用的原材料、燃料、动力等推算或测算核定；按照其他合理方法核定。

采用上述所列一种方法不足以正确核定应纳税所得额或应纳税额的，可以同时采用两种以上的方法核定。采用两种以上方法测算的应纳税额不一致时，可按测算的应纳税额从高核定。

（1）核定应税所得率。具有下列情形之一的，核定其应税所得率：

①能正确核算（查实）收入总额，但不能正确核算（查实）成本费用总额的：

应纳税所得额=应税收入额 × 应税所得率

其中，应税收入额不包括不征税收入和免税收入；

②能正确核算（查实）成本费用总额，但不能正确核算（查实）收入总额的：

应纳税所得额=成本（费用）支出额 ÷（1−应税所得率）× 应税所得率；

③通过合理方法，能计算和推定纳税人收入总额或成本费用总额的。

应税所得率按表2.9规定的幅度标准确定。

表 2.9　　核定征收应税所得率表

行业	应税所得率（%）
农、林、牧、渔业	3~10
制造业	5~15
交通运输业	7~15
建筑业	8~20
饮食业	8~25
娱乐业	15~30
其他行业	10~30

实行应税所得率方式核定征收企业所得税的纳税人，经营多业的，无论其经营项目是否单独核算，均由税务机关根据其主营项目确定适用的应税所得率。主营项目应为纳税人所有经营项目中，收入总额或者成本（费用）支出额或者耗用原材料、燃料、动力数量所占比重最大的项目。

在企业所得税预缴时，纳税人暂按上年度经营项目情况确定主营项目，从而确定应税所得率。税务机关应在每年6月底前对上年度实行核定征收企业所得税的纳税人进行重新鉴定，重新鉴定工作完成后，按重新鉴定的结果进行调整。

（2）核定应纳所得税额。纳税人不属于以上情形的，核定其应纳所得税额。

3.税务管理。对于按规定可以不设置账本、应设未设账本、确认无法准确核算收入、成本费用等情形的企业，核定征收方式有其存在的必要性与必然性，但为防止核定征收方式被过度滥用，核定征收一直是税务管理的重点。对于有些明显不能适用核定征收的企业，例如，属于增值税一般纳税人的企业，鉴于增值税一般纳税人可以清楚核算销项税额、进项税额，具有建账建制、清楚核算的基础，因此，应作为查账征收企业；又如，对于从事股权投资的企业，因长期股权投资成本与收入可以清晰核算，因此，也不应适用核定征收。日常管理中，可根据增值税一般纳税人认定信息、工商股权投资信息等数据信息定期抽取批量数据分析筛选，并逐户核实。

对于可以适用核定征收的企业，也需要定期核实其主营业务收入是否有变化，应税所得率是否需要调整。

另外，对于不能适用核定征收的企业，如已适用核定征收方式的，需及时调整为查账征收方式。对于是否需要追溯调整，或者追溯调整为查账征收，企业成本费用因未积累发票等税前扣除凭证而无法扣除的，需结合企业实际，做好个案协调与处理。

二、汇缴申报

企业所得税按纳税年度计算。纳税年度自公历1月1日起至12月31日止。企业应当自年度终了之日起5个月内，向税务机关报送年度企业所得税纳税申报表，并汇算清缴，结清应补退税款。企业在一个纳税年度中间开业，或者终止经营活动，使该纳税年度的实际经营期不足12个月的，应当以其实际经营期为一个纳税年度。企业在年度中间终止经营活动的，应当自实际经营终止之日起60日内，向税务机关办理当期企业所得税汇算清缴。

（一）查账征收企业

1.申报资料。实行查账征收方式的居民企业按规定计算本纳税年度应纳税所得额、应纳所得税额和本纳税年度应补（退）税额，向税务机关填报“中华人民共和国企业所得税年度纳税申报表（A类）”，属于下列情形的，还应提供相关资料：

（1）根据《国家税务总局关于房地产开发企业成本对象管理问题的公告》（国家税务总局公告2014年第35号），房地产开发企业应依据计税成本对象确定原则确定已完工开发产品的成本对象，并就确定原则、依据，共同成本分配原则、方法，以及开发项目基本情况、开发计划等出具专项报告，在开发产品完工当年企业所得税年度纳税申报时，随同企业所得税年度纳税申报表一并报送主管税务机关。

（2）根据《财政部、国家税务总局关于中小企业融资（信用）担保机构有关准备金企业所得税税前扣除政策的通知》（财税〔2017〕22号），申请享受本通知规定的准备金税前扣除政策的中小企业融资（信用）担保机构，在汇算清缴时，需报送法人执照副本复印件、融资性担保机构监管部门颁发的经营许可证复印件、年度会计报表和担保业务情况（包括担保业务明细和风险准备金提取等），以及财政、税务部门要求提供的其他材料。

（3）根据《财政部、国家税务总局关于企业境外所得税收抵免有关问题的通知》（财税〔2009〕125号）、《国家税务总局关于发布〈企业境外所得税收抵免操作指南〉的公告》（国家税务总局公告2010年第1号），取得境外分支机构的营业利润所得申报抵免境外所得税收，需提交与境外所得相关的完税证明或纳税凭证（原件或复印件）、境外分支机构会计报表、境外分支机构所得依照中国境内企业所得税法及实施条例的规定计算的应纳税额的计算过程及说明资料、具有资质的机构出具的有关分支机构审计报告等。

取得境外股息、红利所得申报抵免境外所得税收，需提交与境外所得相关的完税证明或纳税凭证（原件或复印件）、集团组织架构图、被投资公司章程复印件、境外企业有权决定利润分配的机构作出的决定书等。

取得境外利息、租金、特许权使用费、转让财产等所得申报抵免境外所得税收，需提交与境外所得相关的完税证明或纳税凭证（原件或复印件）、依照中国境内企业所得税法及实施条例规定计算的应纳税额的资料及计算过程、项目合同复印件等。

申请享受税收饶让抵免，需提交本企业及其直接或间接控制的外国企业在境外所获免税及减税的依据及证明或有关审计报告披露该企业享受的优惠政策的复印件、企业在其直接或间接控制的外国企业的参股比例等情况的证明复印件、间接抵免税额或者饶让抵免税额的计算过程、由本企业直接或间接控制的外国企业的财务会计资料。

采用简易办法计算抵免限额，申报抵免境外所得税收，需提交与境外所得相关的完税证明或纳税凭证（原件或复印件）、取得境外分支机构的营业利润所得需提供企业申请及有关情况说明、来源国（地区）政府机关核发的具有纳税性质的凭证和证明复印件、取得符合境外税额间接抵免条件的股息所得需提供企业申请及有关情况说明、符合企业所得税法第二十四条条件的有关股权证明的文件或凭证复印件。

（4）根据《财政部、国家税务总局关于非货币性资产投资企业所得税政策问题的通知》（财税〔2014〕116号）、《国家税务总局关于非货币性资产投资企业所得税有关征管问题的公告》（国家税务总局公告2015年第33号），应在非货币性资产转让所得递延确认期间每年企业所得税汇算清缴时，向主管税务机关报送“非货币性资产投资递延纳税调整明细表”；

根据《财政部、国家税务总局关于企业重组业务企业所得税处理若干问题的通知》（财税〔2009〕59号）、《国家税务总局关于企业重组业务企业所得税征收管理若干问题的公告》（国家税务总局公告2015年第48号），企业重组业务适用特殊性税务处理的，除财税〔2009〕59号文件第四条第（一）项所称企业发生其他法律形式简单改变情形外，重组各方应在该重组业务完成当年，办理企业所得税年度申报时，分别向各自主管税务机关报送“企业重组所得税特殊性税务处理报告表及附表”和申报资料。

（5）根据《国家税务总局关于发布〈海上油气生产设施弃置费企业所得税管理办法〉的公告》（国家税务总局公告2011年第22号），参与开采海上油气资源的中国企业和外国企业在申报当年度企业所得税汇算清缴资料时，需报送“海上油气生产设施弃置费情况表”。

（6）根据《财政部、国家税务总局关于促进企业重组有关企业所得税处理问题的通知》（财税〔2014〕109号）、《国家税务总局关于资产（股权）划转企业所得税征管问题的公告》（国家税务总局公告2015年第40号），适用特殊性税务处理的股权或资产划转，交易双方应在企业所得税年度汇算清缴时，分别向各自主管税务机关报送“居民企业资产（股权）划转特殊性税务处理申报表”和相关资料（一式两份）。

2.要点事项。

（1）正确报送财务会计报表。企业所得税与会计关系紧密，财务报表的数据是企业所得税纳税调整的基础数据与逻辑判断起点，因此，需在汇缴申报时正确报送资产负债表、利润表、现金流量表等财务报表，目前，一般企业最新报送的财务报表为根据《财政部关于修订印发2019年度一般企业财务报表格式的通知》（财会〔2019〕6号）和《财政部关于修订印发2018年度金融企业财务报表格式的通知》（财会〔2018〕36号）规定的格式编制的财务报表。

（2）正确填报资产损失数据，并将相关资料留存备查。为深入贯彻落实税务系统"放管服"改革要求，优化税收营商环境，减轻企业办税负担，《国家税务总局关于企业所得税资产损失资料留存备查有关事项的公告》（国家税务总局公告2018年第15号）文件规定，企业向税务机关申报扣除资产损失，仅需填报企业所得税年度纳税申报表中的资产损失税前扣除及纳税调整明细表，不再报送资产损失相关资料，相关资料由企业留存备查。企业应当完整保存资产损失相关资料，保证资料的真实性、合法性。

资产损失申报是年度汇算清缴的重点事项，企业在正确申报资产损失税前扣除金额等数据时，需根据资产损失的具体类型按《国家税务总局关于发布〈企业资产损失所得税税前扣除管理办法〉的公告》（国家税务总局公告2011年第25号）的有关规定，将相关资料留存备查。现将实务中常见的资产损失类型及留存备查资料汇总如表2.10所示。

表2.10　　资产损失税前扣除留存备查资料汇总表

资产损失类型	留存备查资料
现金损失	现金保管人确认的现金盘点表（包括倒推至基准日的记录）；现金保管人对于短缺的说明及相关核准文件；对责任人由于管理责任造成损失的责任认定及赔偿情况的说明；涉及刑事犯罪的，应有司法机关出具的相关材料；金融机构出具的假币收缴证明。
企业因金融机构清算而发生的存款类资产损失	企业存款类资产的原始凭据；金融机构破产、清算的法律文件；金融机构清算后剩余资产分配情况资料。 金融机构应清算而未清算超过3年的，企业可将该款项确认为资产损失，但应有法院或破产清算管理人出具的未完成清算证明。
应收及预付款项坏账损失	相关事项合同、协议或说明；属于债务人破产清算的，应有人民法院的破产、清算公告；属于诉讼案件的，应出具人民法院的判决书或裁决书或仲裁机构的仲裁书，或者被法院裁定终（中）止执行的法律文书；属于债务人停止营业的，应有工商部门注销、吊销营业执照证明；属于债务人死亡、失踪的，应有公安机关等有关部门对债务人个人的死亡、失踪证明；属于债务重组的，应有债务重组协议及其债务人重组收益纳税情况说明；属于自然灾害、战争等不可抗力而无法收回的，应有债务人受灾情况说明以及放弃债权申明。 企业逾期3年以上的应收款项在会计上已作为损失处理的，可以作为坏账损失，但应说明情况，并出具专项报告。企业逾期1年以上，单笔数额不超过5万或者不超过企业年度收入总额万分之一的应收款项，会计上已经作为损失处理的，可以作为坏账损失，但应说明情况，并出具专项报告。
存货盘亏损失	存货计税成本确定依据；企业内部有关责任认定、责任人赔偿说明和内部核批文件；存货盘点表；存货保管人对于盘亏的情况说明。

续表

资产损失类型	留存备查资料
存货报废、毁损或变质损失	存货计税成本的确定依据；企业内部关于存货报废、毁损、变质、残值情况说明及核销资料；涉及责任人赔偿的，应当有赔偿情况说明；该项损失数额较大的（指占企业该类资产计税成本10%以上，或减少当年应纳税所得、增加亏损10%以上，下同），纳税人留存备查自行出具的有法定代表人、主要负责人和财务负责人签章证实有关损失的书面申明。
存货被盗损失	存货计税成本的确定依据；向公安机关的报案记录；涉及责任人和保险公司赔偿的，应有赔偿情况说明等。
固定资产盘亏、丢失损失	企业内部有关责任认定和核销资料；固定资产盘点表；固定资产的计税基础相关资料；固定资产盘亏、丢失情况说明；损失金额较大的，纳税人留存备查自行出具的有法定代表人、主要负责人和财务负责人签章证实有关损失的书面申明。
固定资产报废、毁损损失	固定资产的计税基础相关资料；企业内部有关责任认定和核销资料；企业内部有关部门出具的鉴定材料；涉及责任赔偿的，应当有赔偿情况的说明；损失金额较大的或自然灾害等不可抗力原因造成固定资产毁损、报废的，纳税人留存备查自行出具的有法定代表人、主要负责人和财务负责人签章证实有关损失的书面申明。
固定资产被盗损失	固定资产计税基础相关资料；公安机关的报案记录，公安机关立案、破案和结案的证明材料；涉及责任赔偿的，应有赔偿责任的认定及赔偿情况的说明等。
在建工程停建、报废损失	工程项目投资账面价值确定依据；工程项目停建原因说明及相关材料；因质量原因停建、报废的工程项目和因自然灾害和意外事故停建、报废的工程项目，纳税人留存备查自行出具的有法定代表人、主要负责人和财务负责人签章证实有关损失的书面申明。
工程物资发生损失	可比照存货损失的相关规定。
生产性生物资产盘亏损失	生产性生物资产盘点表；生产性生物资产盘亏情况说明；生产性生物资产损失金额较大的，纳税人留存备查自行出具的有法定代表人、主要负责人和财务负责人签章证实有关损失的书面申明。
因森林病虫害、疫情、死亡而产生的生产性生物资产损失	损失情况说明；责任认定及其赔偿情况的说明；损失金额较大的，纳税人留存备查自行出具的有法定代表人、主要负责人和财务负责人签章证实有关损失的书面申明。
对被盗伐、被盗、丢失而产生的生产性生物资产损失	生产性生物资产被盗后，向公安机关的报案记录或公安机关立案、破案和结案的证明材料；责任认定及其赔偿情况的说明。
未能按期赎回抵押资产，致拍卖变卖损失	抵押合同或协议书；拍卖或变卖证明、清单；会计核算资料等其他相关证据材料。
被其他新技术所代替或已经超过法律保护期限，已经丧失使用价值和转让价值，尚未摊销的无形资产损失	会计核算资料；企业内部核批文件及有关情况说明；技术鉴定意见和企业法定代表人、主要负责人和财务负责人签章证实无形资产已无使用价值或转让价值的书面申明。
债权投资损失	企业债权投资损失应依据投资的原始凭证、合同或协议、会计核算资料等相关证据材料确认。下列情况债权投资损失的，还应出具相关证据材料： ①债务人或担保人依法被宣告破产、关闭、被解散或撤销、被吊销营业执照、失踪或者死亡等，应出具资产清偿证明或者遗产清偿证明。无法出具资产清偿证明或者遗产清偿证明，且上述事项超过3年以上的，或债权投资（包括信用卡透支和助学贷款）余额在300万元以下的，应出具对应的债务人和担保人破产、关闭、解散证明、撤销文件、工商行政管理部门注销证明或查询证明以及追索记录等（包括司法追索、电话追索、信件追索和上门追索等原始记录）。

续表

资产损失类型	留存备查资料
债权投资损失	②债务人遭受重大自然灾害或意外事故，企业对其资产进行清偿和对担保人进行追偿后，未能收回的债权，应出具债务人遭受重大自然灾害或意外事故证明、保险赔偿证明、资产清偿证明等。 ③债务人因承担法律责任，其资产不足归还所借债务，又无其他债务承担者的，应出具法院裁定证明和资产清偿证明。 ④债务人和担保人不能偿还到期债务，企业提出诉讼或仲裁的，经人民法院对债务人和担保人强制执行，债务人和担保人均无资产可执行，人民法院裁定终结或终止（中止）执行的，应出具人民法院裁定文书。 ⑤债务人和担保人不能偿还到期债务，企业提出诉讼后被驳回起诉的、人民法院不予受理或不予支持的，或经仲裁机构裁决免除（或部分免除）债务人责任，经追偿后无法收回的债权，应提交法院驳回起诉的证明，或法院不予受理或不予支持证明，或仲裁机构裁决免除债务人责任的文书。 ⑥经国务院专案批准核销的债权，应提供国务院批准文件或经国务院同意后由国务院有关部门批准的文件。
股权投资损失	股权投资计税基础证明材料；被投资企业破产公告、破产清偿文件；工商行政管理部门注销、吊销被投资单位营业执照文件；政府有关部门对被投资单位的行政处理决定文件；被投资企业终止经营、停止交易的法律或其他证明文件；被投资企业资产处置方案、成交及入账材料；企业法定代表人、主要负责人和财务负责人签章证实有关投资（权益）性损失的书面申明；会计核算资料等其他相关证据材料。 被投资企业依法宣告破产、关闭、解散或撤销、吊销营业执照、停止生产经营活动、失踪等，应出具资产清偿证明或者遗产清偿证明。 上述事项超过3年以上且未能完成清算的，应出具被投资企业破产、关闭、解散或撤销、吊销等的证明以及不能清算的原因说明。
委托贷款损失	按债权投资损失有关规定处理。
对外提供与本企业生产经营活动有关的担保损失	比照应收账款损失进行处理。
不同类别的资产捆绑（打包）损失	资产处置方案、各类资产作价依据、出售过程的情况说明、出售合同或协议、成交及入账证明、资产计税基础等。
因内控制度不健全等发生的损失	出具损失原因证明材料或业务监管部门定性证明、损失专项说明。
刑事案件原因形成的损失	出具公安机关、人民检察院的立案侦查情况或人民法院的判决书等损失原因证明材料。

（3）正确填报享受优惠数据，并将相关资料留存备查。企业所得税优惠主要包括免税收入、减计收入、加计扣除、加速折旧、所得减免、抵扣应纳税所得额、减低税率、税额抵免等。目前，所有企业所得税优惠事项均采取由企业“自行判别、申报享受、相关资料留存备查”的办理方式。企业应当根据经营情况以及相关税收规定自行判断是否符合优惠事项规定的条件，符合条件的可以按照《国家税务总局关于发布修订后的〈企业所得税优惠政策事项办理办法〉的公告》（国家税务总局公告2018年第23号）文件附件《企业所得税优惠事项管理目录（2017年版）》（由税务总局编制、更新）列示的时间自行计算减免税

额，并通过填报企业所得税纳税申报表享受税收优惠。同时，按规定归集和留存相关资料备查。企业同时享受多项优惠事项或者享受的优惠事项按照规定分项目进行核算的，应当按照优惠事项或者项目分别归集留存备查资料。企业留存备查资料应从企业享受优惠事项当年的企业所得税汇算清缴期结束次日起保留10年。企业享受优惠事项后发现其不符合优惠事项规定条件的，应当依法及时自行调整并补缴税款及滞纳金。

3.税务管理。对于企业年度汇缴申报，申报期间，税务机关将时时关注企业申报数据准确性，通过申报表的逻辑关系时时校验，提升申报质效。同时，结合企业类型、所属国民经济行业、人员及资产情况、股东情况等数据信息，对于企业可能适用的税收政策及时做好政策宣传、精准推送与辅导，帮助企业正确适用税收政策，助力其对税收优惠应享尽享。

（二）核定征收企业

按照《国家税务总局关于印发〈企业所得税核定征收办法〉[试行]的通知》（国税发〔2008〕30号）等规定，采取核定征收方式缴纳企业所得税的居民企业年度终了之日起5个月内或在年度中间终止经营活动的自实际终止经营之日起60日内，按规定向税务机关填报“中华人民共和国企业所得税月（季）度预缴和年度纳税申报表（B类）”及其他相关资料，向税务机关进行企业所得税年度申报。实行核定定额征收企业所得税的纳税人，不进行汇算清缴。

三、汇总纳税

根据《国家税务总局关于印发〈跨地区经营汇总纳税企业所得税征收管理办法〉的公告》（国家税务总局公告2012年第57号，以下简称“57号公告”），除特定企业的企业所得税全额上缴中央国库外，居民企业在中国境内跨地区（指跨省、自治区、直辖市和计划单列市，下同）设立不具有法人资格分支机构的，该居民企业为跨地区经营汇总纳税企业，实行“统一计算、分级管理、就地预缴、汇总清算、财政调库”的企业所得税征收管理办法（以下简称“汇总纳税”）：

1.统一计算，是指总机构统一计算包括汇总纳税企业所属各个不具有法人资格分支机构在内的全部应纳税所得额、应纳税额。

2.分级管理，是指总机构、分支机构所在地的主管税务机关都有对当地机构进行企业所得税管理的责任，总机构和分支机构应分别接受机构所在地主管税务机关的管理。

区域内汇总纳税和跨区域汇总纳税，在法人全部应纳税额的计算上，除地区优惠外，并无差异，差别在于税收财政收入在地方之间的分配不同。

3.就地预缴，是指总机构、分支机构应按规定分月或分季分别向所在地主管税务机关申报预缴企业所得税。

4.汇总清算，是指在年度终了后，总机构统一计算汇总纳税企业的年度应纳税所得额、应纳所得税额，抵减总机构、分支机构当年已就地分期预缴的企业所得税款后，多退少补。

5.财政调库，是指财政部定期将缴入中央国库的汇总纳税企业所得税待分配收入，按照核定的系数调整至地方国库。

（一）统一计算，就地缴纳

统一计算包括两个环节。

1.第一个环节是按照前述区域内汇总纳税的计算办法，将分支机构的经营成果汇总至总公司，由总公司合并计算应纳所得税总额，包括预缴应纳税额和汇算清缴应纳应退税额。其中，汇算清缴应纳应退税额，由总机构汇总计算企业年度应纳所得税额，扣除总机构和各分支机构已预缴的税款计算得出。

对于按照税收法律、法规和其他规定，总机构和分支机构处于不同税率地区的，先由总机构统一计算全部应纳税所得额，然后按57号公告第六条规定的比例和按第十五条计算的分摊比例，计算划分不同税率地区机构的应纳税所得额，再分别按各自的适用税率计算应纳税额后加总计算出汇总纳税企业的应纳所得税总额。

2.第二个环节是将应纳所得税总额在总机构和分支机构之间分摊。

（1）分摊主体方面。以下二级分支机构不就地分摊缴纳企业所得税：

①不具有主体生产经营职能，且在当地不缴纳增值税的产品售后服务、内部研发、仓储等汇总纳税企业内部辅助性的二级分支机构，不就地分摊缴纳企业所得税。

②上年度认定为小型微利企业的，其二级分支机构不就地分摊缴纳企业所得税。

③新设立的二级分支机构，设立当年不就地分摊缴纳企业所得税。需要注意的是，汇总纳税企业当年由于重组等而从其他企业取得重组当年之前已存在的二级分支机构，并作为本企业二级分支机构管理的，该二级分支机构不视同当年新设立的二级分支机构。汇总纳税企业内就地分摊缴纳企业所得税的总机构、二级分支机构之间，发生合并、分立、管理层级变更等形成的新设或存续的二级分支机构，亦不视同当年新设立的二级分支机构。

④当年撤销的二级分支机构，自办理注销税务登记之日所属企业所得税预缴期间起，不就地分摊缴纳企业所得税。

⑤汇总纳税企业在中国境外设立的不具有法人资格的二级分支机构，不就地分摊缴纳企业所得税。

总机构设立具有主体生产经营职能的部门（无须办理工商注册和登记），且该部门的营业收入、职工薪酬和资产总额与管理职能部门分开核算的，可将该部门视同一个二级分支机构，按本办法规定计算分摊并就地缴纳企业所得税；该部门与管理职能部门的营业收入、职工薪酬和资产总额不能分开核算的，不参与分摊。

（2）分摊办法方面。应纳所得税总额的50%由总机构分摊缴纳，其中25%就地办理缴库或退库，25%就地全额缴入中央国库或退库。应纳所得税总额的剩余50%在各分支机构间按照分摊比例作分摊，各分支机构根据分摊税款就地办理缴库或退库。总机构应按照上年度分支机构的营业收入、职工薪酬和资产总额三个因素计算各分支机构分摊所得税款的比例：

某分支机构分摊比例=（该分支机构营业收入/各分支机构营业收入之和）×0.35+（该分支机构职工薪酬/各分支机构职工薪酬之和）×0.35+（该分支机构资产总额/各分支机构资产总额之和）×0.30

其中，分支机构营业收入，是指分支机构销售商品、提供劳务、让渡资产使用权等日常经营活动实现的全部收入。其中，生产经营企业分支机构营业收入是指生产经营企业分支机构销售商品、提供劳务、让渡资产使用权等取得的全部收入。金融企业分支机构营业收入是指金融企业分支机构取得的利息、手续费、佣金等全部收入。保险企业分支机构营业收入是指保险企业分支机构取得的保费等全部收入。

分支机构职工薪酬，是指分支机构为获得职工提供的服务而给予各种形式的报酬以及其他相关支出。

分支机构资产总额，是指分支机构在经营活动中实际使用的应归属于该分支机构的资产合计额。

上年度分支机构的营业收入、职工薪酬和资产总额，是指分支机构上年度全年的营业收入、职工薪酬数据和上年度12月31日的资产总额数据，是依照国家统一会计制度的规定核算的数据。一个纳税年度内，总机构首次计算分摊税款时采用的分支机构营业收入、职工薪酬和资产总额数据，与此后经过中国注册会计师审计确认的数据不一致的，不作调整。

（二）操作程序

汇总纳税企业预缴申报时，总机构除报送企业所得税预缴申报表和企业当期财务报表外，还应报送汇总纳税企业分支机构所得税分配表和各分支机构上一年度的年度财务报表（或年度财务状况和营业收支情况）；分支机构除报送企业所得税预缴申报表（只填列部分项目）外，还应报送经总机构所在地主管税务机关受理的汇总纳税企业分支机构所得税分配表。

分支机构参与企业年度纳税调整情况的说明，可参照企业所得税年度纳税申报表附表“纳税调整项目明细表”中列明的项目进行说明，涉及需由总机构统一计算调整的项目不进行说明。

分支机构未按规定报送经总机构所在地主管税务机关受理的汇总纳税企业分支机构所得税分配表，分支机构所在地主管税务机关应责成该分支机构在申报期内报送，同时提请总机构所在地主管税务机关督促总机构按照规定提供上述分配表；分支机构在申报期内不提供的，由分支机构所在地主管税务机关对分支机构按照《征收管理法》的有关规定予以处罚；属于总机构未向分支机构提供分配表的，分支机构所在地主管税务机关还应提请总机构所在地主管税务机关对总机构按照《征收管理法》的有关规定予以处罚。

汇总纳税企业未按照规定准确计算分摊税款，造成总机构与分支机构之间同时存在一方（或几方）多缴另一方（或几方）少缴税款的，其总机构或分支机构分摊缴纳的企业所得税低于按本办法规定计算分摊的数额的，应在下一税款缴纳期内，由总机构将按57号公告规定计算分摊的税款差额分摊到总机构或分支机构补缴；其总机构或分支机构就地缴纳的企业所得税高于按规定计算分摊的数额的，应在下一税款缴纳期内，由总机构将按规定计算分摊的税款差额从总机构或分支机构的分摊税款中扣减。

（三）资产损失扣除

根据《国家税务总局关于发布〈企业资产损失所得税税前扣除管理办法〉的公告》（国家税务总局公告2011年第25号），汇总纳税企业发生的资产损失，应按以下规定申报扣除：

总机构及二级分支机构发生的资产损失，应按专项申报和清单申报的有关规定，各自将相关资料留存备查，二级分支机构还应同时上报总机构；三级及以下分支机构发生的资产损失不需向所在地主管税务机关申报，应并入二级分支机构进行处理。二级分支机构所在地主管税务机关应对二级分支机构申报扣除的资产损失强化后续管理。

总机构对各分支机构上报的资产损失，除税务机关另有规定外，以清单申报的形式在企业所得税汇算清缴申报表中填列。总机构将分支机构所属资产捆绑打包转让所发生的资产损失，由总机构向所在地主管税务机关专项申报。

《国家税务总局关于企业所得税资产损失资料留存备查有关事项的公告》（国家税务总局公告2018年第15号）出台后，相关资产损失资料均由企业留存备查。

（四）优惠享受

设有非法人分支机构的居民企业享受优惠事项的，由居民企业的总机构负责统一归集并留存备查资料。分支机构按照规定可独立享受优惠事项的，由分支机构负责归集并留存备查资料，同时分支机构应在当完成年度汇算清缴后将留存的备查资料清单送总机构。

（五）区域内汇总纳税

居民企业仅在总机构所在省、自治区、直辖市和计划单列市内设立不具有法人资格分支机构的，是否参照上述跨区域汇总纳税办法缴纳企业所得税，由各省、自治区、直辖市和计划单列市税务局参照上述办法联合制定。以江苏省为例，根据《国家税务总局江苏省税务局关于省内汇总纳税企业所得税管理有关问题的公告》（国家税务总局江苏省税务局公告2018年第6号）规定，非跨省汇总纳税企业，应由总机构统一向总机构所在地主管税务机关办理企业所得税纳税申报、财务报表报送、资产损失扣除申报、税收优惠事项办理等企业所得税涉税事项；其所属省内二级及以下分支机构无需向其主管税务机关办理上述涉税事项。国家税务总局、省政府、省财政部门另有规定的除外。

国有邮政企业（包括中国邮政集团公司及其控股公司和直属单位）、中国工商银行股份有限公司、中国农业银行股份有限公司、中国银行股份有限公司、国家开发银行股份有限公司、中国农业发展银行、中国进出口银行、中国投资有限责任公司、中国建设银行股份有限公司、中国建银投资有限责任公司、中国信达资产管理股份有限公司、中国石油天然气股份有限公司、中国石油化工股份有限公司、海洋石油天然气企业（包括中国海洋石油总公司、中海石油（中国）有限公司、中海油田服务股份有限公司、海洋石油工程股份有限公司）、中国长江电力股份有限公司等企业缴纳的企业所得税（包括滞纳金、罚款）为中央收入，全额上缴中央国库，因此即使是跨区域设立法人资格分支机构的，仍然按本办理缴纳企业所得税。

（六）独立纳税

以总机构名义进行生产经营的非法人分支机构，无法提供汇总纳税企业分支机构所得税分配表，也无法提供相关证据证明其二级及以下分支机构身份的，应视同独立纳税人计算并就地缴纳企业所得税。视同独立纳税人的分支机构，其独立纳税人身份一个年度内不得变更。

相关证据包括：非法人营业执照（或登记证书）的复印件、由总机构出具的二级及以下分支机构的有效证明和支持有效证明的相关材料（包括总机构拨款证明、总分机构协议或合同、公司章程、管理制度等），证明其二级及以下分支机构身份。

税务机关将严格依照上述规定办理独立纳税登记，避免不加区分地将新办分支机构，直接税种认定为企业所得税独立纳税义务人。

四、税前扣除凭证

企业实际发生的与取得收入有关的、合理的支出，包括成本、费用、税金、损失和其他支出，准予在计算应纳税所得额时扣除。根据《国家税务总局关于发布〈企业所得税税前扣除凭证管理办法〉的公告》（国家税务总局公告2018年第28号，以下简称“28号公告”），企业发生支出，应取得税前扣除凭证，作为计算企业所得税应纳税所得额时扣除相关支出的依据。企业应在当年度企业所得税法规定的汇算清缴期结束前取得税前扣除凭证，并将与税前扣除凭证相关的资料，包括合同协议、支出依据、付款凭证等留存备查，以证实税前扣除凭证的真实性。

税前扣除凭证，是指企业在计算企业所得税应纳税所得额时，证明与取得收入有关的、合理的支出实际发生，并据以税前扣除的各类凭证。其按照来源可分为内部凭证和外部凭证。内部凭证是指企业自制用于成本、费用、损失和其他支出核算的会计原始凭证。内部凭证的填制和使用应当符合国家会计法律、法规等相关规定。外部凭证是指企业发生经营活动和其他事项时，从其他单位、个人取得的用于证明其支出发生的凭证，包括但不限于发票（包括纸质发票和电子发票）、财政票据、完税凭证、收款凭证、分割单等。

企业在境内发生的支出项目属于增值税应税项目（以下简称“应税项目”）的，对方为已办理税务登记的增值税纳税人，其支出以发票（包括按照规定由税务机关代开的发票）作为税前扣除凭证；对方为依法无须办理税务登记的单位或者从事小额零星经营业务的个人，其支出以税务机关代开的发票或者收款凭证及内部凭证作为税前扣除凭证，收款凭证应载明收款单位名称、个人姓名及身份证号、支出项目、收款金额等相关信息。小额零星经营业务的判断标准是个人从事应税项目经营业务的销售额不超过增值税相关政策规定的起征点。税务总局对应税项目开具发票另有规定的，以规定的发票或者票据作为税前扣除凭证。

根据《财政部、国家税务总局关于实施小微企业普惠性税收减免政策的通知》（财税〔2019〕13号），小额零星经营业务的判断标准为：按月纳税的，月销售额不超过10万元；按次纳税的，每次（日）销售额不超过300—500元。关于增值税按次纳税和按期纳税的划分标准，总局明确以是否办理税务登记或者临时税务登记，作为划分标准。凡办理了税务登记或临时税务登记的纳税人，均可享受月销售额10万元以下免税政策。未办理税务登记或临时税务登记的纳税人，除其他个人出租不动产、利息，以及网络运输的实际承运人取得的运输收入等连续性收入外，执行按次500元以下免税的政策。

企业在境内发生的支出项目不属于应税项目的，对方为单位的，以对方开具的发票以外的其他外部凭证作为税前扣除凭证；对方为个人的，以内部凭证作为税前扣除凭证。企业在境内发生的支出项目虽不属于应税项目，但按税务总局规定可以开具发票的，可以发票作为税前扣除凭证。

企业从境外购进货物或者劳务发生的支出，以对方开具的发票或者具有发票性质的收款凭证、相关税费缴纳凭证作为税前扣除凭证。

关于税前扣除凭证，还需关注以下几点：

（一）关于增值税发票开具时间的规定

《增值税发票开具指南》第二章第一节“纳税人开具发票基本规定”第四条规定：“纳税人应在发生增值税纳税义务时开具发票。”增值税纳税义务发生时间按照《增值税暂行条例》第十九条、《增值税暂行条例实施细则》第三十八条、《营业税改征增值税试点实施办法》第四十五条的规定执行。

企业在汇算清缴期满前允许扣除的金额“应取得而未取得发票”的，不得在税前扣除。“应取得而未取得发票”应理解为该项支出属于发票开具的范围，且开票时间（对方增值税纳税义务发生时间）在本企业汇缴期满前。如果对方增值税纳税义务发生时间在本企业汇缴期满后，则无须取得发票。

（二）关于税前扣除金额及时间的规定

税前扣除凭证是企业计算企业所得税应纳税所得额时，扣除相关支出的依据。企业支出的税前扣除范围和标准，应当按照企业所得税法及其实施条例等相关规定执行。

关于税前扣除的时间，《企业所得税法实施条例》第九条规定："企业应纳税所得额的计算，以权责发生制为原则，属于当期的收入和费用，不论款项是否收付，均作为当期的收入和费用；不属于当期的收入和费用，即使款项已经在当期收付，均不作为当期的收入和费用。本条例和国务院财政、税务主管部门另有规定的除外。"该文明确指出，除财政部、国家税务总局另有规定（正列举）外，计算应纳税所得额以权责发生制为原则。特殊情况例如，基于反避税的需要，防止企业通过虚提工资不发放之手段加大税前扣除金额，《国家税务总局关于企业工资薪金及职工福利费扣除问题的通知》（国税发［2009］3号）规定，允许扣除的工资必须实际发放。考虑到房地产开发项目建设期较长、提前预售、集中交付等特点，为了保证税款的均衡入库，《房地产开发经营业务企业所得税处理办法》（国税发［2009］31号）规定，房地产企业的预售房款必须在收到当期按照主管税务机关规定的计税毛利率计算应税所得，未来结转营业收入、营业成本时，作纳税调减处理。

28号公告第十三条规定："企业应当取得而未取得发票、其他外部凭证或者取得不合规发票、不合规其他外部凭证的，若支出真实且已实际发生，应当在当年度汇算清缴期结束前，要求对方补开、换开发票、其他外部凭证。补开、换开后的发票、其他外部凭证符合规定的，可以作为税前扣除凭证。"这里的"支出真实且已实际发生"中的"支出"是指"列支"；"支出真实"是指"会计确认的经济业务真实"；"实际发生"并非"实际支付"，而是指因固定资产已经使用、货物已经销售、劳务已经提供、租赁期已经开始、资金已经占用等实际发生的经济业务应归属于当期的成本（损益类）、期间费用、税金（指记入损益的税金）、损失等。

（三）未按规定取得税前扣除凭证的税务处理

根据28号公告第十三条至第十七条关于应取得未取得税前扣除凭证（符合规定的发票及其他外部凭证，下同）的有关规定，实务中应针对下列三种情形分别处理。

1. 企业在汇缴期满前应取得未取得税前扣除凭证的，应主动作纳税调整。

企业在汇算清缴期间（次年1月1日—5月31日）发现纳税年度允许扣除的金额应取得未取得税前扣除凭证的，应当要求对方补开、换开税前扣除凭证，如果能够在汇缴期满前取得补开、换开的税前扣除凭证，允许扣除，不作纳税调整。

企业在补开、换开发票、其他外部凭证过程中，因对方注销、撤销、依法被吊销营业执照、被税务机关认定为非正常户等特殊原因无法补开、换开发票、其他外部凭证的，可凭28号公告第十四条要求提供的资料证实支出真实性后，其支出允许税前扣除。

若未能在汇缴期满前取得补开、换开的税前扣除凭证，或者属于特殊原因无法补开、换开税前扣除凭证又不能提供28号公告第十四条规定的能够证实支出真实性资料的，暂不允许税前扣除，作纳税调增处理。

2.企业在汇缴期满后5年内自行取得补开或换开税前扣除凭证的，允许追补扣除。

企业以前年度应当取得而未取得税前扣除凭证，且相应支出在该年度没有税前扣除的，在以后年度取得补开、换开的税前扣除凭证或者属于特殊原因无法补开、换开税前扣除凭证但能够提供28号公告第十四条规定的可以证实其支出真实性相关资料的，相应支出可以追补至该支出发生年度税前扣除，但追补年限不得超过5年。追补期5年，是指从支出发生年度的次年起连续计算的5年。

3.汇缴期满之后税务机关发现企业应取得未取得税前扣除凭证并告知企业限期补开、换开期限届满仍未取得的，不得在税前扣除。

企业汇算清缴结束后，被税务机关发现纳税年度已作税前扣除的金额应取得未取得税前扣除凭证的，由税务机关书面告知企业60日内补开、换开税前扣除凭证，企业补开、换开期限届满仍未取得税前扣除凭证，或者属于特殊原因无法补开、换开税前扣除凭证自被告知之日起60日内未能提供28号公告第十四条规定的可以证实其支出真实性相关资料的，相应支出不得在发生年度税前扣除。

值得注意的是，一经税务机关告知限期补开、换开税前扣除凭证仍未取得被纳税调整的，不再适用追补期5年的规定。

此外，凡是应取得而未取得税前扣除凭证，未作纳税调整而减少了应纳税所得额，并且导致支出年度少缴企业所得税的，即便是在追补期内取得了补开、换开的税前扣除凭证或被税务机关告知60日内取得了补开、换开税前扣除凭证，应从税款滞纳之日起加收滞纳金。

（四）示例

1.基本资料。

甲公司与乙公司签订借款协议用作补充流动资金，借款本金1 000万元，借款期限3年，自公历2018年1月1日起至2020年12月31日止，年利率10%（未超过同期同类金融企业贷款利率标准），借款期满一次性还本付息1 300万元。

本例中，乙公司利息销售额增值税纳税义务发生时间为2020年12月31日，根据《增值税发票开具指南》关于发票开具时间的规定，增值税发票应于2020

年12月开具，因此，无论2020年12月31日是否收到利息，乙公司均需于2020年12月向甲公司一次性开具利息发票300万元。

2.问题。

（1）甲公司办理2018年、2019年企业所得税汇缴时，财务费用中列支的100万元利息，既没有支付，也没有取得发票，能否在税前扣除呢?

（2）如果2021年5月31日前仍未取得发票，甲公司应如何进行税务处理?

（3）如果2021年5月31日前仍未取得发票，甲公司2018年、2019年、2020年利息支出已自行申报扣除，税务机关检查发现应如何进行税务处理?

3.解析。

（1）甲公司2018年、2019年汇缴时的税务处理：

①根据《企业所得税法实施条例》第九条规定的权责发生制原则，允许扣除的利息无需实际支付。

②利息支出属于发票开具的范围，但发票开具的时间（2020年12月）在2018年、2019年汇缴期满后，因此2018年、2019年财务费用科目列支的利息，不属于“应取得发票”的情形。

综上所述，甲公司2018年、2019年度发生的利息支出允许税前扣除，不作纳税调整。甲公司的借款合同、收款凭据、利息计算清单等利息支出真实性的合法凭据应当留存备查。

（2）如果甲公司2021年5月31日之前仍未取得发票，则2018年、2019年、2020年各年度利息支出均不得在税前扣除，甲公司除需对2020年度利息支出100万元作纳税调增外，还需对2018年、2019年度的利息支出作追补调增。追补调增后，若能够在税款追补期限内取得补开发票，准予追补至该项目发生年度计算扣除。

28号公告第十七条规定的追补期是指该项支出发生年度的次年起连续5年，即2018年度、2019年、2020年利息支出扣除的追补期分别是2019—2023年、2020—2024年、2021—2025年，因此，如果2023年12月31日前能够取得补开发票，2018年度利息允许追补扣除，此后即便取得补开发票，也不得追补扣除。2019年、2020年的税务处理依此类推。

（3）如果甲公司2021年5月31日之前未取得发票，税务管理或稽查部门发现甲公司办理2018年、2019年、2020年度企业所得税汇算清缴时已自行申报扣除未作纳税调增处理，应当书面通知甲公司60日内补开发票，若能够在60日内取得补开发票，不作纳税调增；反之，若被告知之日起60日内仍未取得补开发票，2018年、2019年、2020年均需追溯调增，追溯调增后，即便是在5年追补期内取得补开发票，也不得追补扣除。

五、境外注册中资控股居民企业认定

根据《国家税务总局关于境外注册中资控股企业依据实际管理机构标准认

定为居民企业有关问题的通知》(国税发〔2009〕82号)、《国家税务总局关于印发〈境外注册中资控股居民企业所得税管理办法(试行)〉的公告》(国家税务总局公告2011年第45号)、《国家税务总局关于依据实际管理机构标准实施居民企业认定有关问题的公告》(国家税务总局公告2014年第9号)等文件,符合条件的境外注册中资控股企业可申请居民身份认定。

(一)居民身份认定

境外中资企业居民身份的认定,采用企业自行判定提请税务机关认定和税务机关调查发现予以认定两种形式。

境外中资企业应当根据生产经营和管理的实际情况,自行判定实际管理机构是否设立在中国境内。如其判定居民企业条件,应当向其主管税务机关书面提出居民身份认定申请,同时提供以下资料:

1.企业法律身份证明文件。

2.企业集团组织结构说明及生产经营概况。

3.企业上一个纳税年度的公证会计师审计报告。

4.负责企业生产经营等事项的高层管理机构履行职责场所的地址证明。

5.企业上一年度及当年度董事及高层管理人员在中国境内居住的记录。

6.企业上一年度及当年度重大事项的董事会决议及会议记录。

7.主管税务机关要求提供的其他资料。

主管税务机关发现境外中资企业符合条件但未申请成为中国居民企业的,可以对该境外中资企业的实际管理机构所在地情况进行调查,并要求境外中资企业提供相关的资料。调查过程中,主管税务机关有权要求该企业的境内投资者提供相关资料。

符合居民企业认定条件的境外中资企业,须向其中国境内主要投资者登记注册地主管税务机关提出居民企业认定申请,主管税务机关对其居民企业身份进行初步判定后,层报省级税务机关确认。经省级税务机关确认后抄送其境内其他投资地相关省级税务机关,并在30日内抄报国家税务总局,由国家税务总局网站统一对外公布。国家税务总局适时开展检查,对不符合条件的,责令其纠正。

(二)税务登记

非境内注册居民企业应当自收到居民身份认定书之日起30日内向主管税务机关提供以下资料申报办理税务登记,主管税务机关核发临时税务登记证及副本:

1.居民身份认定书。

2.境外注册登记证件。

3.税务机关要求提供的其他资料。

发生扣缴义务的非境内注册居民企业应当自扣缴义务发生之日起30日内,

向主管税务机关申报办理扣缴税款登记。

（三）纳税申报

1.非境内注册居民企业应当按照企业所得税法及其实施条例和相关管理规定的要求，履行居民企业所得税纳税义务及扣缴义务。非境内注册居民企业按照分季预缴、年度汇算清缴方法申报缴纳所得税。发生终止生产经营或者居民身份变化情形的，应当自停止生产经营之日或者国家税务总局取消其居民企业之日起60日内，向其主管税务机关办理当期企业所得税汇算清缴。需要申报办理注销税务登记的，应在注销税务登记前，就其清算所得向主管税务机关申报缴纳企业所得税。

2.非境内注册居民企业取得来源于中国境内的股息、红利等权益性投资收益和利息、租金、特许权使用费所得、转让财产所得以及其他所得，应当向相关支付方出具本企业的“境外注册中资控股企业居民身份认定书”复印件。相关支付方凭该复印件不予履行该所得的税款扣缴义务。

3.非居民企业转让非境内注册居民企业股权所得，属于来源于中国境内所得，被转让的非境内注册居民企业应当自股权转让协议签订之日起30日内，向其主管税务机关报告并提供股权转让合同及相关资料。

4.非境内注册居民企业应当按照企业所得税法及其实施条例以及《特别纳税调整实施办法（试行）》（国税发〔2009〕2号）等相关规定，履行关联申报及同期资料准备等义务。

第四节　非居民企业所得税

非居民企业，是指依照外国（地区）法律成立且实际管理机构不在中国境内，但在中国境内设立机构、场所的，或者在中国境内未设立机构、场所，但有来源于中国境内所得的企业。非居民企业在中国境内设立机构、场所的，应当就其所设机构、场所取得的来源于中国境内的所得，以及发生在中国境外但与其所设机构、场所有实际联系的所得，缴纳企业所得税。非居民企业在中国境内未设立机构、场所的，或者虽设立机构、场所但取得的所得与其所设机构、场所没有实际联系的，应当就其来源于中国境内的所得缴纳企业所得税。

一、预缴申报

依照外国（地区）法律成立且实际管理机构不在中国境内，但在中国境内设立机构、场所的非居民企业，在季度终了后15日内，向税务机关申报预缴企业所得税，填报“中华人民共和国非居民企业所得税预缴申报表（2019年版）”。按实际利润预缴企业所得税的，同时报送季度财务报表。

非居民企业因会计账簿不健全，资料残缺难以查账，或者其他原因不能准确计算并据实申报其应纳税所得额的，税务机关有权核定其应纳税所得额。核定征收的非居民企业，附报“非居民企业机构、场所核定计算明细表”。

二、年度汇缴

依照外国（地区）法律成立且实际管理机构不在中国境内，但在中国境内设立机构、场所的非居民企业，应当自年度终了之日起5个月内，向税务机关报送年度企业所得税纳税申报表，并汇算清缴，结清应缴应退税款；在年度中间终止经营活动的，应当自实际经营终止之日起60日内，向税务机关办理当期企业所得税汇算清缴。非居民企业汇缴申报时填报“中华人民共和国非居民企业所得税年度纳税申报表（2019年版）”“纳税调整项目明细表”“企业所得税弥补亏损明细表”，并报送年度财务报告。

适用核定征收的非居民企业，附报“非居民企业机构、场所核定计算明细表”；外国石油公司非居民纳税人，报送“对外合作开采石油企业勘探开发费用年度明细表”；参与开采海上油气资源并发生了弃置费的外国企业或负责海上油（气）田作业的实体，报送“海上油气生产设施弃置费情况表”；纳入《企业所得税法》第二十四条规定抵免范围的外国企业或符合《企业所得税法》第四十五条规定的受控外国企业，报送按照中国会计制度编报的年度独立财务报表。

三、汇总纳税

非居民企业在中国境内设立两个或者两个以上机构、场所，符合国务院税务主管部门规定条件的，可以选择由其主要机构、场所汇总缴纳企业所得税。

（一）汇总纳税条件

根据《国家税务总局、财政部、中国人民银行关于非居民企业机构场所汇总缴纳企业所得税有关问题的公告》（国家税务总局公告2019年第12号），汇总纳税的非居民企业应在汇总纳税的年度中持续符合下列所有条件：

1. 汇总纳税的各机构、场所已在所在地主管税务机关办理税务登记，并取得纳税人识别号。

2. 主要机构、场所符合企业所得税法实施条例第一百二十六条规定，汇总纳税的各机构、场所不得采用核定方式计算缴纳企业所得税。

3. 汇总纳税的各机构、场所能够按照本公告规定准确计算本机构、场所的税款分摊额，并按要求向所在地主管税务机关办理纳税申报。

（二）纳税方式

汇总纳税的各机构、场所实行“统一计算、分级管理、就地预缴、汇总清算、财政调库”的企业所得税征收管理办法。除另有规定外，相关税款计算、税款分摊、缴库或退库地点、缴库或退库比例、征管流程等事项，比照《财政部、国家税务总局、中国人民银行关于印发〈跨省市总分机构企业所得税分配及预算管理办法〉的通知》（财预〔2012〕40号）、《财政部、国家税务总局、中国人民银行关于〈跨省市总分机构企业所得税分配及预算管理办法〉的补充通知》（财预〔2012〕453号）、《国家税务总局关于印发〈跨地区经营汇总纳税企业所得税征收管理办法〉的公告》（国家税务总局公告2012年第57号）等适用于居民企业汇总缴纳企业所得税的规定执行。

（三）申报

1.首次申报。汇总纳税的各机构、场所应在首次办理汇总缴纳企业所得税申报时，向所在地主管税务机关报送以下信息资料：

（1）主要机构、场所名称及纳税人识别号；

（2）全部被汇总机构、场所名称及纳税人识别号；

（3）符合汇总缴纳企业所得税条件的财务会计核算制度安排。

已按上述规定报送的信息资料发生变更的，汇总纳税的各机构、场所应在发生变更后首次办理汇总缴纳企业所得税申报时，向所在地主管税务机关报告变化情况。

2.季度预缴。在办理季度预缴申报时，汇总纳税的各机构、场所应向所在地主管税务机关报送以下资料：

（1）非居民企业所得税申报表；

（2）季度财务报表（限于按实际利润预缴企业所得税的情形）。

3.年度汇缴。在办理年度汇算清缴申报时，汇总纳税的各机构、场所应向所在地主管税务机关报送以下资料：

（1）非居民企业所得税申报表；

（2）年度财务报表。

（四）税务管理

汇总纳税的各机构、场所主管税务机关对管理的机构、场所负有日常管理和监督检查责任，各主管税务机关之间应及时沟通信息，协调管理。主要机构、场所主管税务机关应在每季度终了和年度汇算清缴期满后30日内，将主要机构、场所申报信息传递给各被汇总机构、场所主管税务机关。各被汇总机构、场所主管税务机关应在每季度终了和年度汇算清缴期满后30日内，将本地被汇总纳税机构、场所申报信息传递给主要机构、场所主管税务机关。

汇总纳税的各机构、场所主管税务机关不得对汇总纳税的各机构、场所同一税务处理事项作出不一致的处理决定。相关主管税务机关就有关处理事项不能达成一致的，报共同上级税务机关决定。

主要机构、场所主管税务机关发现主要机构、场所不具备规定条件的，在征得各被汇总机构、场所主管税务机关同意后，责令其限期改正，逾期不改正的，取消该非居民企业所有机构、场所相关年度企业所得税汇总缴纳方式，并通知各被汇总机构、场所主管税务机关。

被汇总机构、场所主管税务机关发现被汇总机构、场所不具备规定条件的，在征得主要机构、场所主管税务机关同意后，责令其限期改正，逾期不改正的，取消该被汇总机构、场所相关年度企业所得税汇总缴纳方式，并通知主要机构、场所及其他被汇总机构、场所主管税务机关。

汇总纳税的各机构、场所全部处于同一省、自治区、直辖市或计划单列市税务机关（以下简称“省税务机关”）管辖区域内的，该省税务机关在不改变汇总纳税按规定需适用条件的前提下，可以按照不增加纳税义务，不减少办税便利的原则规定管理办法。

四、代扣代缴

非居民企业取得来源于中华人民共和国境内的股息、红利等权益性投资收益和利息、租金、特许权使用费所得、转让财产所得以及其他所得应当缴纳的企业所得税，实行源泉扣缴，以支付人为扣缴义务人。支付人是指依照有关法律规定或者合同约定对非居民企业直接负有支付相关款项义务的单位或者个人，支付人自行委托代理人或指定其他第三方代为支付相关款项，或者因担保合同或法律规定等由第三方保证人或担保人支付相关款项的，仍由委托人、指定人或被保证人、被担保人承担扣缴义务。

（一）扣缴义务时间

税款由扣缴义务人在每次支付或者到期应支付时，从支付或者到期应支付的款项中扣缴。支付，包括现金支付、汇拨支付、转账支付和权益兑价支付等货币支付和非货币支付。到期应支付的款项，是指支付人按照权责发生制原则应当计入相关成本、费用的应付款项。

根据《国家税务总局关于非居民企业所得税源泉扣缴有关问题的公告》（国家税务总局公告2017年第37号），非居民企业取得应源泉扣缴的所得为股息、红利等权益性投资收益的，相关应纳税款扣缴义务发生之日为股息、红利等权益性投资收益实际支付之日。非居民企业采取分期收款方式取得应源泉扣缴所得税的同一项转让财产所得的，其分期收取的款项可先视为收回以前投资财产的成本，待成本全部收回后，再计算并扣缴应扣税款。

《国家税务总局关于非居民企业所得税管理若干问题的公告》（国家税务总局公告2011年第24号）规定，中国境内企业（以下简称为“企业”）和非居民企业签订与利息、租金、特许权使用费等所得有关的合同或协议，如果未按照合同或协议约定的日期支付上述所得款项，或者变更或修改合同或协议延期支付，但已计入企业当期成本、费用，并在企业所得税年度纳税申报中作税前扣除的，应在企业所得税年度纳税申报时按照企业所得税法有关规定代扣代缴企业所得税。如果企业上述到期未支付的所得款项，不是一次性计入当期成本、费用，而是计入相应资产原价或企业筹办费，在该类资产投入使用或开始生产经营后分期摊入成本、费用，分年度在企业所得税前扣除的，应在企业计入相关资产的年度纳税申报时就上述所得全额代扣代缴企业所得税。如果企业在合同或协议约定的支付日期之前支付上述所得款项的，应在实际支付时按照企业所得税法有关规定代扣代缴企业所得税。

扣缴义务人每次代扣的税款，应当自代扣之日起7日内缴入国库。

（二）扣缴地点

扣缴义务人所在地主管税务机关为扣缴义务人所得税主管税务机关。

对企业所得税法实施条例第七条规定的不同所得，所得发生地主管税务机关按以下原则确定：

1.不动产转让所得，为不动产所在地税务机关。

2.权益性投资资产转让所得，为被投资企业的所得税主管税务机关。

非居民企业转让境内股权，由受让方扣缴企业所得税，受让方在境内的，在受让方所在地主管税务机关解缴，受让方在境外的，在所得发生地主管税务机关解缴。扣缴义务人未按规定扣缴税款的，由纳税人在所得发生地申报缴纳。扣缴义务人未按规定扣缴税款，纳税人又未主动申报缴纳税款的，由所得发生地主管税务机关向纳税人追缴税款。

3.股息、红利等权益性投资所得，为分配所得企业的所得税主管税务机关。

4.利息所得、租金所得、特许权使用费所得，为负担、支付所得的单位或个人的所得税主管税务机关。

（三）申报资料

扣缴义务人在申报和解缴应扣税款时，向所在地的税务机关填报“中华人民共和国扣缴企业所得税报告表（2019年版）”，主管税务机关可以要求纳税人、扣缴义务人和其他知晓情况的相关方提供与应扣缴税款有关的合同和其他相关资料。实行源泉扣缴的扣缴义务人可以提前将合同提交给税务机关，以便税务机关对合同信息进行采集或者变更。扣缴义务人应当设立代扣代缴税款账簿和合同资料档案，准确记录非居民企业所得税扣缴情况。

（四）税务管理

扣缴义务人应扣未扣税款的，由扣缴义务人所在地主管税务机关依照《中华人民共和国行政处罚法》第二十三条规定责令扣缴义务人补扣税款，并依法追究扣缴义务人责任；需要向纳税人追缴税款的，由所得发生地主管税务机关依法执行。扣缴义务人所在地与所得发生地不一致的，负责追缴税款的所得发生地主管税务机关应通过扣缴义务人所在地主管税务机关核实有关情况；扣缴义务人所在地主管税务机关应当自确定应纳税款未依法扣缴之日起5个工作日内，向所得发生地主管税务机关发送《非居民企业税务事项联络函》，告知非居民企业涉税事项。

主管税务机关在按上述规定追缴非居民企业应纳税款时，可以采取以下措施：

1. 责令该非居民企业限期申报缴纳应纳税款。

2. 收集、查实该非居民企业在中国境内其他收入项目及其支付人的相关信息，并向该其他项目支付人发出税务事项通知书，从该非居民企业其他收入项目款项中依照法定程序追缴欠缴税款及应缴的滞纳金。

其他项目支付人所在地与未扣税所得发生地不一致的，其他项目支付人所在地主管税务机关应给予配合和协助。

应当源泉扣缴税款的款项已经由扣缴义务人实际支付，但未在规定的期限内解缴应扣税款，并具有以下情形之一的，应作为税款已扣但未解缴情形，按照有关法律、行政法规规定处理：

1. 扣缴义务人已明确告知收款人已代扣税款的。

2. 已在财务会计处理中单独列示应扣税款的。

3. 已在其纳税申报中单独扣除或开始单独摊销扣除应扣税款的。

4. 其他证据证明已代扣税款的。

除上述规定情形外，按规定应该源泉扣缴的税款未在规定的期限内解缴入库的，均作为应扣未扣税款情形，按照有关法律、行政法规规定处理。

五、自行申报

扣缴义务人未依法扣缴或者无法履行扣缴义务的，由取得所得的非居民企业向所得发生地主管税务机关申报缴纳未扣缴税款，填报“中华人民共和国扣缴企业所得税报告表（2019年版）”，并根据税务机关要求，提交其他相关资料。

非居民企业取得的同一项所得在境内存在多个所得发生地，涉及多个主管税务机关的，在按规定自行申报缴纳未扣缴税款时，可以选择一地办理申报缴税事宜。受理申报地主管税务机关应在受理申报后5个工作日内，向扣缴义务人所在地和同一项所得其他发生地主管税务机关发送《非居民企业税务事项联络函》，告知非居民企业涉税事项。

取得所得的非居民企业未依法缴纳税款的，税务机关可以从其在中国境内其他收入项目的支付人应付的款项中，追缴应纳税款。

六、境内承包工程作业与提供劳务

非居民企业在中国境内取得工程作业和劳务所得应缴纳企业所得税，具有以下情形时，税务机关可以指定工程价款或者劳务费的支付人为扣缴义务人：

预计工程作业或者提供劳务期限不足一个纳税年度，且有证据表明不履行纳税义务的；没有办理税务登记或者临时税务登记，且未委托中国境内的代理人履行纳税义务的；未按照规定期限办理企业所得税纳税申报或者预缴申报的。

根据《非居民承包工程作业和提供劳务税收管理暂行办法》（国家税务总局令第19号），相关税收征管事项如下。

（一）备案登记

非居民企业在中国境内承包工程作业或提供劳务的，应当自项目合同或协议（以下简称“合同”）签订之日起30日内，向项目所在地主管税务机关办理税务登记手续。依照法律、行政法规规定负有税款扣缴义务的境内机构和个人，应当自扣缴义务发生之日起30日内，向所在地主管税务机关办理扣缴税款登记手续。境内机构和个人向非居民发包工程作业或劳务项目的，应当自项目合同签订之日起30日内，向主管税务机关报送“境内机构和个人发包工程作业或劳务项目报告表”，并附送非居民的税务登记证、合同、税务代理委托书复印件或非居民对有关事项的书面说明等资料。

非居民企业在中国境内承包工程作业或提供劳务的，应当在项目完工后15日内，向项目所在地主管税务机关报送项目完工证明、验收证明等相关文件复印件，并依据《税务登记管理办法》的有关规定申报办理注销税务登记。

境内机构和个人向非居民发包工程作业或劳务项目合同发生变更的，发包方或劳务受让方应自变更之日起10日内向所在地主管税务机关报送“非居民项目合同变更情况报告表”。

境内机构和个人向非居民发包工程作业或劳务项目，从境外取得的与项目款项支付有关的发票和其他付款凭证，应在自取得之日起30日内向所在地主管税务机关报送“非居民项目合同款项支付情况报告表”及付款凭证复印件。

境内机构和个人不向非居民支付工程价款或劳务费的，应当在项目完工开具验收证明前，向其主管税务机关报告非居民在项目所在地的项目执行进度、支付人名称及其支付款项金额、支付日期等相关情况。

境内机构和个人向非居民发包工程作业或劳务项目，与非居民的主管税务机关不一致的，应当自非居民申报期限届满之日起15日内向境内机构和个人的主管税务机关报送非居民申报纳税证明资料复印件。

（二）纳税申报

非居民企业在中国境内承包工程作业或提供劳务项目的，企业所得税按纳税年度计算、分季预缴，年终汇算清缴，并在工程项目完工或劳务合同履行完毕后结清税款。非居民企业进行企业所得税纳税申报时，应当如实报送纳税申报表，并附送下列资料：

1.工程作业（劳务）决算（结算）报告或其他说明材料。

2.参与工程作业或劳务项目外籍人员姓名、国籍、出入境时间、在华工作时间、地点、内容、报酬标准、支付方式、相关费用等情况的书面报告。

3.财务会计报告或财务情况说明。

4.非居民企业依据税收协定在中国境内未构成常设机构，需要享受税收协定待遇的，应提交“非居民企业承包工程作业和提供劳务享受税收协定待遇报告表”，并附送居民身份证明及税务机关要求提交的其他证明资料。

非居民企业未按上述规定提交报告表及有关证明资料，或因项目执行发生变更等情形不符合享受税收协定待遇条件的，不得享受税收协定待遇，应依照企业所得税法规定缴纳税款。

指定扣缴情形下，指定扣缴义务人应当在申报期限内向主管税务机关报送扣缴企业所得税报告表及其他有关资料。扣缴义务人未依法履行扣缴义务或无法履行扣缴义务的，由非居民企业在项目所在地申报缴纳。主管税务机关应自确定未履行扣缴义务之日起15日内通知非居民企业在项目所在地申报纳税。非居民企业逾期仍未缴纳税款的，项目所在地主管税务机关应自逾期之日起15日内，收集该非居民企业从中国境内取得其他收入项目的信息，包括收入类型，支付人的名称、地址，支付金额、方式和日期等，并向其他收入项目支付人发出“非居民企业欠税追缴告知书”，并依法追缴税款和滞纳金。其他支付人主管税务机关应当提供必要的信息，协助项目所在地主管税务机关执行追缴事宜。

（三）税收管理

1.税源信息管理。税务机关应当建立税源监控机制，获取并利用发改委、建设、外汇管理、商务、教育、文化、体育等部门关于非居民在中国境内承包工程作业和提供劳务的相关信息，并可根据工作需要，将信息使用情况反馈给有关部门。

2.跟踪管理。主管税务机关应当按项目建档、分项管理的原则，建立非居民承包工程作业和提供劳务项目的管理台账和纳税档案，及时、准确掌握工程和劳务项目的合同执行、施工进度、价款支付、对外付汇、税款缴纳等情况。境内机构和个人从境外取得的付款凭证，主管税务机关对其真实性有疑义的，可要求其提供境外公证机构或者注册会计师的确认证明，经税务机关审核认可后，方可作为计账核算的凭证。

对非居民享受协定待遇进行事后管理，审核其提交的报告表和证明资料的真实性和准确性，对其不构成常设机构的情形进行认定。对于不符合享受协定待遇条件且未履行纳税义务的情形，税务机关应该依法追缴其应纳税款、滞纳金及罚款。利用售付汇信息，包括境内机构和个人向非居民支付服务贸易款项的历史记录，以及当年新增发包项目付款计划等信息，对承包工程作业和提供劳务项目实施监控。对于付汇前有欠税情形的，应当及时通知纳税人或扣缴义务人缴纳，必要时可以告知有关外汇管理部门或指定外汇支付银行依法暂停付汇。

对非居民参与国家、省、地市级重点建设项目，包括城市基础设施建设、能源建设、企业技术设备引进等项目中涉及的承包工程作业或提供劳务，以及其他有非居民参与的合同金额超过5 000万元人民币的，实施重点税源监控管理；对承包方和发包方是否存在关联关系、合同实际执行情况、常设机构判定、境内外劳务收入划分等事项进行重点跟踪核查，对发现的问题，可以实施情报交换、反避税调查或税务稽查。

主管税务机关在境内难以获取涉税信息时，可以制作专项情报，由国家税务总局（国际税务司）向税收协定缔约国对方提出专项情报请求；非居民在中国境内未依法履行纳税义务的，主管税务机关可制作自动或自发情报，提交国家税务总局依照有关规定将非居民在中国境内的税收违法行为告知协定缔约国对方主管税务当局；对非居民承包工程作业和提供劳务有必要进行境外审计的，可根据税收情报交换有关规定，经国家税务总局批准后组织实施。欠缴税款的非居民企业法定代表人或非居民个人在出境前未按照规定结清应纳税款、滞纳金又不提供纳税担保的，税务机关可以通知出入境管理机关阻止其出境。对于非居民工程或劳务项目完毕，未按期结清税款并已离境的，主管税务机关可制作税务事项告知书（见附件9），通过信函、电子邮件、传真等方式，告知该非居民限期履行纳税义务，同时通知境内发包方或劳务受让者协助追缴税款。

七、从事国际运输业务

根据《国家税务总局关于发布〈非居民企业从事国际运输业务税收管理暂行办法〉的公告》（国家税务总局公告2014年第37号），非居民企业从事国际运输业务，是指非居民企业以自有或者租赁的船舶、飞机、舱位，运载旅客、货物或者邮件等进出中国境内口岸的经营活动以及相关装卸、仓储等附属业务。非居民企业以程租、期租、湿租的方式出租船舶、飞机取得收入的经营活动属于国际运输业务。非居民企业以光租、干租等方式出租船舶、飞机，或者出租集装箱及其他装载工具给境内机构或者个人取得的租金收入，不属于国际运输业务收入。

非居民企业从事上述国际运输业务，以取得运输收入的非居民企业为纳税人。

（一）税务登记

非居民企业应自有关部门批准其经营资格或运输合同、协议签订之日起30日内，自行或委托代理人选择向境内一处业务口岸所在地主管税务机关办理税务登记，并同时提供经营资格证书、经营航线资料、相关业务合同以及境内联系人等相关信息。

非居民企业选择境内一处口岸办理税务登记后，应当在其他业务口岸发生业务时向所在地主管税务机关报送税务登记资料、运输合同及其他相关资料的复印件。

（二）纳税申报

非居民企业办理税务登记后，按规定设置账簿，根据合法、有效凭证记账，进行核算，准确计算应纳税所得额，自行或委托代理人向税务登记所在地主管税务机关依法申报缴纳企业所得税。非居民企业不能准确计算并据实申报其应纳税所得额的，由主管税务机关按规定核定其应纳税所得额。

非居民企业从事国际运输业务符合企业所得税法指定扣缴情形的，支付人所在地主管税务机关应按规定指定支付人为扣缴义务人。支付人包括：

1.向非居民企业或其境内子公司、分公司或代表机构，或者有权代表非居民企业收取款项的境内外代理人支付款项的单位或个人。

2.通过其境外关联方或有特殊利益联系的第三方支付款项的单位或个人。

3.其他符合企业所得税法规定的单位或个人。

支付人每次代扣代缴税款时，应向其主管税务机关报送《中华人民共和国扣缴企业所得税申报表》及相关资料，并自代扣之日起7日内将税款缴入国库。

（三）税务管理

主管税务机关应当按照逐户建档、按户管理的原则，建立非居民企业从事国际运输业务的管理台账和纳税档案，及时、准确掌握其收取运费及相关款项、税款缴纳、享受税收协定待遇等情况。对不符合享受税收协定待遇条件且未履行纳税义务的情形，应按照税收征管法有关规定处理。

与港务、航管、海关、商检、海监、外汇管理、商务等部门加强合作，获取相关税源信息，对非居民企业进出境内口岸、履行纳税义务、收取运费及相关款项等情况实施监控。在境内难以获取涉税信息时，可以制作专项情报，由税务总局向缔约国对方提出专项情报请求。

八、关联业务报告

根据《国家税务总局关于完善关联申报和同期资料管理有关事项的公告》（国家税务总局公告2016年第42号），实行查账征收的居民企业和在中国境内设立机构、场所并据实申报缴纳企业所得税的非居民企业向税务机关报送年度企业所得税纳税申报表时，应当就其与关联方之间的业务往来进行关联申报，附送“中华人民共和国企业年度关联业务往来报告表（2016年版）”。

存在下列情形之一的居民企业，应当在报送年度关联业务往来报告表时，填报国别报告：

1.该居民企业为跨国企业集团的最终控股企业，且其上一会计年度合并财务报表中的各类收入金额合计超过55亿元。最终控股企业是指能够合并其所属跨国企业集团所有成员实体财务报表的，且不能被其他企业纳入合并财务报表的企业。

成员实体应当包括：

（1）实际已被纳入跨国企业集团合并财务报表的任一实体。

（2）跨国企业集团持有该实体股权且按公开证券市场交易要求应被纳入但实际未被纳入跨国企业集团合并财务报表的任一实体。

（3）仅由于业务规模或者重要性程度而未被纳入跨国企业集团合并财务报表的任一实体。

（4）独立核算并编制财务报表的常设机构。

2.该居民企业被跨国企业集团指定为国别报告的报送企业。国别报告主要披露最终控股企业所属跨国企业集团所有成员实体的全球所得、税收和业务活动的国别分布情况。

最终控股企业为中国居民企业的跨国企业集团，其信息涉及国家安全的，可以按照国家有关规定，豁免填报部分或者全部国别报告。

九、服务贸易等项目对外支付

根据《国家税务总局、国家外汇管理局关于服务贸易等项目对外支付税务备案有关问题的公告》（国家税务总局、国家外汇管理局公告2013年第40号），境内机构和个人向境外单笔支付等值5万美元以上（不含等值5万美元，下同）符合条件的，应向所在地主管税务机关进行税务备案，填报“服务贸易等项目对外支付税务备案表”，提交合同（协议）或相关交易凭证复印件（材料文本为外文的，同时附送中文译本）。同一笔合同需要多次对外支付的，纳税人需在每次付汇前办理税务备案手续，但只需在首次付汇备案时提交合同（协议）或相关交易凭证复印件。

为深入推进“放管服”改革，进一步优化营商环境，促进贸易投资便利化，自2020年1月1日起，服务贸易等项目对外支付税务备案电子化在全国范围内启动。以江苏省为例，《国家税务总局江苏省税务局 国家外汇管理局江苏省分局关于实施服务贸易等项目对外支付税务备案联合电子化的通知》规定，自2019年11月30日起，备案人向所在地税务机关进行税务备案时，可通过互联网登录“国家税务总局江苏省电子税务局”（http：//etax.jiangsu.chinatax.gov.cn）（以下简称“电子税务局”），选择对外支付税务备案模块，填写相关备案信息，上传加盖公章的合同（协议）或相关交易凭证复印件，电子税务局自动生成备案编号（并发送短信至备案人预留的手机号码）。备案人凭备案编号及相关的业务资料在银行办理付汇业务。银行根据备案人提供的纳税人识别号和备案编号进行税务备案信息的查询、核对和验证。银行验证通过后，可下载、打印并留存加盖电子公章的税务备案表，为企业办理付汇业务。

为着力提升纳税人缴费人满意度和获得感，多地税务机关进一步优化服务贸易对外支付流程。例如，《上海市税务局印发〈关于本市开展2021年“我为纳税人缴费人办实事暨便民办税春风行动”的实施意见〉的通知》（沪税发〔2021〕22号）规定，简化服务贸易等项目对外支付税务备案流程，对于需要多次对外支付的同一笔合同，仅需在首次付汇前办理税务备案，无须重复提交备案表等资料。取消对外国投资者以境内直接投资合法所得在境内再投资单笔5万美元以上进行税务备案的要求，进一步降低跨境投资者办税成本。推进税务备案信息与银行同步共享，进一步优化服务贸易对外支付流程，在服务贸易等项目对外支付税务备案电子化的基础上，更好满足纳税人异地付汇业务需要。

十、协定待遇适用

根据《国家税务总局关于发布〈非居民纳税人享受协定待遇管理办法〉的公告》（国家税务总局公告2019年第35号），非居民纳税人享受协定待遇，采取“自行判断、申报享受、相关资料留存备查”的方式办理。

（一）协定适用和纳税申报

1.非居民纳税人自行申报的，自行判断符合享受协定待遇条件且需要享受协定待遇，应在申报时报送“非居民纳税人享受协定待遇信息报告表”，并按规定归集和留存相关资料备查。

2.在源泉扣缴和指定扣缴情况下，非居民纳税人自行判断符合享受协定待遇条件且需要享受协定待遇的，应当如实填写“非居民纳税人享受协定待遇信息报告表”，主动提交给扣缴义务人，并按规定归集和留存相关资料备查。扣缴义务人收到“非居民纳税人享受协定待遇信息报告表”后，确认非居民纳税人填报信息完整的，依国内税收法律规定和协定规定扣缴，并如实将“非居民纳税人享受协定待遇信息报告表”作为扣缴申报的附表报送主管税务机关。非居民纳税人未主动提交“非居民纳税人享受协定待遇信息报告表”给扣缴义务人或填报信息不完整的，扣缴义务人依国内税收法律规定扣缴。

3.留存备查资料包括以下内容：

（1）由协定缔约对方税务主管当局开具的证明非居民纳税人取得所得的当年度或上一年度税收居民身份的税收居民身份证明；享受税收协定国际运输条款或国际运输协定待遇的，可用能够证明符合协定规定身份的证明代替税收居民身份证明。

（2）与取得相关所得有关的合同、协议、董事会或股东会决议、支付凭证等权属证明资料。

（3）享受股息、利息、特许权使用费条款协定待遇的，应留存证明“受益所有人”身份的相关资料；证明“受益所有人”身份的相关资料是指《国家税务总局关于税收协定中“受益所有人”有关问题的公告》（国家税务总局公告2018年第9号）第七条、第八条规定的资料。

（4）非居民纳税人认为能够证明其符合享受协定待遇条件的其他资料。

非居民纳税人对“非居民纳税人享受协定待遇信息报告表”填报信息和留存备查资料的真实性、准确性、合法性承担法律责任。按照《税收征管法实施细则》第二十九条规定，非居民纳税人享受协定待遇留存备查资料应当保存10年，法律、行政法规另有规定的除外。

非居民纳税人发现不应享受而享受了协定待遇，并少缴或未缴税款的，应当主动向主管税务机关申报补税。非居民纳税人可享受但未享受协定待遇而多缴税款的，可在《税收征管法》第五十一条规定的3年期限内自行或通过扣缴义务人向主管税务机关要求退还多缴税款，同时提交相关资料。主管税务机关应当自接到非居民纳税人或扣缴义务人退还多缴税款申请之日起30日内查实，对符合享受协定待遇条件的多缴税款办理退还手续。查实时间不包括非居民纳税人或扣缴义务人补充提供资料、个案请示、相互协商、情报交换的时间。税务机关因上述原因延长查实时间的，应书面通知退税申请人相关决定及理由。

（二）税务管理

各级税务机关应当对非居民纳税人享受协定待遇开展后续管理，准确执行协定，防范协定滥用和逃避税风险。执行要点如下：

1.主管税务机关在后续管理时，可要求非居民纳税人限期提供留存备查资料。

2.主管税务机关在后续管理或税款退还查实工作过程中，发现依据相关资料不足以证明非居民纳税人符合享受协定待遇条件，或非居民纳税人存在逃避税嫌疑的，可要求非居民纳税人或扣缴义务人限期提供相关资料并配合调查。非居民纳税人、扣缴义务人应配合主管税务机关进行非居民纳税人享受协定待遇的后续管理与调查。非居民纳税人、扣缴义务人均未按照税务机关要求提供相关资料，或逃避、拒绝、阻挠税务机关进行后续调查，主管税务机关无法查实其是否符合享受协定待遇条件的，应视为不符合享受协定待遇条件。

3.非居民纳税人和扣缴义务人责任划分。

（1）非居民纳税人自行判断是否符合享受协定待遇条件，符合条件且需要享受协定待遇的，主动向扣缴义务人提交报表要求享受协定待遇。如果非居民纳税人判断有误，不符合协定待遇条件而享受了协定待遇且未缴或少缴税款的，除因扣缴义务人未按规定扣缴申报外，视为非居民纳税人未按照规定申报缴纳税款，主管税务机关依法追缴税款并追究非居民纳税人延迟纳税责任。在扣缴情况下，税款延迟缴纳期限自扣缴申报享受协定待遇之日起计算。

（2）扣缴义务人应在收到报表后确认非居民纳税人填报信息完整，然后按照非居民纳税人要求享受的协定待遇进行扣缴申报。如果扣缴义务人未按规定扣缴申报或者提供相关资料，发生不符合享受协定待遇条件的非居民纳税人享受协定待遇且未缴或少缴税款情形的，主管税务机关依据有关规定追究扣缴义务人责任，并责令非居民纳税人限期缴纳税款。

4.税款追缴。依据企业所得税法第三十九条规定，非居民纳税人未依法缴纳税款的，主管税务机关可以从该非居民纳税人在中国境内其他收入项目的支付人应付的款项中，追缴该非居民纳税人的应纳税款。

5.纳税争议的争决。主管税务机关在后续管理或税款退还查实工作过程中，发现不能准确判定非居民纳税人是否可以享受协定待遇的，应当向上级税务机关报告；需要启动相互协商或情报交换程序的，按有关规定启动相应程序。

6.反避税。主管税务机关在后续管理过程中，发现需要适用税收协定主要目的测试条款或国内税收法律规定中的一般反避税规则的，适用一般反避税相关规定。

税收协定主要目的测试条款，是指税收协定中有如下表述或者类似表述的条款：虽有本协定其他条款的规定，如果在考虑了所有相关事实与情况后，可以合理地认定就某项所得获取本协定某项优惠是直接或间接产生该优惠的安排或交易的主要目的之一，则不应对该项所得给予该优惠，除非能够证明在此种情形下给予该优惠符合本协定相关规定的宗旨和目的。

7.纳税信用管理。主管税务机关应当对非居民纳税人不当享受协定待遇情况建立信用档案，并采取相应后续管理措施。

第五节　个人所得税

在中国境内有住所，或者无住所而一个纳税年度内在中国境内居住累计满183天的个人，为居民个人。居民个人从中国境内和境外取得的所得按规定缴纳个人所得税。在中国境内无住所又不居住，或者无住所而一个纳税年度内在中国境内居住累计不满183天的个人，为非居民个人。非居民个人就其从中国境内取得的所得按规定缴纳个人所得税。纳税年度，自公历1月1日起至12月31日止。

现行个人所得税施行综合与分类相结合的税制模式、代扣代缴与自行申报相结合的征管方式，税收管理从传统的以企业为维度逐步转变为企业与个人双维度并重。

一、居民个人综合所得预扣预缴

根据《国家税务总局关于全面实施新个人所得税法若干征管衔接问题的公告》（国家税务总局公告2018年第56号）、《国家税务总局关于发布〈个人所得税扣缴申报管理办法（试行）〉的公告》（国家税务总局公告2018年第61号），扣缴义务人向居民个人支付工资、薪金所得，劳务报酬所得，稿酬所得，特许权使用费所得时，按规定预扣预缴个人所得税，并向主管税务机关报送“个人所得税扣缴申报表”。年度预扣预缴税额与年度应纳税额不一致的，由居民个人于次年3月1日至6月30日向主管税务机关办理综合所得年度汇算清缴，税款多退少补。

（一）扣缴义务人向居民个人支付工资、薪金所得

扣缴义务人向居民个人支付工资、薪金所得按照累计预扣法计算预扣税款，并按月办理扣缴申报。居民个人向扣缴义务人提供有关信息并依法要求办理专项附加扣除的，扣缴义务人应当按照规定在工资、薪金所得按月预扣预缴税款时予以扣除，不得拒绝。

累计预扣法，是指扣缴义务人在一个纳税年度内预扣预缴税款时，以纳税人在本单位截至当前月份工资、薪金所得累计收入减除累计免税收入、累计减除费用、累计专项扣除、累计专项附加扣除和累计依法确定的其他扣除后的余额为累计预扣预缴应纳税所得额，适用个人所得税预扣率表，计算累计应预扣预缴税额，再减除累计减免税额和累计已预扣预缴税额，其余额为本期应预扣预缴税额。余额为负值时，暂不退税。纳税年度终了后余额仍为负值时，由纳税人通过办理综合所得年度汇算清缴，税款多退少补（参见表2.11）。

表 2.11　　个人所得税预扣率表（居民个人工资、薪金所得预扣预缴适用）

级数	累计预扣预缴应纳税所得额	预扣率（%）	速算扣除数
1	不超过 36 000 元	3	0
2	超过 36 000 元至 144 000 元的部分	10	2 520
3	超过 144 000 元至 300 000 元的部分	20	16 920
4	超过 300 000 元至 420 000 元的部分	25	31 920
5	超过 420 000 元至 660 000 元的部分	30	52 920
6	超过 660 000 元至 960 000 元的部分	35	85 920
7	超过 960 000 元的部分	45	181 920

具体计算公式如下：

本期应预扣预缴税额=（累计预扣预缴应纳税所得额 × 预扣率－速算扣除数）－累计减免税额－累计已预扣预缴税额

累计预扣预缴应纳税所得额=累计收入－累计免税收入－累计减除费用－累计专项扣除－累计专项附加扣除－累计依法确定的其他扣除

其中：累计减除费用，按照5 000元/月乘以纳税人当年截至本月在本单位的任职受雇月份数计算。

累计预扣法主要是通过各月累计收入减去对应扣除，对照综合所得税率表计算累计应缴税额，再减去已缴税额，确定本期应缴税额的一种方法。这种方法，一方面对于大部分只有一处工资、薪金所得的纳税人，纳税年度终了时预扣预缴的税款基本上等于年度应纳税款，因此无须再办理自行纳税申报、汇算清缴；另一方面，对需要补退税的纳税人，预扣预缴的税款与年度应纳税款差额相对较小，不会占用纳税人过多资金。

为进一步支持稳就业、保就业、促消费，助力构建新发展格局，《国家税务

总局关于进一步简便优化部分纳税人个人所得税预扣预缴方法的公告》（国家税务总局公告2020年第19号）进一步简便优化部分纳税人个人所得税预扣预缴方法，该文规定，对上一完整纳税年度内每月均在同一单位预扣预缴工资、薪金所得个人所得税且全年工资、薪金收入不超过6万元的居民个人，扣缴义务人在预扣预缴本年度工资、薪金所得个人所得税时，累计减除费用自1月份起直接按照全年6万元计算扣除。即，在纳税人累计收入不超过6万元的月份，暂不预扣预缴个人所得税；在其累计收入超过6万元的当月及年内后续月份，再预扣预缴个人所得税。扣缴义务人应当按规定办理全员全额扣缴申报，并在“个人所得税扣缴申报表”相应纳税人的备注栏注明“上年各月均有申报且全年收入不超过6万元”字样。对按照累计预扣法预扣预缴劳务报酬所得个人所得税的居民个人，扣缴义务人比照执行。

按照累计预扣法预扣预缴劳务报酬所得个人所得税的居民个人，如保险营销员和证券经纪人取得的佣金、全日制学历教育的学生因实习取得劳务报酬所得，需同时满足以下三个条件：

（1）上一纳税年度1—12月均在同一单位取酬且按照累计预扣法预扣预缴申报了劳务报酬所得个人所得税；

（2）上一纳税年度1—12月的累计劳务报酬（不扣减任何费用及免税收入）不超过6万元；

（3）本纳税年度自1月起，仍在该单位取得按照累计预扣法预扣预缴税款的劳务报酬所得。

（二）扣缴义务人向居民个人支付劳务报酬所得、稿酬所得、特许权使用费所得

扣缴义务人向居民个人支付劳务报酬所得、稿酬所得、特许权使用费所得按照以下方法按次或者按月预扣预缴税款（参见表2.12）：

劳务报酬所得、稿酬所得、特许权使用费所得以收入减除费用后的余额为收入额；其中，稿酬所得的收入额减按70%计算。

减除费用：预扣预缴税款时，劳务报酬所得、稿酬所得、特许权使用费所得每次收入不超过4 000元的，减除费用按800元计算；每次收入4 000元以上的，减除费用按收入的20%计算。

应纳税所得额：劳务报酬所得、稿酬所得、特许权使用费所得，以每次收入额为预扣预缴应纳税所得额，计算应预扣预缴税额。劳务报酬所得适用个人所得税预扣率表，稿酬所得、特许权使用费所得适用20%的比例预扣率。计算公式如下：

劳务报酬所得应预扣预缴税额＝预扣预缴应纳税所得额×预扣率－速算扣除数

稿酬所得、特许权使用费所得应预扣预缴税额＝预扣预缴应纳税所得额×20%

表 2.12　　个人所得税预扣率表（居民个人劳务报酬所得预扣预缴适用）

级数	预扣预缴应纳税所得额	预扣率（%）	速算扣除数
1	不超过 20 000 元	20	0
2	超过 20 000 元至 50 000 元的部分	30	2 000
3	超过 50 000 元的部分	40	7 000

注：

①居民个人劳务报酬所得、稿酬所得、特许权使用费所得个人所得税的预扣预缴方法，基本平移了现行税法的扣缴方法。

②申报表填报时，“稿酬所得的收入额减按 70% 计算”，对稿酬所得的收入额减计的 30% 部分，填入“个人所得税扣缴申报表”第 10 列“免税收入”。

③居民个人办理年度综合所得汇算清缴时，应当依法计算劳务报酬所得、稿酬所得、特许权使用费所得的收入额，并入年度综合所得计算应纳税款，税款多退少补。

（三）保险营销员、证券经纪人、实习生

保险营销员、证券经纪人取得的佣金收入，属于劳务报酬所得。计税时，以不含增值税的收入减除20%的费用后的余额，再减去展业成本以及附加税费后，并入当年综合所得，计算个人所得税。其中，展业成本按照不含增值税的佣金收入减除20%费用后余额的25%计算。

日常预扣预缴时，综合考虑新旧税制衔接，为最大程度减轻保险营销员、证券经纪人、全日制学历教育的实习生税收负担，依照税法规定，对其取得的劳务报酬，按照累计预扣法计算预缴税款。具体计算时，以该纳税人截至当期在单位从业月份的累计收入减除累计减除费用、累计其他扣除后的余额，比照工资、薪金所得预扣率表计算当期应预扣预缴税额。专项扣除和专项附加扣除，在预扣预缴环节暂不扣除，待年度终了后汇算清缴申报时办理。

二、居民个人综合所得年度汇缴

依据税法规定，年度终了后，居民个人需要汇总纳税年度内取得的工资薪金、劳务报酬、稿酬、特许权使用费等四项所得（以下简称“综合所得”）的收入额，减除费用6万元以及专项扣除、专项附加扣除、依法确定的其他扣除和符合条件的公益慈善事业捐赠（以下简称“捐赠”）后，适用综合所得个人所得税税率并减去速算扣除数，计算本年度最终应纳税额，再减去年度已预缴税额，得出应退或应补税额，向税务机关申报并办理退税或补税。具体计算公式如下：

应退或应补税额=[（综合所得收入额−60 000元−“三险一金”等专项扣除−子女教育等专项附加扣除−依法确定的其他扣除−捐赠）× 适用税率−速算扣除数]−减免税额−当年度已预缴税额。

（一）办理年度汇缴的纳税人

为切实减轻纳税人负担，持续释放个人所得税改革红利，国务院专门明确

对部分需补税的中低收入纳税人免除年度汇算义务，《国家税务总局关于办理2020年度个人所得税综合所得汇算清缴事项的公告》（国家税务总局公告2021年第2号）规定了无须办理年度汇缴及需要办理年度汇缴的具体情形。

1. 无须办理年度汇缴的纳税人。经国务院批准，依据《财政部、国家税务总局关于个人所得税综合所得汇算清缴涉及有关政策问题的公告》（2019年第94号）有关规定，纳税人在2020年度已依法预缴个人所得税且符合下列情形之一的，无须办理年度汇算：

（1）年度汇算需补税但综合所得收入全年不超过12万元的；

（2）年度汇算需补税金额不超过400元的；

（3）已预缴税额与年度应纳税额一致或者不申请退税的。

需注意，纳税人取得综合所得时存在扣缴义务人未依法预扣预缴税款的情形，不包括在免于汇缴的情形内。

2. 需要办理年度汇算的纳税人。依据税法规定，符合下列情形之一的，纳税人需要办理年度汇算：

（1）已预缴税额大于年度应纳税额且申请退税的；

（2）综合所得收入全年超过12万元且需要补税金额超过400元的。

（二）专项扣除

专项扣除，包括居民个人按照国家规定的范围和标准缴纳的基本养老保险、基本医疗保险、失业保险等社会保险费和住房公积金等。

（三）专项附加扣除

根据《国务院关于印发个人所得税专项附加扣除暂行办法的通知》（国发〔2018〕41号），个人所得税专项附加扣除，是指个人所得税法规定的子女教育、继续教育、大病医疗、住房贷款利息或者住房租金、赡养老人等6项专项附加扣除。

1. 子女教育。纳税人的子女接受全日制学历教育的相关支出，按照每个子女每月1 000元的标准定额扣除。学历教育包括义务教育（小学、初中教育）、高中阶段教育（普通高中、中等职业、技工教育）、高等教育（大学专科、大学本科、硕士研究生、博士研究生教育）。年满3岁至小学入学前处于学前教育阶段的子女，亦按每个子女每月1 000元的标准定额扣除。

父母可以选择由其中一方按扣除标准的100%扣除，也可以选择由双方分别按扣除标准的50%扣除，具体扣除方式在一个纳税年度内不能变更。

纳税人子女在中国境外接受教育的，纳税人应当留存境外学校录取通知书、留学签证等相关教育的证明资料备查。

2. 继续教育。纳税人在中国境内接受学历（学位）继续教育的支出，在学历（学位）教育期间按照每月400元定额扣除。同一学历（学位）继续教育的扣除期限不能超过48个月。纳税人接受技能人员职业资格继续教育、专业技术人员职业资格继续教育的支出，在取得相关证书的当年，按照3 600元定额扣除。

个人接受本科及以下学历（学位）继续教育，符合规定扣除条件的，可以选择由其父母扣除，也可以选择由本人扣除。

纳税人接受技能人员职业资格继续教育、专业技术人员职业资格继续教育的，应当留存相关证书等资料备查。

3.大病医疗。在一个纳税年度内，纳税人发生的与基本医保相关的医药费用支出，扣除医保报销后个人负担（指医保目录范围内的自付部分）累计超过15 000元的部分，由纳税人在办理年度汇算清缴时，在80 000元限额内据实扣除。

纳税人发生的医药费用支出可以选择由本人或者其配偶扣除；未成年子女发生的医药费用支出可以选择由其父母一方扣除。

纳税人及其配偶、未成年子女发生的医药费用支出，按规定分别计算扣除额。

纳税人应当留存医药服务收费及医保报销相关票据原件（或者复印件）等资料备查。医疗保障部门应当向患者提供在医疗保障信息系统记录的本人年度医药费用信息查询服务。

4.住房贷款利息。纳税人本人或者配偶单独或者共同使用商业银行或者住房公积金个人住房贷款为本人或者其配偶购买中国境内住房，发生的首套住房贷款利息支出，在实际发生贷款利息的年度，按照每月1 000元的标准定额扣除，扣除期限最长不超过240个月。纳税人只能享受一次首套住房贷款的利息扣除。首套住房贷款是指购买住房享受首套住房贷款利率的住房贷款。

经夫妻双方约定，可以选择由其中一方扣除，具体扣除方式在一个纳税年度内不能变更。夫妻双方婚前分别购买住房发生的首套住房贷款，其贷款利息支出，婚后可以选择其中一套购买的住房，由购买方按扣除标准的100%扣除，也可以由夫妻双方对各自购买的住房分别按扣除标准的50%扣除，具体扣除方式在一个纳税年度内不能变更。纳税人应当留存住房贷款合同、贷款还款支出凭证备查。

5.住房租金。纳税人在主要工作城市没有自有住房而发生的住房租金支出，可以按照以下标准定额扣除：

（1）直辖市、省会（首府）城市、计划单列市以及国务院确定的其他城市，扣除标准为每月1 500元；

（2）除上述所列城市以外，市辖区户籍人口超过100万人的城市，扣除标准为每月1 100元；市辖区户籍人口不超过100万人的城市，扣除标准为每月800元。

纳税人的配偶在纳税人的主要工作城市有自有住房的，视同纳税人在主要工作城市有自有住房。

市辖区户籍人口，以国家统计局公布的数据为准。

主要工作城市是指纳税人任职受雇的直辖市、计划单列市、副省级城市、地级市（地区、州、盟）全部行政区域范围；纳税人无任职受雇单位的，为受理其综合所得汇算清缴的税务机关所在城市。夫妻双方主要工作城市相同的，只能由一方扣除住房租金支出。住房租金支出由签订租赁住房合同的承租人扣除。纳税人及其配偶在一个纳税年度内不能同时分别享受住房贷款利息和住房租金专项附加扣除。纳税人应当留存住房租赁合同、协议等有关资料备查。

6.赡养老人。纳税人赡养一位及以上被赡养人的赡养支出，统一按照以下标准定额扣除：

（1）纳税人为独生子女的，按照每月2 000元的标准定额扣除。

（2）纳税人为非独生子女的，由其与兄弟姐妹分摊每月2 000元的扣除额度，每人分摊的额度不能超过每月1 000元。可以由赡养人均摊或者约定分摊，也可以由被赡养人指定分摊。约定或者指定分摊的须签订书面分摊协议，指定分摊优先于约定分摊。具体分摊方式和额度在一个纳税年度内不能变更。

被赡养人是指年满60岁的父母，以及子女均已去世的年满60岁的祖父母、外祖父母。

享受子女教育、继续教育、住房贷款利息或者住房租金、赡养老人专项附加扣除的纳税人，自符合条件开始，可以向支付工资、薪金所得的扣缴义务人提供上述专项附加扣除有关信息办理扣除；也可以向汇缴地主管税务机关办理汇算清缴申报时扣除。纳税人未取得工资、薪金所得，仅取得劳务报酬所得、稿酬所得、特许权使用费所得需要享受专项附加扣除的，应当自行向汇缴地主管税务机关报送“个人所得税专项附加扣除信息表”，并在办理汇算清缴申报时扣除。享受大病医疗专项附加扣除的纳税人，由其自行向汇缴地主管税务机关办理汇算清缴申报时扣除。

（四）依法确定的其他扣除

依法确定的其他扣除，包括个人缴付符合国家规定的企业年金、职业年金，个人购买符合国家规定的商业健康保险、税收递延型商业养老保险的支出，以及国务院规定可以扣除的其他项目。

1.年金。《财政部、人力资源社会保障部、国家税务总局关于企业年金、职业年金个人所得税有关问题的通知》（财税〔2013〕103号），企业和事业单位根据国家有关政策规定的办法和标准，为在本单位任职或者受雇的全体职工缴付的企业年金或职业年金（以下统称“年金”）单位缴费部分，在计入个人账户时，个人暂不缴纳个人所得税。个人根据国家有关政策规定缴付的年金个人缴费部分，在不超过本人缴费工资计税基数的4%标准内的部分，暂从个人当期的应纳税所得额中扣除。超过上述规定的标准缴付的年金单位缴费和个人缴费部分，应并入个人当期的工资、薪金所得，依法计征个人所得税。税款由建立年金的单位代扣代缴，并向主管税务机关申报解缴。

根据《财政部、国家税务总局关于个人所得税法修改后有关优惠政策衔接问题的通知》(财税〔2018〕164号),个人达到国家规定的退休年龄,领取的企业年金、职业年金,符合财税〔2013〕103号文件规定的,不并入综合所得,全额单独计算应纳税款。其中按月领取的,适用月度税率表计算纳税;按季领取的,平均分摊计入各月,按每月领取额适用月度税率表计算纳税;按年领取的,适用综合所得税率表计算纳税。个人因出境定居而一次性领取的年金个人账户资金,或个人死亡后,其指定的受益人或法定继承人一次性领取的年金个人账户余额,适用综合所得税率表计算纳税。对个人除上述特殊原因外一次性领取年金个人账户资金或余额的,适用月度税率表计算纳税。

2.商业健康保险。根据《财政部、国家税务总局、保监会关于将商业健康保险个人所得税试点政策推广到全国范围实施的通知》(财税〔2017〕39号)、《国家税务总局关于推广实施商业健康保险个人所得税政策有关征管问题的公告》(国家税务总局公告2017年第17号),对个人购买符合规定的商业健康保险产品的支出,允许在当年(月)计算应纳税所得额时予以税前扣除,扣除限额为2 400元/年(200元/月)。单位统一为员工购买符合规定的商业健康保险产品的支出,应分别计入员工个人工资薪金,视同个人购买,按上述限额予以扣除。2 400元/年(200元/月)的限额扣除为个人所得税法规定减除费用标准之外的扣除。

保险公司销售符合规定的商业健康保险产品,及时为购买保险的个人开具发票和保单凭证,并在保单凭证上注明税优识别码。个人购买商业健康保险未获得税优识别码的,其支出金额不得税前扣除。这里的税优识别码,是指为确保税收优惠商业健康保险保单的唯一性、真实性和有效性,由商业健康保险信息平台按照“一人一单一码”的原则对投保人进行校验后,下发给保险公司,并在保单凭证上打印的数字识别码。

纳税人填报商业健康保险的,应在报送“个人所得税年度自行纳税申报表”时按规定附报“商业健康保险税前扣除情况明细表”。

3.税收递延型商业养老保险。根据《财政部、国家税务总局、人力资源社会保障部、中国银行保险监督管理委员会、证监会关于开展个人税收递延型商业养老保险试点的通知》(财税〔2018〕22号),对试点地区个人通过个人商业养老资金账户购买符合规定的商业养老保险产品的支出,允许在一定标准内税前扣除;计入个人商业养老资金账户的投资收益,暂不征收个人所得税;个人领取商业养老金时再征收个人所得税。具体规定如下:

(1)个人缴费税前扣除标准。取得工资薪金、连续性劳务报酬所得的个人,其缴纳的保费准予在申报扣除当月计算应纳税所得额时予以限额据实扣除,扣除限额按照当月工资薪金、连续性劳务报酬收入的6%和1 000元孰低办法确定。取得个体工商户生产经营所得、对企事业单位的承包承租经营所得的个体工商户业主、个人独资企业投资者、合伙企业自然人合伙人和承包承租经营者,其缴纳的保费准予在申报扣除当年计算应纳税所得额时予以限额据实扣除,扣除限额按照不超过当年应税收入的6%和12 000元孰低办法确定。

（2）账户资金收益暂不征税。计入个人商业养老资金账户的投资收益，在缴费期间暂不 征收个人所得税。

（3）个人领取商业养老金征税。个人达到国家规定的退休年龄时，可按月或按年领取商业养老金，领取期限原则上为终身或不少于15年。个人身故、发生保险合同约定的全残或罹患重大疾病的，可以一次性领取商业养老金。

个人按照财税〔2018〕22号文件规定，领取的税收递延型商业养老保险的养老金收入，其中25%部分予以免税，其余75%部分按照10%的比例税率计算缴纳个人所得税，税款计入“工资、薪金所得”项目，由保险机构代扣代缴后，在个人购买税延养老保险的机构所在地办理全员全额扣缴申报。

试点地区内可享受税延养老保险税前扣除优惠政策的个人，凭中国保险信息技术管理有限责任公司相关信息平台出具的“个人税收递延型商业养老保险扣除凭证”办理税前扣除。纳税人填写税延养老保险的，应在报送“个人所得税年度自行纳税申报表”时按规定附报“个人税收递延型商业养老保险税前扣除情况明细表”。

（五）捐赠扣除

根据《中华人民共和国个人所得税法》及其实施条例、《财政部、国家税务总局关于公益慈善事业捐赠个人所得税政策的公告》（财政部、国家税务总局公告2019年第99号），个人通过中华人民共和国境内公益性社会组织、县级以上人民政府及其部门等国家机关，向教育、扶贫、济困等公益慈善事业的捐赠（以下简称“公益捐赠”），发生的公益捐赠支出，可以按照个人所得税法有关规定在计算应纳税所得额时扣除。居民个人发生的公益捐赠支出，在综合所得、经营所得中扣除的，扣除限额分别为当年综合所得、当年经营所得应纳税所得额的30%；在分类所得中扣除的，扣除限额为当月分类所得应纳税所得额的30%；居民个人根据各项所得的收入、公益捐赠支出、适用税率等情况，自行决定在综合所得、分类所得、经营所得中扣除的公益捐赠支出的顺序。国务院规定对公益慈善事业捐赠实行全额税前扣除的，从其规定。例如，个人通过公益性社会组织或者县级以上人民政府及其部门等国家机关，捐赠用于应对新型冠状病毒感染的肺炎疫情的现金和物品，允许在计算应纳税所得额时全额扣除；个人直接向承担疫情防治任务的医院捐赠用于应对新型冠状病毒感染的肺炎疫情的物品，允许在计算应纳税所得额时全额扣除。

居民个人取得工资、薪金所得的，可以选择在预扣预缴时扣除，也可以选择在年度汇算清缴时扣除。居民个人选择在预扣预缴时扣除的，应按照累计预扣法计算扣除限额，其捐赠当月的扣除限额为截至当月累计应纳税所得额的30%（全额扣除的从其规定，下同）。个人从两处以上取得工资、薪金所得，选择其中一处扣除，选择后当年不得变更。居民个人取得劳务报酬所得、稿酬所得、特许权使用费所得的，预扣预缴时不扣除公益捐赠支出，统一在汇算清缴时扣除。居民个人取得全年一次性奖金、股权激励等所得，且按规定采取不并入综合所得而单独计税方式处理的，公益捐赠支出扣除比照分类所得的扣除规定处理。

公益性社会组织、国家机关在接受个人捐赠时，应当按照规定开具捐赠票据；个人索取捐赠票据的，应予以开具。

个人发生公益捐赠时不能及时取得捐赠票据的，可以暂时凭公益捐赠银行支付凭证扣除，并向扣缴义务人提供公益捐赠银行支付凭证复印件。个人应在捐赠之日起90日内向扣缴义务人补充提供捐赠票据，如果个人未按规定提供捐赠票据的，扣缴义务人应在30日内向主管税务机关报告。机关、企事业单位统一组织员工开展公益捐赠的，纳税人可以凭汇总开具的捐赠票据和员工明细单扣除。

个人通过扣缴义务人享受公益捐赠扣除政策，应当告知扣缴义务人符合条件可扣除的公益捐赠支出金额，并提供捐赠票据的复印件，其中捐赠股权、房产的还应出示财产原值证明。扣缴义务人应当按照规定在预扣预缴、代扣代缴税款时予扣除，并将公益捐赠扣除金额告知纳税人。

个人自行办理或扣缴义务人为个人办理公益捐赠扣除的，应当在申报时一并报送“个人所得税公益慈善事业捐赠扣除明细表”。个人应留存捐赠票据，留存期限为5年。

（六）年终奖与股权激励

1.年终奖。根据《财政部、国家税务总局关于个人所得税法修改后有关优惠政策衔接问题的通知》（财税〔2018〕164号），居民个人取得全年一次性奖金，符合《国家税务总局关于调整个人取得全年一次性奖金等计算征收个人所得税方法问题的通知》（国税发〔2005〕9号）规定的，在2021年12月31日前，不并入当年综合所得，以全年一次性奖金收入除以12个月得到的数额，按按月换算后的综合所得税率表，确定适用税率和速算扣除数，单独计算纳税。计算公式为：

应纳税额＝全年一次性奖金收入 × 适用税率－速算扣除数

居民个人取得全年一次性奖金，也可以选择并入当年综合所得计算纳税。自2022年1月1日起，居民个人取得全年一次性奖金，应并入当年综合所得计算缴纳个人所得税。

中央企业负责人取得年度绩效薪金延期兑现收入和任期奖励，符合《国家税务总局关于中央企业负责人年度绩效薪金延期兑现收入和任期奖励征收个人所得税问题的通知》（国税发〔2007〕118号）规定的，在2021年12月31日前可参照上述方式。

2.股权激励。居民个人取得股票期权、股票增值权、限制性股票、股权奖励等股权激励（以下简称“股权激励”），符合《财政部、国家税务总局关于个人股票期权所得征收个人所得税问题的通知》（财税〔2005〕35号）、《财政部、国家税务总局关于股票增值权所得和限制性股票所得征收个人所得税有关问题的通知》(财税〔2009〕5号)、《财政部、国家税务总局关于将国家自主创新示范区有关税收试点政策推广到全国范围实施的通知》(财税〔2015〕116号)第四条、《财政部、国家税务总局关于完善股权激励和技术入股有关所得税政策的通知》(财税〔2016〕101号)第四条第(一)项规定的相关条件的,在2021年12月31日前,不并入当年综合所得,全额单独适用综合所得税率表,计算纳税。计算公式为:

应纳税额=股权激励收入×适用税率-速算扣除数

居民个人一个纳税年度内取得两次以上(含两次)股权激励的,应合并按上述办法计算纳税。

另外,根据《财政部、国家税务总局关于完善股权激励和技术入股有关所得税政策的通知》(财税〔2016〕101号)、《国家税务总局关于股权激励和技术入股所得税征管问题的公告》(国家税务总局公告2016年第62号),非上市公司授予本公司员工的股票期权、股权期权、限制性股票和股权奖励,符合规定条件的,经向主管税务机关备案,可实行递延纳税政策,即员工在取得股权激励时可暂不纳税,递延至转让该股权时纳税;股权转让时,按照股权转让收入减除股权取得成本以及合理税费后的差额,适用“财产转让所得”项目,按照20%的税率计算缴纳个人所得税。非上市公司实施符合条件的股权激励,个人选择递延纳税的,非上市公司应于股票(权)期权行权、限制性股票解禁、股权奖励获得之次月15日内,向主管税务机关报送“非上市公司股权激励个人所得税递延纳税备案表”、股权激励计划、董事会或股东大会决议、激励对象任职或从事技术工作情况说明等。实施股权奖励的企业同时报送本企业及其奖励股权标的企业上一纳税年度主营业务收入构成情况说明。递延纳税期间,扣缴义务人应于每个纳税年度终了后30日内,向主管税务机关报送“个人所得税递延纳税情况年度报告表”。

上市公司授予个人的股票期权、限制性股票和股权奖励,经向主管税务机关备案,个人可自股票期权行权、限制性股票解禁或取得股权奖励之日起,在不超过12个月的期限内缴纳个人所得税。上市公司实施股权激励,个人选择在不超过12个月期限内缴税的,上市公司应自股票期权行权、限制性股票解禁、股权奖励获得之次月15日内,向主管税务机关报送“上市公司股权激励个人所得税延期纳税备案表”。上市公司初次办理股权激励备案时,还应一并向主管税务机关报送股权激励计划、董事会或股东大会决议。

(七)减免税

个人纳税年度内发生减免税事项,需要在纳税申报时享受的,向税务机关报送“个人所得税减免税事项报告表”。

(八)申报事项

1.申报时间。居民个人取得综合所得年度汇算时间为2021年3月1日至6月

30日。在中国境内无住所的纳税人在2021年3月1日前离境的，可以在离境前办理年度汇算。

2.办理方式。纳税人可自主选择下列办理方式：

（1）自行办理年度汇算。

（2）通过任职受雇单位（含按累计预扣法预扣预缴其劳务报酬所得个人所得税的单位，下同。以下简称“单位”）代为办理。

纳税人提出代办要求的，单位应当代为办理，或者培训、辅导纳税人通过网上税务局（包括手机个人所得税APP，下同）完成年度汇算申报和退（补）税。

由单位代为办理的，纳税人应在2021年4月30日前与单位以书面或者电子等方式进行确认，补充提供其2020年度在本单位以外取得的综合所得收入、相关扣除、享受税收优惠等信息资料，并对所提交信息的真实性、准确性、完整性负责。纳税人未与单位确认请其代为办理年度汇算的，单位不得代办。

（3）委托涉税专业服务机构或其他单位及个人（以下称“受托人”）办理，受托人需与纳税人签订授权书。

单位或受托人为纳税人办理年度汇算后，应当及时将办理情况告知纳税人。纳税人发现申报信息存在错误的，可以要求单位或受托人办理更正申报，也可自行办理更正申报。

3.受理机关。按照方便就近原则，纳税人自行办理或受托人为纳税人代为办理年度汇算的，向纳税人任职受雇单位的主管税务机关申报；有两处及以上任职受雇单位的，可自主选择向其中一处申报。

纳税人没有任职受雇单位的，向其户籍所在地、经常居住地或者主要收入来源地的主管税务机关申报。主要收入来源地，是指纳税人纳税年度内取得的劳务报酬、稿酬及特许权使用费三项所得累计收入最大的扣缴义务人所在地。

单位为纳税人代办年度汇算的，向单位的主管税务机关申报。

（九）税务管理

居民个人综合所得年度汇缴（参见表2.13和表2.14）是个人所得税纳税申报管理的重中之重，为便利纳税人办理年度汇缴，税务机关推出系列优化服务措施，加强年度汇算的政策解读和操作辅导力度，分类编制办税指引，通俗解释政策口径、专业术语和操作流程，多渠道、多形式开展提示提醒服务，并通过手机个人所得税APP、网页端、12366纳税服务平台等渠道提供涉税咨询，帮助纳税人解决办理年度汇算中的疑难问题，积极回应纳税人诉求。

另外，为合理、有序引导纳税人办理年度汇算，主管税务机关将分批、分期通知提醒纳税人在确定的时间段内办理。纳税人如需提前或延后办理的，可与税务机关预约或通过网上税务局在年度汇算期内办理。对于独立完成年度汇算存在困难的年长、行动不便等特殊人群，由纳税人提出申请，税务机关可提供个性化年度汇算服务。

表 2.13　　个人所得税税率表（综合所得适用）

级数	全年应纳税所得额	税率（%）	速算扣除数
1	不超过 36 000 元的	3	0
2	超过 36 000 元至 144 000 元的	10	2 520
3	超过 144 000 元至 300 000 元的	20	16 920
4	超过 300 000 元至 420 000 元的	25	31 920
5	超过 420 000 元至 660 000 元的	30	52 920
6	超过 660 000 元至 960 000 元的	35	85 920
7	超过 960 000 元的	45	181 920

表 2.14　　按月换算后的综合所得税率表

级数	全月应纳税所得额	税率	速算扣除数
1	不超过 3 000 元的	3%	0
2	超过 3 000 元至 12 000 元的部分	10%	210
3	超过 12 000 元至 25 000 元的部分	20%	1 410
4	超过 25 000 元至 35 000 元的部分	25%	2 660
5	超过 35 000 元至 55 000 元的部分	30%	4 410
6	超过 55 000 元至 80 000 元的部分	35%	7 160
7	超过 80 000 元的部分	45%	15 160

三、经营所得申报

取得经营所得的纳税人在月度或季度终了后15日内填报“个人所得税经营所得纳税申报表（A表）”及其他相关资料，向经营管理所在地主管税务机关办理预缴纳税申报，并预缴税款。纳税人在取得所得的次年3月31日前填报“个人所得税经营所得纳税申报表（B表）”及其他相关资料，向经营管理所在地主管税务机关办理年度汇算清缴。取得经营所得的纳税人，没有综合所得的，计算其每一纳税年度的应纳税所得额时，应当减除费用6万元、专项扣除、专项附加扣除以及依法确定的其他扣除，专项附加扣除在办理汇算清缴时减除。

纳税人从两处以上取得经营所得的，应当于取得所得的次年3月31日前办理年度汇总纳税申报，选择向其中一处经营管理所在地主管税务机关申报“个人所得税经营所得纳税申报表（C表）”。

企业在年度中间合并、分立、终止时，个人独资企业投资者、合伙企业个人合伙人、承包承租经营在停止生产经营之日起60日内，向主管税务机关办理当期个人所得税汇算清缴。

（一）经营所得范围

经营所得，是指：

1.个体工商户从事生产、经营活动取得的所得，个人独资企业投资人、合伙企业的个人合伙人来源于境内注册的个人独资企业、合伙企业生产、经营的所得。

2.个人依法从事办学、医疗、咨询以及其他有偿服务活动取得的所得。

3.个人对企业、事业单位承包经营、承租经营以及转包、转租取得的所得。

4.个人从事其他生产、经营活动取得的所得。

实务中，经营所得与劳务报酬之间的界定较容易产生分歧，一般情况下，要从业务实质进行分析。例如，对于平台经济灵活用工人员取得收入性质的界定，国家税务总局《对十三届全国人大三次会议第8765号建议的答复》中明确："根据《中华人民共和国个人所得税法》及有关规定，灵活用工人员从平台获取的收入可能包括劳务报酬所得和经营所得两大类。灵活用工人员在平台上从事设计、咨询、讲学、录音、录像、演出、表演、广告等劳务取得的收入，属于'劳务报酬所得'应税项目，由支付劳务报酬的单位或个人预扣预缴个人所得税，年度终了时并入综合所得，按年计税、多退少补。灵活用工人员注册成立个体工商户，或者虽未注册但在平台从事生产、经营性质活动的，其取得的收入属于'经营所得'应税项目，'经营所得'以每一纳税年度的收入总额减除成本费用以及损失后的余额为应纳税所得额，适用经营所得税率表，按年计税。因此，灵活用工人员取得的收入是否作为经营所得计税，要根据纳税人在平台提供劳务或从事经营的经济实质进行判定，而不是简单地看个人劳动所依托的展示平台，否则容易导致从事相同性质劳动的个人税负不同，不符合税收公平原则。比如，从事教育培训工作的兼职教师，在线下教室里给学生上课取得收入按劳务报酬所得缴税，在线上平台的直播间给学生上课取得收入按经营所得缴税，同一性质劳动，不宜区别对待。"

对未办理税务登记（含临时税务登记）的个人取得的收入按"劳务报酬所得"还是适用"经营所得"，通常依据表2.15所列特征综合判断。

表 2.15　　经营所得与劳务报酬所得特征对比表

经营所得特征	劳务报酬所得特征
具有相对固定的经营场所	无相对固定的经营场所
通常有经营必需的固定资产	主要靠个人才艺、智力提供服务
除固定成本外，通常具有与收入配比的变动成本（商品采购），与劳务报酬相比毛利率相对较低	一般无与收入配比的商品采购成本，与经营所得相比毛利率较高
经营相对持续、稳定	不具备持续、稳定经营特征
专门从事某种经营业务	主要适用于兼职，如明星演出、教师讲学
经营收入往往是个人收入的主要来源	劳务报酬收入通常是个人收入的一部分
向众多客户销售货物或服务	提供服务的客户数量通常有限或者不能在同一地点为多个客户提供服务
达到一定规模的经营者通常有雇员甚至雇员众多	提供劳务的个人一般不需要雇员

（二）经营所得纳税义务人

个体工商户业主、个人独资企业投资者、合伙企业个人合伙人、承包承租经营者个人以及其他从事生产、经营活动的个人为经营所得的纳税义务人。

（三）查账征收

1.个人独资企业、合伙企业。根据《财政部、国家税务总局关于印发〈关于个人独资企业和合伙企业投资者征收个人所得税的规定〉的通知》（财税〔2000〕91号），个人独资企业和合伙企业每一纳税年度的收入总额减除成本、费用以及损失后的余额，作为投资者个人的生产经营所得。这里的“收入总额”，是指企业从事生产经营以及与生产经营有关的活动所取得的各项收入，包括商品（产品）销售收入、营运收入、劳务服务收入、工程价款收入、财产出租或转让收入、利息收入、其他业务收入和营业外收入。个人独资企业的投资者以全部生产经营所得为应纳税所得额；合伙企业的投资者按照合伙企业的全部生产经营所得和合伙协议约定的分配比例确定应纳税所得额，合伙协议没有约定分配比例的，以全部生产经营所得和合伙人数量平均计算每个投资者的应纳税所得额。上述生产经营所得包括企业分配给投资者个人的所得和企业当年留存的所得（利润）。

实行查账征税办法的个人独资企业、合伙企业，除下列情形以外，生产经营所得比照《个体工商户个人所得税计税办法》（国家税务总局令第35号）执行：

（1）个体工商户生产经营活动中，应当分别核算生产经营费用和个人、家庭费用。对于生产经营与个人、家庭生活混用难以分清的费用，其40%视为与生产经营有关费用，准予扣除。

（2）企业计提的各种准备金不得扣除。

企业的年度亏损，允许用本企业下一年度的生产经营所得弥补，下一年度所得不足弥补的，允许逐年延续弥补，但最长不得超过5年。投资者兴办两个或两个以上企业的，企业的年度经营亏损不能跨企业弥补。

需要注意的是，根据《国家税务总局关于〈关于个人独资企业和合伙企业投资者征收个人所得税的规定〉执行口径的通知》（国税函〔2001〕84号），个人独资企业和合伙企业对外投资分回的利息或者股息、红利，不并入企业的收入，而应单独作为投资者个人取得的利息、股息、红利所得，按“利息、股息、红利所得”应税项目计算缴纳个人所得税。以合伙企业名义对外投资分回利息或者股息、红利的，应按财税〔2000〕91号文件所附规定的第五条精神确定各个投资者的利息、股息、红利所得，分别按“利息、股息、红利所得”应税项目计算缴纳个人所得税。

2.个体工商户。个体工商户以业主为个人所得税纳税义务人。实行查账征收的个体工商户按《个体工商户个人所得税计税办法》（国家税务总局令第35号）计算并申报缴纳个人所得税。

附：经营所得税率表（见表2.16）。

表2.16 经营所得税率表

级数	全年应纳税所得额	税率	速算扣除数
1	不超过30 000元的	5%	0
2	超过30 000元至90 000元的部分	10%	1 500
3	超过90 000元至300 000元的部分	20%	10 500
4	超过300 000元至500 000元的部分	30%	40 500
5	超过500 000元的部分	35%	65 500

（四）核定征收

1.个人独资企业、合伙企业。根据财税〔2000〕91号文件，有下列情形之一的，主管税务机关应采取核定征收方式征收个人所得税：

（1）企业依照国家有关规定应当设置但未设置账簿的；

（2）企业虽设置账簿，但账目混乱或者成本资料、收入凭证、费用凭证残缺不全，难以查账的；

（3）纳税人发生纳税义务，未按照规定的期限办理纳税申报，经税务机关责令限期申报，逾期仍不申报的。

核定征收方式包括定额征收、核定应税所得率征收以及其他合理的征收方式。实行核定应税所得率征收方式的，应纳所得税额的计算公式如下：

应纳所得税额＝应纳税所得额 × 适用税率

应纳税所得额＝收入总额 × 应税所得率

或，应纳税所得额＝成本费用支出额 ÷（1 －应税所得率）× 应税所得率

企业经营多业的，无论其经营项目是否单独核算，均应根据其主营项目确定其适用的应税所得率。实行核定征税的投资者，不能享受个人所得税的优惠政策。另外，实行查账征税方式的个人独资企业和合伙企业改为核定征税方式后，在查账征税方式下认定的年度经营亏损未弥补完的部分，不得再继续弥补。

附：核定征收应税所得率表（见表2.17）。

表2.17 核定征收应税所得率表

行业	应税所得率（%）
工业、交通运输业、商业	5~20
建筑业、房地产开发业	7~20
饮食服务业	7~25
娱乐业	20~40
其他行业	10~30

2.个体工商户。经主管税务机关认定和县以上税务机关（含县级）批准的生产、经营规模小，达不到《个体工商户建账管理暂行办法》规定设置账簿标准的个体工商户，可实行税收定期定额征收。即，税务机关按规定对个体工商户在一定经营地点、一定经营时期、一定经营范围内的应纳税经营额（包括经营数量）或所得额进行核定，并以此为计税依据确定其应纳税额。具体核定方法、定额期限、核定程序等按《个体工商户税收定期定额征收管理办法》（国家税务总局令第16号）、《国家税务总局关于个体工商户定期定额征收管理有关问题的通知》（国税发〔2006〕183号）文件执行。

3.临时从事生产经营的个人。对于临时从事生产经营，依法不需要或者尚未办理税务登记的个人，无法准确计算取得的经营所得应纳税所得额的，可核定征收个人所得税。对于临时从事生产经营个人核定征收个人所得税，一般由各省税务机关具体规定。例如：《云南省税务局关于自然人临时从事生产经营核定征收个人所得税事项的公告》（云南省税务局公告2020年第2号）规定，在云南省行政区域内临时从事生产、经营且未办理营业执照的自然人，申请代开发票时，对其取得的经营所得不能正确计算应纳税所得额的，统一按照开具发票金额（不含增值税）的1%核定征收经营所得个人所得税。《黑龙江省地方税务局关于临时从事生产经营的自然人纳税人核定征收个人所得税问题的公告》（黑龙江省地方税务局公告2017年第1号）规定，自2017年7月1日起至2022年7月1日，对未办理税务登记证件，临时从事生产、经营的自然人纳税人，在向税务机关申请开具发票时，对其取得的个体工商户生产、经营所得，由税务机关统一按开具发票金额（不含增值税）的1.5%核定征收个人所得税。

（五）个人合伙人投资抵扣

根据《财政部、国家税务总局关于创业投资企业和天使投资个人有关税收政策的通知》（财税〔2018〕55号）、《国家税务总局关于创业投资企业和天使投资个人税收政策有关问题的公告》（国家税务总局公告2018年第43号），有限合伙制创业投资企业采取股权投资方式直接投资于初创科技型企业满2年的，该合伙创投企业的个人合伙人可以按照对初创科技型企业投资额的70%抵扣个人合伙人从合伙创投企业分得的经营所得；当年不足抵扣的，可以在以后纳税年度结转抵扣。适用该政策时，合伙创投企业应在投资初创科技型企业满2年的年度终了后3个月内，向合伙创投企业主管税务机关办理备案手续，备案时应报送“合伙创投企业个人所得税投资抵扣备案表”，同时将有关资料留存备查。

留存备查资料包括：发展改革或证监部门出具的符合创业投资企业条件的年度证明材料；初创科技型企业接受现金投资时的投资合同（协议）、章程、实际出资的相关证明材料；创业投资企业与其关联方持有初创科技型企业的股权比例的说明；被投资企业符合初创科技型企业条件的五项资料：接受投资时从业人数、资产总额、年销售收入和大学本科以上学历的从业人数比例的情况说明；接受投资时设立时间不超过5年的证明材料；接受投资时以及接受投资后2

年内未在境内外证券交易所上市情况说明；接受投资当年及下一纳税年度研发费用总额占成本费用总额比例的情况说明。

合伙企业多次投资同一初创科技型企业的，应按年度分别备案。

合伙创投企业应在投资初创科技型企业满2年后的每个年度终了后3个月内，向合伙创投企业主管税务机关报送“合伙创投企业个人所得税投资抵扣情况表”。

个人合伙人在个人所得税年度申报时，应将当年允许抵扣的投资额填至“个人所得税生产经营所得纳税申报表（B表）”“允许扣除的其他费用”栏，并同时标明“投资抵扣”字样。

（六）征管要点

关于经营所得纳税申报的日常征管，主要关注以下几点：

1.查账征收企业应纳税所得额计算的准确性，对于企业直接按会计利润进行纳税申报的，需做纳税调整。

2.合伙企业合伙人入伙、退伙、转让合伙企业份额、取得合伙企业分配所得等情形，个人所得税计算是否正确，尤其对于合伙型私募股权投资基金，在按项目分配投资收益时，是否按税法规定正确计算并申报合伙人个人所得税。合伙企业取得股权转让所得、股息红利所得时，个人合伙人个人所得税的正确申报。对于多层合伙企业架构，合伙企业与信托、资管计划（SPV）嵌套情况下，个人合伙人个人所得税的正确计算与申报。

3.核定征收企业范围的把控与有序监管。

4.对于取得两处及两处以上经营所得的个人，关注其是否进行了合并申报。

四、居民个人其他分类所得代扣代缴与自行申报

（一）代扣代缴

居民个人取得利息、股息、红利所得，财产租赁所得，财产转让所得和偶然所得，有扣缴义务人的，扣缴义务人按月或者按次代扣代缴税款，报送“个人所得税扣缴申报表”，扣缴义务人首次向纳税人支付所得时需填报“个人所得税基础信息表（A表）”。具体扣缴申报时，需关注“次”的界定，劳务报酬所得、稿酬所得、特许权使用费所得，属于一次性收入的，以取得该项收入为一次，属于同一项目连续性收入的，以一个月内取得的收入为一次；财产租赁所得，以一个月内取得的收入为一次；利息、股息、红利所得，以支付利息、股息、红利时取得的收入为一次；偶然所得，以每次取得该项收入为一次。

（二）自行申报

居民个人取得应税所得没有扣缴义务人的，需在取得所得的次月15日内向税务机关申报“个人所得税自行纳税申报表（A表）”。居民个人取得应税所得，

扣缴义务人未扣缴税款的，需在取得所得的次年6月30日前，缴纳税款，填报“个人所得税自行纳税申报表（A表）”；税务机关通知限期缴纳的，纳税人应当按照期限缴纳税款。纳税人办理自行纳税申报时，应当一并报送税务机关要求报送的其他有关资料，首次申报或者个人基础信息发生变化的，还应报送“个人所得税基础信息表（B表）”。

（三）特殊事项

1.股权转让。根据《国家税务总局关于发布〈股权转让所得个人所得税管理办法（试行）〉的公告》（国家税务总局公告2014年第67号），个人股权转让所得个人所得税以被投资企业所在地税务机关为主管税务机关。具有下列情形之一的，扣缴义务人、纳税人应当依法在次月15日内向主管税务机关申报纳税：

（1）受让方已支付或部分支付股权转让价款的；

（2）股权转让协议已签订生效的；

（3）受让方已经实际履行股东职责或者享受股东权益的；

（4）国家有关部门判决、登记或公告生效的；

（5）本办法第三条第四至第七项行为已完成的；

（6）税务机关认定的其他有证据表明股权已发生转移的情形。

纳税人、扣缴义务人向主管税务机关办理股权转让纳税（扣缴）申报时，还应当报送以下资料：

（1）股权转让合同（协议）（查验后退回）；

（2）股权转让双方身份证明（查验后退回）；

（3）按规定需要进行资产评估的，需提供具有法定资质的中介机构出具的净资产或土地房产等资产价值评估报告；

（4）计税依据明显偏低但有正当理由的证明材料；

（5）主管税务机关要求报送的其他材料。

被投资企业应当在董事会或股东会结束后5个工作日内，向主管税务机关报送与股权变动事项相关的董事会或股东会决议、会议纪要等资料。被投资企业发生个人股东变动或者个人股东所持股权变动的，应当在次月15日内向主管税务机关报送含有股东变动信息的“个人所得税基础信息表（A表）”及股东变更情况说明。

2.限售股清算。根据《财政部 国家税务总局 证监会关于个人转让上市公司限售股所得征收个人所得税有关问题的通知》（财税〔2009〕167号）、《财政部 国家税务总局 证监会关于个人转让上市公司限售股所得征收个人所得税有关问题的补充通知》（财税〔2010〕70号），个人通过证券交易所集中交易系统或大宗交易系统转让限售股、个人用限售股认购或申购交易型开放式指数基金（ETF）份额、个人用限售股接受要约收购、个人行使现金选择权将限售股转让给提供现金选择权的第三方，对其应纳个人所得税采取证券机构预扣预缴、纳税人自行申报清算和证券机构直接扣缴相结合的方式征收。证券登记结算公司以证券账户为单位计算个人应纳税额，证券公司及其分支机构依据证券登记结算公司提供的数据负责对个人应缴纳的个人所得税以证券账户为单位进行预扣预缴。纳税人对证券登记结算公司计算的应纳税额有异议的，可持相关完整、真实凭证，向主管税务机关提出清算申报并办理清算事宜。主管税务机构审核确认后，按照重新计算的应纳税额，办理退（补）税手续。

个人协议转让限售股、个人持有的限售股被司法扣划、个人因依法继承或家庭财产分割让渡限售股所有权、个人用限售股偿还上市公司股权分置改革中由大股东代其向流通股股东支付的对价的，对其应纳个人所得税采取纳税人自行申报纳税的方式。纳税人转让限售股后，应在次月7日内到主管税务机关填报“限售股转让所得个人所得税清算申报表”，提交个人身份证件原件（查验后退回）、限售股交易明细记录（加盖开户证券机构印章）、财产原值凭证，自行申报纳税。主管税务机关审核确认后应开具完税凭证，纳税人应持完税凭证、“限售股转让所得个人所得税清算申报表”复印件到证券登记结算公司办理限售股过户手续。纳税人未提供完税凭证和“限售股转让所得个人所得税清算申报表”复印件的，证券登记结算公司不予办理过户。

3.非货币性资产投资。根据《财政部、国家税务总局关于个人非货币性资产投资有关个人所得税政策的通知》（财税〔2015〕41号）、《国家税务总局关于个人非货币性资产投资有关个人所得税征管问题的公告》，纳税人非货币性资产投资需要分期缴纳个人所得税的，应于取得被投资企业股权之日的次月15日内，自行制定缴税计划并向主管税务机关报送“非货币性资产投资分期缴纳个人所得税备案表”、纳税人身份证明、投资协议、非货币性资产评估价格证明材料、能够证明非货币性资产原值及合理税费的相关资料。纳税人分期缴税期间提出变更原分期缴税计划的，应重新制定分期缴税计划并向主管税务机关重新报送“非货币性资产投资分期缴纳个人所得税备案表”。纳税人按分期缴税计划向主管税务机关办理纳税申报时，应提供已在主管税务机关备案的“非货币性资产投资分期缴纳个人所得税备案表”和本期之前各期已缴纳个人所得税的完税凭证。纳税人在分期缴税期间转让股权的，应于转让股权之日的次月15日内向主管税务机关申报纳税。

需要注意的是，纳税人以不动产投资的，以不动产所在地税务机关为主管税务机关；纳税人以其持有的企业股权对外投资的，以该企业所在地税务机关为主管税务机关；纳税人以其他非货币资产投资的，以被投资企业所在地税务机关为主管税务机关。

4.技术入股。根据《财政部、国家税务总局关于完善股权激励和技术入股有关所得税政策的通知》（财税〔2016〕101号）、《国家税务总局关于股权激励和技术入股所得税征管问题的公告》（国家税务总局公告2016年第62号），个人以技术成果投资入股境内公司并选择递延纳税的，被投资公司应于取得技术成果并支付股权之次月15日内，向主管税务机关报送“技术成果投资入股个人所得税递延纳税备案表”、技术成果相关证书或证明材料、技术成果投资入股协议、技术成果评估报告等资料。递延纳税期间，扣缴义务人应于每个纳税年度终了后30日内，向主管税务机关报送“个人所得税递延纳税情况年度报告表”。

5.按单一投资基金核算的创投企业。根据《财政部、国家税务总局、国家发展改革委、证监会关于创业投资企业个人合伙人所得税政策问题的通知》（财税〔2019〕8号），对于按单一投资基金核算的合伙制创投企业，个人合伙人按照其应从基金年度股权转让所得中分得的份额计算其应纳税额，并由创投企业在次年3月31日前代扣代缴个人所得税，填报“单一投资基金核算的合伙制创业投资企业个人所得税扣缴申报表”；个人合伙人按照其应从基金股息红利所得中分得的份额计算其应纳税额，并由创投企业按次代扣代缴个人所得税，填报“个人所得税扣缴申报表”。创投企业选择按单一投资基金核算的，应当在按规定完成创投企业备案的30日内，向主管税务机关进行核算方式备案，报送“合伙制创业投资企业单一投资基金核算方式备案表”。

6.天使投资个人。根据《财政部、国家税务总局关于创业投资企业和天使投资个人有关税收政策的通知》（财税〔2018〕55号）、《国家税务总局关于创业投资企业和天使投资个人税收政策有关问题的公告》（国家税务总局公告2018年第43号），天使投资个人适用投资抵扣政策的，需按规定办理备案与申报：

（1）投资抵扣备案。天使投资个人应在投资初创科技型企业满24个月的次月15日内，与初创科技型企业共同向初创科技型企业主管税务机关办理备案手续。备案时应报送“天使投资个人所得税投资抵扣备案表”。被投资企业符合初创科技型企业条件的有关资料留存企业备查，备查资料包括：初创科技型企业接受现金投资时的投资合同（协议）、章程、实际出资的相关证明材料，以及被投资企业符合初创科技型企业条件的有关资料。多次投资同一初创科技型企业的，应分次备案。

（2）投资抵扣申报。

①天使投资个人转让未上市的初创科技型企业股权，按规定享受投资抵扣税收优惠时，应于股权转让次月15日内，向主管税务机关报送“天使投资个人所得税投资抵扣情况表”。同时，天使投资个人还应一并提供投资初创科技型企业后税务机关受理的“天使投资个人所得税投资抵扣备案表”。

其中，天使投资个人转让初创科技型企业股权需同时抵扣前36个月内投资其他注销清算初创科技型企业尚未抵扣完毕的投资额的，申报时应一并提供注销清算企业主管税务机关受理并注明注销清算等情况的“天使投资个人所得税投资抵扣备案表”，以及前期享受投资抵扣政策后税务机关受理的“天使投资个人所得税投资抵扣情况表”。

接受投资的初创科技型企业，应在天使投资个人转让股权纳税申报时，向扣缴义务人提供相关信息。

②天使投资个人投资初创科技型企业满足投资抵扣税收优惠条件后，初创科技型企业在上海证券交易所、深圳证券交易所上市的，天使投资个人在转让

初创科技型企业股票时，有尚未抵扣完毕的投资额的，应向证券机构所在地主管税务机关办理限售股转让税款清算，抵扣尚未抵扣完毕的投资额。清算时，应提供投资初创科技型企业后税务机关受理的“天使投资个人所得税投资抵扣备案表”和“天使投资个人所得税投资抵扣情况表”。

（3）被投资企业发生个人股东变动或者个人股东所持股权变动的，应在次月15日内向主管税务机关报送含有股东变动信息的“个人所得税基础信息表（A表）”。对天使投资个人，应在备注栏标明“天使投资个人”字样。

（4）天使投资个人转让股权时，扣缴义务人、天使投资个人应将当年允许抵扣的投资额填至“扣缴个人所得税报告表”或“个人所得税自行纳税申报表（A表）”中的“税前扣除项目”的“其他”栏，并同时标明“投资抵扣”字样。

（5）天使投资个人投资的初创科技型企业注销清算的，应及时持“天使投资个人所得税投资抵扣备案表”到主管税务机关办理情况登记。

五、非居民个人代扣代缴与自行申报

（一）代扣代缴

1.扣缴义务人向非居民个人支付工资、薪金所得，劳务报酬所得，稿酬所得和特许权使用费所得时，应当按照以下方法按月或者按次代扣代缴税款（参见表2.18）：

非居民个人的工资、薪金所得，以每月收入额减除费用5 000元后的余额为应纳税所得额；劳务报酬所得、稿酬所得、特许权使用费所得，以每次收入额为应纳税所得额，适用个人所得税税率表（非居民）计算应纳税额。劳务报酬所得、稿酬所得、特许权使用费所得以收入减除20%的费用后的余额为收入额；其中，稿酬所得的收入额减按70%计算。

附：

表2.18　　个人所得税税率表

（非居民个人工资、薪金所得，劳务报酬所得，稿酬所得，特许权使用费所得适用）

级数	应纳税所得额	税率（%）	速算扣除数
1	不超过3 000元	3	0
2	超过3 000元至12 000元的部分	10	210
3	超过12 000元至25 000元的部分	20	1 410
4	超过25 000元至35 000元的部分	25	2 660
5	超过35 000元至55 000元的部分	30	4 410
6	超过55 000元至80 000元的部分	35	7 160
7	超过80 000元的部分	45	15 160

2.非居民个人取得利息、股息、红利所得，财产租赁所得，财产转让所得和偶然所得，有扣缴义务人的，由扣缴义务人按月或者按次代扣代缴税款，填报“个人所得税扣缴申报表”。

3.非居民个人需要享受税收协定待遇的，应当在取得应税所得时主动向扣缴义务人提出，并提交相关信息、资料，扣缴义务人代扣代缴税款时按照享受税收协定待遇有关办法办理。

（二）自行申报

1.非居民个人取得应税所得没有扣缴义务人的，需在取得所得的次月15日内向税务机关申报纳税，填报“个人所得税自行纳税申报表（A表）”。

2.非居民个人取得应税所得，扣缴义务人未扣缴税款的，需在取得所得的次年6月30日前办理纳税申报，非居民个人在次年6月30日前离境（临时离境除外）的，应当在离境前办理纳税申报，填报“个人所得税自行纳税申报表（A表）”。

3.非居民个人在中国境内从两处以上取得工资、薪金所得的，需在取得所得的次月15日内申报纳税，填报“个人所得税自行纳税申报表（A表）”。

（三）无住所个人纳税身份预先判定与纳税

根据《财政部、国家税务总局关于非居民个人和无住所居民个人有关个人所得税政策的公告》（财政部、国家税务总局公告2019年第35号），无住所个人在一个纳税年度内首次申报时，应当根据合同约定等情况预计一个纳税年度内境内居住天数以及在税收协定规定的期间内境内停留天数，按照预计情况计算缴纳税款。实际情况与预计情况不符的，分别按照以下规定处理：

1.无住所个人预先判定为非居民个人，因延长居住天数达到居民个人条件的，一个纳税年度内税款扣缴方法保持不变，年度终了后按照居民个人有关规定办理汇算清缴，但该个人在当年离境且预计年度内不再入境的，可以选择在离境之前办理汇算清缴。

2.无住所个人预先判定为居民个人，因缩短居住天数不能达到居民个人条件的，在不能达到居民个人条件之日起至年度终了15天内，应当向主管税务机关报告，按照非居民个人重新计算应纳税额，申报补缴税款，不加收税收滞纳金。需要退税的，按照规定办理。

根据《财政部、国家税务总局关于个人所得税法修改后有关优惠政策衔接问题的通知》（财税〔2018〕164号），2019年1月1日至2021年12月31日期间，外籍个人符合居民个人条件的，可以选择享受个人所得税专项附加扣除，也可以选择按照《财政部、国家税务总局关于个人所得税若干政策问题的通知》（财税〔1994〕20号）、《国家税务总局关于外籍个人取得有关补贴征免个人所得税执行问题的通知》（国税发〔1997〕54号）和《财政部、国家税务总局关于外籍个人取得港澳地区住房等补贴征免个人所得税的通知》（财税〔2004〕29号）

规定，享受住房补贴、语言训练费、子女教育费等津补贴免税优惠政策，但不得同时享受。外籍个人一经选择，在一个纳税年度内不得变更。

自2022年1月1日起，外籍个人不再享受住房补贴、语言训练费、子女教育费津补贴免税优惠政策，应按规定享受专项附加扣除。

3.无住所个人预计一个纳税年度境内居住天数累计不超过90天，但实际累计居住天数超过90天的，或者对方税收居民个人预计在税收协定规定的期间内境内停留天数不超过183天，但实际停留天数超过183天的，待达到90天或者183天的月度终了后15天内，应当向主管税务机关报告，就以前月份工资、薪金所得重新计算应纳税款，并补缴税款，不加收税收滞纳金。

六、取得境外所得的纳税申报

居民个人取得境外所得抵免办法以“分国（地区）不分项”为原则，根据《中华人民共和国个人所得税法》及其实施条例、《财政部、国家税务总局关于境外所得有关个人所得税政策的公告》（财政部、国家税务总局公告2020年第3号，以下简称“3号公告”），居民个人取得境外所得需要办理自行申报的，应当在取得所得的次年3月1日至6月30日内，向主管税务机关办理纳税申报，填报“境外所得个人所得税抵免明细表”“个人所得税年度自行纳税申报表（B表）”。实务中，关注以下事项：

（一）外币折算

居民个人取得来源于境外的所得或者实际已经在境外缴纳的所得税税额为人民币以外货币的，按照办理纳税申报或者扣缴申报的上一月最后一日人民币汇率中间价，折合成人民币计算应纳税所得额。年度终了后办理汇算清缴的，对已经按月、按季或者按次预缴税款的人民币以外货币所得，不再重新折算；对应当补缴税款的所得部分，按照上一纳税年度最后一日人民币汇率中间价，折合成人民币计算应纳税所得额。

（二）申报时间

居民个人从中国境外取得所得的，应当在取得所得的次年3月1日至6月30日内申报纳税，申报境外所得税收抵免时，除另有规定外，应当提供境外征税主体出具的税款所属年度的完税证明、税收缴款书或者纳税记录等纳税凭证。

需要注意的是，居民个人取得境外所得的境外纳税年度与公历年度不一致的，取得境外所得的境外纳税年度最后一日所在的公历年度，为境外所得对应的我国纳税年度。例如，某国纳税年度为每年4月1日至次年3月31日，张某2019年11月在该国取得的所得，该笔所得对应的我国纳税年度为2020年。

另外，居民个人已申报境外所得、未进行税收抵免，在以后纳税年度取得纳税凭证并申报境外所得税收抵免的，可以追溯至该境外所得所属纳税年度进行抵免，但追溯年度不得超过5年。自取得该项境外所得的5个年度内，境外征税主体出具的税款所属纳税年度纳税凭证载明的实际缴纳税额发生变化的，按实际缴纳税额重新计算并办理补退税，不加收税收滞纳金，不退还利息。

（三）申报地点

居民个人取得境外所得，应当向中国境内任职、受雇单位所在地主管税务机关办理纳税申报；在中国境内没有任职、受雇单位的，向户籍所在地或中国境内经常居住地主管税务机关办理纳税申报；户籍所在地与中国境内经常居住地不一致的，选择其中一地主管税务机关办理纳税申报；在中国境内没有户籍的，向中国境内经常居住地主管税务机关办理纳税申报。

（四）预扣预缴

居民个人被境内企业、单位、其他组织（以下简称“派出单位”）派往境外工作，取得的工资薪金所得或者劳务报酬所得，由派出单位或者其他境内单位支付或负担的，派出单位或者其他境内单位应按照《中华人民共和国个人所得税法》及其实施条例规定预扣预缴税款。

居民个人被派出单位派往境外工作，取得的工资薪金所得或者劳务报酬所得，由境外单位支付或负担的，如果境外单位为境外任职、受雇的中方机构（以下简称“中方机构”）的，可以由境外任职、受雇的中方机构预扣税款，并委托派出单位向主管税务机关申报纳税。中方机构未预扣税款的或者境外单位不是中方机构的，派出单位应当于次年2月28日前向其主管税务机关报送外派人员情况，包括外派人员的姓名、身份证件类型及身份证件号码、职务、派往国家和地区、境外工作单位名称和地址、派遣期限、境内外收入及缴税情况等。

中方机构包括中国境内企业、事业单位、其他经济组织以及国家机关所属的境外分支机构、子公司、使（领）馆、代表处等。

（五）法律责任及个人纳税信用管理

纳税人和扣缴义务人未按本公告规定申报缴纳、扣缴境外所得个人所得税以及报送资料的，按照《中华人民共和国税收征收管理法》和《中华人民共和国个人所得税法》及其实施条例等有关规定处理，并按规定纳入个人纳税信用管理。

七、离境清税

纳税人因移居境外注销中国户籍的，应当在申请注销中国户籍前，向户籍所在地主管税务机关办理纳税申报，进行税款清算。

1.纳税人在注销户籍年度取得综合所得的，应当在注销户籍前，办理当年综合所得的汇算清缴，并报送“个人所得税年度自行纳税申报表”。尚未办理上一年度综合所得汇算清缴的，应当在办理注销户籍纳税申报时一并办理。

2.纳税人在注销户籍年度取得经营所得的，应当在注销户籍前，办理当年经营所得的汇算清缴，并报送“个人所得税经营所得纳税申报表（B表）”。从两处以上取得经营所得的，还应当一并报送“个人所得税经营所得纳税申报表（C表）”。尚未办理上一年度经营所得汇算清缴的，应当在办理注销户籍纳税申报时一并办理。

3.纳税人在注销户籍当年取得利息、股息、红利所得，财产租赁所得，财产转让所得和偶然所得的，应当在注销户籍前，申报当年上述所得的完税情况，并报送“个人所得税自行纳税申报表（A表）”。

4.纳税人有未缴或者少缴税款的，应当在注销户籍前，结清欠缴或未缴的税款。纳税人存在分期缴税且未缴纳完毕的，应当在注销户籍前，结清尚未缴纳的税款。

5.纳税人办理注销户籍纳税申报时，需要办理专项附加扣除、依法确定的其他扣除的，应当向税务机关报送个人所得税专项附加扣除信息表、商业健康保险税前扣除情况明细表、个人税收递延型商业养老保险税前扣除情况明细表等。

第六节　土地增值税、房产税、城镇土地使用税、契税

一、简并申报

为切实减轻纳税人、缴费人申报负担，根据《国家税务总局关于开展2021年“我为纳税人缴费人办实事暨便民办税春风行动”的意见》（税总发〔2021〕14号），国家税务总局出台《国家税务总局关于简并税费申报有关事项的公告》（国家税务总局公告2021年第9号）文件，将财产和行为税合并申报。即，自2021年6月1日起，纳税人申报缴纳城镇土地使用税、房产税、车船税、印花税、耕地占用税、资源税、土地增值税、契税、环境保护税、烟叶税中一个或多个税种时，使用“财产和行为税纳税申报表”，纳税人新增税源或税源变化时，需先填报“财产和行为税税源明细表”。

财产和行为税合并申报，将原先10个税种申报统一到一个入口，将税源信息从申报环节分离至税源基础数据采集环节，便于数据的统筹运用，提高数据使用效率。简并申报对原有表单和数据项进行全面梳理整合，减少了表单数量和数据项，新申报表充分利用部门共享数据和其他征管环节数据，可实现已有数据自动预填，大幅减轻纳税人填报负担，降低纳税人申报错误几率。同时，简并申报利用信息化手段实现税额自动计算、数据关联比对、申报异常提示等功能，可有效避免漏报、错报，确保申报质量，还有利于优惠政策及时落实到位。通过整合各税种申报表，实现多税种“一张报表、一次申报、一次缴款、

一张凭证”，提高了办税效率。

（一）税源信息维护

具体申报时，纳税人需先维护税源信息。税源信息没有变化的，确认无变化后直接进行纳税申报；税源信息有变化的，通过填报“税源明细表”进行数据更新维护后再进行纳税申报。纳税人可以自由选择维护税源信息的时间，既可以在申报期之前，也可以在申报期内。

为确保税源信息和纳税申报表逻辑一致，减轻纳税人填报负担，征管系统将根据各税种税源信息自动生成新申报表，纳税人审核确认后即可完成申报。无论选择何种填报方式，纳税人申报时，系统都会根据已经登记的税源明细表自动生成申报表。纳税人发现错填、漏填税源信息时，可以直接修改已填写的税源明细表。例如，纳税人填写了印花税税源明细表，申报前发现遗漏了应税合同信息，则可直接修改已填写的税源明细表，补充相应合同信息，然后继续申报或更正申报。

（二）申报税种

合并申报不强制要求一次性申报全部税种，纳税人可以自由选择一次性或分别申报当期税种。例如，纳税人7月应申报城镇土地使用税、房产税、印花税和资源税等4个税种，7月5日申报时只申报了城镇土地使用税、房产税、印花税等3个税种，遗漏了资源税，则可在申报期结束前单独申报资源税，不用更正此前的申报。

（三）不同纳税期限的合并申报

不同纳税期限的财产和行为税各税种可以合并申报。

1.按期申报但纳税期限不同的税种可以合并申报。例如，某企业按季度缴纳城镇土地使用税，按月汇总缴纳印花税，则在4月征期内，该企业可以合并申报一季度城镇土地使用税和3月份印花税。

2.按期申报与按次申报的税种也可以合并申报。例如，某企业按季度缴纳城镇土地使用税，3月15日收到自然资源主管部门办理占用耕地手续的书面通知，则在4月征期内，该企业可以合并申报一季度城镇土地使用税和3月15日耕地占用税。

（四）更正申报

合并申报支持单税种更正。纳税人更正申报一个或部分税种，不影响其他已申报税种。例如，纳税人一次性申报了城镇土地使用税、房产税、印花税和资源税等4个税种，随后发现资源税申报错误，则可以仅就资源税进行更正申报。更正时，修改资源税税源明细表再单独更正申报即可，无须调整其他已申报税种。

二、土地增值税

转让国有土地使用权、地上的建筑物及其附着物并取得收入的单位和个人，为土地增值税的纳税义务人，应按规定缴纳土地增值税。

（一）项目登记

从事房地产开发的纳税人，在立项后及每次转让时，需填报“土地增值税项目登记表”，并向主管税务机关提交土地使用权受让合同、房地产转让合同等有关资料。

（二）土地增值税预征

从事房地产开发并转让的土地增值税纳税人，自首次取得预收收入起至办理项目清算申报止的期间内，在每次转让时，或按月或按各省、自治区、直辖市和计划单列市税务局规定的期限汇总填报“土地增值税税源明细表”中“1.从事房地产开发的纳税人预缴适用”，向税务机关进行纳税申报缴纳土地增值税，待该项目全部竣工、办理结算后再进行清算，多退少补，具体办法由各省、自治区、直辖市地方税务局根据当地情况制定。对未按预征规定期限预缴税款的，需根据《税收征管法》及其实施细则的有关规定，从限定的缴纳税款期限届满的次日起，加收滞纳金。

根据《国家税务总局关于营改增后土地增值税若干征管规定的公告》（国家税务总局公告2016年第70号），营改增后，纳税人转让房地产的土地增值税应税收入不含增值税。适用增值税一般计税方法的纳税人，其转让房地产的土地增值税应税收入不含增值税销项税额；适用简易计税方法的纳税人，其转让房地产的土地增值税应税收入不含增值税应纳税额。

为方便纳税人，简化土地增值税预征税款计算，房地产开发企业采取预收款方式销售自行开发的房地产项目的，可按照以下方法计算土地增值税预征计征依据：

土地增值税预征的计征依据=预收款－应预缴增值税税款。

（三）土地增值税清算

纳税人在符合土地增值税清算条件后，依照税收法律、法规及土地增值税有关政策规定，计算应缴纳的土地增值税税额，填写“土地增值税税源明细表”中“2.从事房地产开发的纳税人清算适用”“3.从事房地产开发的纳税人按核定征收方式清算适用”并进行纳税申报，向主管税务机关提供有关资料，办理土地增值税清算手续，结清应缴纳的土地增值税税款。土地增值税以国家有关部门审批的房地产开发项目为单位进行清算，对于分期开发的项目，以分期项目为单位清算。开发项目中同时包含普通住宅和非普通住宅的，应分别计算增值额。纳税人按规定预缴土地增值税后，清算补缴的土地增值税，在主管税务机关规定的期限内补缴的，不加收滞纳金。

1.清算条件。

（1）符合下列情形之一的，纳税人应进行土地增值税的清算：

①房地产开发项目全部竣工、完成销售的；

②整体转让未竣工决算房地产开发项目的；

③直接转让土地使用权的。

符合上述情形的纳税人，须在满足清算条件之日起90日内到主管税务机关办理清算手续。

（2）符合下列情形之一的，主管税务机关可要求纳税人进行土地增值税清算：

①已竣工验收的房地产开发项目，已转让的房地产建筑面积占整个项目可售建筑面积的比例在85%以上，或该比例虽未超过85%，但剩余的可售建筑面积已经出租或自用的；

②取得销售（预售）许可证满3年仍未销售完毕的；

③纳税人申请注销税务登记但未办理土地增值税清算手续的；

④省税务机关规定的其他情况。

符合上述情形的纳税人，须在主管税务机关限定的期限内办理清算手续。

2.核定征收。房地产开发企业有下列情形之一的，税务机关可以参照与其开发规模和收入水平相近的当地企业的土地增值税税负情况，按不低于预征率的征收率核定征收土地增值税：

（1）依照法律、行政法规的规定应当设置但未设置账簿的；

（2）擅自销毁账簿或者拒不提供纳税资料的；

（3）虽设置账簿，但账目混乱或者成本资料、收入凭证、费用凭证残缺不全，难以确定转让收入或扣除项目金额的；

（4）符合土地增值税清算条件，未按照规定的期限办理清算手续，经税务机关责令限期清算，逾期仍不清算的；

（5）申报的计税依据明显偏低，又无正当理由的。

房地产开发企业办理土地增值税清算所附送的前期工程费、建筑安装工程费、基础设施费、开发间接费用的凭证或资料不符合清算要求或不实的，税务机关可参照当地建设工程造价管理部门公布的建安造价定额资料，结合房屋结构、用途、区位等因素，核定上述四项开发成本的单位面积金额标准，并据以计算扣除。具体核定方法由省税务机关确定。

3.填报资料。

（1）进行土地增值税清算申报的查账征收的纳税人填写“土地增值税税源明细表”中“2.从事房地产开发的纳税人清算适用”，申报“财产和行为税纳税申报表”；

（2）进行土地增值税清算申报的核定征收的纳税人填写“土地增值税税源明细表”中“3.从事房地产开发的纳税人按核定征收方式清算适用”，申报“财产和行为税纳税申报表”；

（3）整体转让在建工程的纳税人填写“土地增值税税源明细表”中“4.纳税人整体转让在建工程适用”，申报“财产和行为税纳税申报表”；

（4）预售许可证等与转让房地产的收入、成本和费用有关资料原件及复印件；

（5）房地产开发项目清算说明、项目竣工决算报表复印件、银行贷款利息结算通知单原件及复印件、项目工程合同结算单原件及复印件、商品房购销合同统计表、房地产销售明细表；

（6）取得土地使用权所支付的地价款凭证原件及复印件、国有土地使用权出让合同原件及复印件；

（7）主管税务机关要求报送的其他与土地增值税清算有关的证明资料等。

纳税人委托税务中介机构审核鉴证的清算项目，还应报送中介机构出具的“土地增值税清算税款鉴证报告”。

4.清算审核。根据《国家税务总局关于印发〈土地增值税清算管理规程〉的通知》（国税发〔2009〕91号），土地增值税清算审核包括案头审核、实地审核。案头审核，是指对纳税人报送的清算资料进行数据、逻辑审核，重点审核项目归集的一致性、数据计算准确性等。实地审核，是指在案头审核的基础上，通过对房地产开发项目实地查验等方式，对纳税人申报情况的客观性、真实性、合理性进行审核。清算审核时，应审核房地产开发项目是否以国家有关部门审批、备案的项目为单位进行清算；对于分期开发的项目，是否以分期项目为单位清算；对不同类型房地产是否分别计算增值额、增值率，缴纳土地增值税。具体关注以下内容：

（1）收入的审核。审核收入情况时，应结合销售发票、销售合同（含房管部门网上备案登记资料）、商品房销售（预售）许可证、房产销售分户明细表及其他有关资料，重点审核销售明细表、房地产销售面积与项目可售面积的数据关联性，以核实计税收入；对销售合同所载商品房面积与有关部门实际测量面积不一致，而发生补、退房款的收入调整情况进行审核；对销售价格进行评估，审核有无价格明显偏低情况。必要时，主管税务机关可通过实地查验，确认有无少计、漏计事项，确认有无将开发产品用于职工福利、奖励、对外投资、分配给股东或投资人、抵偿债务、换取其他单位和个人的非货币性资产等情况。

对于房地产开发企业将开发产品用于职工福利、奖励、对外投资、分配给股东或投资人、抵偿债务、换取其他单位和个人的非货币性资产等情形，发生所有权转移时应视同销售房地产，其收入按下列方法和顺序确认：

①按本企业在同一地区、同一年度销售的同类房地产的平均价格确定；

②由主管税务机关参照当地当年、同类房地产的市场价格或评估价值确定。

房地产开发企业将开发的部分房地产转为企业自用或用于出租等商业用途时，如果产权未发生转移，不征收土地增值税，在税款清算时不列收入，不扣除相应的成本和费用。

（2）扣除项目的审核。土地增值税扣除项目审核的内容包括：取得土地使用权所支付的金额；房地产开发成本，包括土地征用及拆迁补偿费、前期工程费、建筑安装工程费、基础设施费、公共配套设施费、开发间接费用；房地产开发费用；与转让房地产有关的税金；国家规定的其他扣除项目。

审核扣除项目是否符合下列要求：

①在土地增值税清算中，计算扣除项目金额时，其实际发生的支出应当取得但未取得合法凭据的不得扣除；

②扣除项目金额中所归集的各项成本和费用，必须是实际发生的；

③扣除项目金额应当准确地在各扣除项目中分别归集，不得混淆；

④扣除项目金额中所归集的各项成本和费用必须是在清算项目开发中直接发生的或应当分摊的；

⑤纳税人分期开发项目或者同时开发多个项目的，或者同一项目中建造不同类型房地产的，应按照受益对象，采用合理的分配方法，分摊共同的成本费用；

⑥对同一类事项，应当采取相同的会计政策或处理方法，会计核算与税务处理规定不一致的，以税务处理规定为准。

审核取得土地使用权支付金额和土地征用及拆迁补偿费时应当重点关注：同一宗土地有多个开发项目，是否予以分摊，分摊办法是否合理、合规，具体金额的计算是否正确；是否存在将房地产开发费用记入取得土地使用权支付金额以及土地征用及拆迁补偿费的情形；拆迁补偿费是否实际发生，尤其是支付给个人的拆迁补偿款、拆迁（回迁）合同和签收花名册或签收凭证是否一一对应。

审核前期工程费、基础设施费时应当重点关注：前期工程费、基础设施费是否真实发生，是否存在虚列情形；是否将房地产开发费用记入前期工程费、基础设施费；多个（或分期）项目共同发生的前期工程费、基础设施费，是否按项目合理分摊。

审核公共配套设施费时应当重点关注：公共配套设施的界定是否准确，公共配套设施费是否真实发生，有无预提的公共配套设施费情况；是否将房地产开发费用记入公共配套设施费；多个（或分期）项目共同发生的公共配套设施费，是否按项目合理分摊。

审核建筑安装工程费时应当重点关注：发生的费用是否与决算报告、审计报告、工程结算报告、工程施工合同记载的内容相符；房地产开发企业自购建筑材料时，自购建材费用是否重复计算扣除项目；参照当地当期同类开发项目单位平均建安成本或当地建设部门公布的单位定额成本，验证建筑安装工程费支出是否存在异常；房地产开发企业采用自营方式自行施工建设的，还应当关注有无虚列、多列施工人工费、材料费、机械使用费等情况；建筑安装发票是否在项目所在地税务机关开具。

审核开发间接费用时应当重点关注：是否存在将企业行政管理部门（总部）

为组织和管理生产经营活动而发生的管理费用记入开发间接费用的情形；开发间接费用是否真实发生，有无预提开发间接费用的情况，取得的凭证是否合法、有效。

审核利息支出时应当重点关注：是否将利息支出从房地产开发成本中调整至开发费用；分期开发项目或者同时开发多个项目的，其取得的一般性贷款的利息支出，是否按照项目合理分摊；利用闲置专项借款对外投资取得收益，其收益是否冲减利息支出。

（3）代收费用的审核。对于县级以上人民政府要求房地产开发企业在售房时代收的各项费用，审核其代收费用是否计入房价并向购买方一并收取；当代收费用计入房价时，审核有无将代收费用计入加计扣除以及房地产开发费用计算基数的情形。

（4）关联方交易行为的审核。在审核收入和扣除项目时，应重点关注关联企业交易是否按照公允价值和营业常规进行业务往来；关注企业大额应付款余额，审核交易行为是否真实。

纳税人委托中介机构审核鉴证的清算项目，主管税务机关应当采取适当方法对有关鉴证报告的合法性、真实性进行审核。对纳税人委托中介机构审核鉴证的清算项目，主管税务机关未采信或部分未采信鉴证报告的，应当告知其理由。土地增值税清算审核结束，主管税务机关应当将审核结果书面通知纳税人，并确定办理补、退税期限。

5. 相关税种衔接。《国家税务总局关于营改增后土地增值税若干征管规定的公告》（国家税务总局公告2016年第70号）规定，房地产开发企业在营改增后进行房地产开发项目土地增值税清算时，按以下方法确定相关金额：

（1）土地增值税应税收入＝营改增前转让房地产取得的收入＋营改增后转让房地产取得的不含增值税收入

（2）与转让房地产有关的税金＝营改增前实际缴纳的营业税、城建税、教育费附加＋营改增后允许扣除的城建税、教育费附加

《国家税务总局关于房地产开发企业土地增值税清算涉及企业所得税退税有关问题的公告》（国家税务总局公告2016年第81号）规定，企业按规定对开发项目进行土地增值税清算后，当年企业所得税汇算清缴出现亏损，且没有后续开发项目的，可以按规定计算出该项目由于土地增值税而导致的项目开发各年度多缴企业所得税税款，并申请退税。

（四）清算后尾盘销售

根据《国家税务总局关于房地产开发企业土地增值税清算管理有关问题的通知》（国税发〔2006〕187号），在土地增值税清算时未转让的房地产，清算后销售或有偿转让的，纳税人应按规定进行土地增值税的纳税申报，扣除项目金额按清算时的单位建筑面积成本费用乘以销售或转让面积计算：

单位建筑面积成本费用＝清算时的扣除项目总金额 ÷ 清算的总建筑面积

纳税人进行房地产项目尾盘销售土地增值税申报时，填写“土地增值税税源明细表”中“5.从事房地产开发的纳税人清算后尾盘销售适用”，申报“财产和行为税纳税申报表”。

（五）其他情况土地增值税申报

转让旧房及建筑物的纳税人，在签订房地产转让合同后的7日内，向房地产所在地主管税务机关填写“土地增值税税源明细表”中“6.转让旧房及建筑物的纳税人适用”，申报“财产和行为税纳税申报表”；转让旧房及建筑物的纳税人采用核定征收方式的，填写“土地增值税税源明细表”中“7.转让旧房及建筑物的纳税人核定征收适用”，申报“财产和行为税纳税申报表”；从事房地产开发的纳税人将开发产品转为自用、出租等用途且已达到主管税务机关旧房界定标准后，又将该旧房对外出售的，也按上述规则填报。

房地产所在地，是指房地产的坐落地。纳税人转让房地产坐落在两个或两个以上地区的，应按房地产所在地分别申报纳税。纳税人因经常发生房地产转让而难以在每次转让后申报的，经税务机关审核同意后，可以定期进行纳税申报，具体期限由税务机关根据情况确定。纳税人按照税务机关核定的税额及规定的期限缴纳土地增值税。

附：土地增值税税率（见表2.19）。

表 2.19 土地增值税税率

	税率	速算扣除系数
增值额未超过扣除项目金额 50%	30%	0%
增值额超过扣除项目金额 50%、未超过扣除项目金额 100%	40%	5%
增值额超过扣除项目金额 100%、未超过扣除项目金额 200%	50%	15%
增值额超过扣除项目金额 200%	60%	35%

三、房产税

房产税在城市、县城、建制镇和工矿区征收，由产权所有人缴纳，产权属于全民所有的，由经营管理的单位缴纳；产权出典的，由承典人缴纳；产权所有人、承典人不在房产所在地的，或者产权未确定及租典纠纷未解决的，由房产代管人或者使用人缴纳。房产税分从价计征与从租计征，从价计征的，依照房产余值计算缴纳的，税率为1.2%；从租计征的，依照房产租金收入计算缴纳的，税率为12%。

房产税按年征收、分期缴纳，纳税期限由省、自治区、直辖市人民政府规定。纳税人申报房产税，填报“财产和行为税纳税申报表”。

房产税纳税义务人在首次申报或税源信息变更时需填写“城镇土地使用税

房产税税源明细表”，房产税源明细信息分为“从价计征房产税明细”与“从租计征房产税税源明细”。房产税税源明细填报遵循“谁纳税谁申报”的原则，只要存在房产税纳税义务，就应当如实填报房产明细信息。在申报从租计征税源明细之前，必须申报从价计征税源明细信息。每一独立房产应当填写一张税源明细表，即：同一不动产权证（房屋所有权证）有多幢（个）房产的，每幢（个）房产填写一张表；无不动产权证（房屋所有权证）的房产，每幢（个）房产填写一张表，纳税人不得将多幢房产合并成一条记录填写。具体申报时，从价计征缴纳房产税的纳税人，还需提交不动产权属、房产原值等资料复印件；从租计征缴纳房产税的纳税人，还需提交不动产权属、租赁协议等资料复印件。

四、城镇土地使用税

在城市、县城、建制镇、工矿区范围内使用土地的单位和个人，为城镇土地使用税的纳税人。城镇土地使用税以纳税人实际占用的土地面积为计税依据，依照规定税额计算征收。

城镇土地使用税按年计算、分期缴纳，缴纳期限由省、自治区、直辖市人民政府确定。纳税人在规定的纳税期限内，填报“财产和行为税纳税申报表”及相关资料，向税务机关进行纳税申报缴纳城镇土地使用税。

城镇土地使用税纳税义务人在首次申报或税源信息变更时，需填写“城镇土地使用税 房产税税源明细表”，并提交不动产权属、土地面积、土地用途等资料复印件。纳税人应逐一申报全部土地的税源明细信息；地理位置、不动产权证号、宗地号、土地等级、土地用途等不相同的土地，应分别填表。每一宗土地填写一张表。同一宗土地跨两个土地等级的，按照不同等级分别填表。无不动产权证的，按照土地坐落地址分别填表。纳税人不得将多宗土地合并成一条记录填表。

土地使用税每平方米年税额如下：

1. 大城市1.5元至30元。

2. 中等城市1.2元至24元。

3. 小城市0.9元至18元。

4. 县城、建制镇、工矿区0.6元至12元。

五、契税

在中华人民共和国境内转移土地、房屋权属，承受的单位和个人为契税的纳税人。转移土地、房屋权属行为包括：土地使用权出让；土地使用权转让，包括出售、赠与、互换；房屋买卖、赠与、互换，以作价投资（入股）、偿还债务、划转、奖励等方式转移土地、房屋权属的，也属于契税征税范围。契税税率为3%~5%（具体适用税率，由省、自治区、直辖市人民政府在前款规定的税率幅度内提出，报同级人民代表大会常务委员会决定，并报全国人民代表大会常务委员会和国务院备案。省、自治区、直辖市可以依规定的程序对不同主体、不同地区、不同类型的住房的权属转移确定差别税率）。

契税的纳税义务发生时间，为纳税人签订土地、房屋权属转移合同的当日，或者纳税人取得其他具有土地、房屋权属转移合同性质凭证的当日。纳税人应当在依法办理土地、房屋权属登记手续前申报缴纳契税。纳税人办理纳税事宜后，税务机关应当开具契税完税凭证。纳税人办理土地、房屋权属登记，不动产登记机构应当查验契税完税、减免税凭证或者有关信息。未按照规定缴纳契税的，不动产登记机构不予办理土地、房屋权属登记。在依法办理土地、房屋权属登记前，权属转移合同、权属转移合同性质凭证不生效、无效、被撤销或者被解除的，纳税人可以向税务机关申请退还已缴纳的税款，税务机关应当依法办理。

纳税人申报契税，需向土地、房屋所在地税务机关填写“契税税源明细表”，申报“财产和行为税纳税申报表”，并提交不动产权属转移合同原件及复印件、发票原件及复印件、经办人身份证件原件及复印件等资料查验。享受契税优惠的，还需提交减免契税证明材料原件及复印件查验。根据《国家税务总局关于契税纳税申报有关问题的公告》（国家税务总局公告2015年第67号），根据人民法院、仲裁委员会的生效法律文书发生土地、房屋权属转移，纳税人不能取得销售不动产发票的，可持人民法院执行裁定书原件及相关材料办理契税纳税申报。购买新建商品房的纳税人在办理契税纳税申报时，由于销售新建商品房的房地产开发企业已办理注销税务登记或者被税务机关列为非正常户等原因，致使纳税人不能取得销售不动产发票的，税务机关在核实有关情况后应予受理。

另外，根据《国家税务总局关于加强房地产交易个人无偿赠与不动产税收管理有关问题通知》（国税发〔2006〕144号），对于个人无偿赠与不动产行为，应对受赠人全额征收契税，在缴纳契税和印花税时，纳税人须提交经税务机关审核并签字盖章的“个人无偿赠与不动产登记表”，税务机关（或其他征收机关）应在纳税人的契税和印花税完税凭证上加盖“个人无偿赠与”印章，在“个人无偿赠与不动产登记表”中签字并将该表格留存。税务机关应积极与房管部门沟通协调，争取房管部门对持有加盖“个人无偿赠与”印章契税完税凭证的个人，办理赠与产权转移登记手续，对未持有加盖“个人无偿赠与”印章契税完税凭证的个人，不予办理赠与产权转移登记手续。

六、房地产税收一体化信息报告

为推动房地产税收一体化管理向纵深发展，进一步提高房地产税收管理质效，国家税务总局出台《国家税务总局关于印发〈房地产税收一体化管理业务规程〉的通知》（国税发〔2007〕114号）文件。

房地产税收包括土地使用权取得和房地产开发、交易、保有等环节涉及的增值税、城市维护建设税、教育费附加、企业所得税、个人所得税、土地增值税、城镇土地使用税、房产税、城市房地产税、印花税、耕地占用税、契税等税种。房地产税收一体化管理，是以涉及房地产各税种日常管理为基础，通过各级税务与自然资源、住房建设、发改委、监察等部门协作，涉税信息共享，先税后证、以票控税、源泉控管，提高房地产税收管理的科学化、精细化、规范化水平，方便纳税人办理房地产涉税事项的重要举措。

房地产一体化税收管理主要包括：土地使用权取得环节税收管理、房地产开发环节税收管理、房产交易环节税收管理和房地产保有环节税收管理。

（一）土地使用权取得环节税收管理

土地使用权取得，包括从土地一级市场取得和从土地二级市场取得。本环节，契税征收机关在征收土地契税的同时，将采集的信息定期传递至土地属地税务机关，为税务机关向转让方征收相关税收提供比对信息，也为加强房地产开发企业和建筑安装企业的税收管理提供基础信息。

建立土地信息数据库，每条信息应包括如下数据项：

1.基本住处数据项：类别、级别、丘号、四至、面积等。

2.交易信息数据项：每次交易的时间，交易方式（出让或转让），交易面积，交易面积，交易价格，交易双方的名称、识别码，土地使用权出让（转让）合同号码等。

3.税收信息数据项：每次交易涉及的增值税、城市维护建设税、教育费附加、企业所得税（或个人所得税）、土地增值税、契税和印花税等税款的完税情况。

（二）房地产开发环节税收管理

主管税务机关充分利用土地使用权取得环节获取的土地信息、企业纳税申报信息等，建立房地产开发企业和建筑安装企业信息“一户式”存储数据库，为属地税务机关加强以工程项目为核算单位的房地产税收管理提供信息支持。

1.房地产开发企业不动产项目信息主要数据项。

（1）不动产项目基本信息：①不动产项目名称、编号、地址；②开发单位名称、纳税人识别码；③建设期工程项目名称、编号、容积率；④建设单位名称、纳税人识别码；⑤项目用途；⑥土地使用证发放单位和土地使用证编号；⑦规划许可证发放机关和规划许可证号码；⑧预（销）售许可发放单位和预（销）售许可证编号；⑨项目建筑面积、总投资、总造价；⑩项目开工时间、预计竣工时间、预计售房时间。

（2）不动产项目收入信息：①已施工面积；②已竣工面积；③可销售面积；④已销售面积、套数、单价；⑤已销售楼盘的名称等。

（3）不动产项目成本信息：①购地成本；②项目贷款总金额；③项目建设

承包企业名称；④项目承包金额等。

2.建筑安装企业工程项目信息主要数据项。

（1）工程项目基本信息：①建设单位名称、纳税人识别码；②施工单位名称、纳税人识别码、注册地址；③项目负责人及联系方式；④项目名称、编号、地址、用途；⑤项目开工时间、竣工时间；⑥计划建筑面积；⑦规划许可证发放机关和规划许可证编号；⑧施工许可证发放机关和施工许可证编号；⑨外出经营管理证发放单位和外出经营管理证编号。

（2）工程项目收入信息：①工程合同编号；②合同总金额；③发包单位拨款周期。

（3）工程项目成本信息：①分包单位及金额；②单位面积建筑成本等。

（4）工程项目税源分析指标主要数据项：①预计税款总额；②预计营业税额及进度；③预计所得税及进度；④预计其他税收额及进度；⑤税收管理员附注的其他数据等。

（三）房产交易环节税收管理

本环节，契税征收机关要利用从房管部门取得的信息，建立房屋信息数据库；通过契税“先税后证”的把手作用，堵塞税收漏洞。

建立房产信息数据库，包括的主要数据项：

1.房产基本信息，主要数据项为：房产所在地小区名称、幢号、门牌号、建筑时间、位置、楼层、面积、结构、用途、朝向等。

2.房产交易信息，主要数据项为：房产交易面积，交易方式（买卖、赠与、继承等），历史交易价格本次交易价格，核定的计税价格，交易双方名称、识别码（居民身份证号码）、联系方式等。

3.完税信息，主要数据项为：每次交易的增值税、城市维护建设税、教育费附加、个人所得税、土地增值税、印花税、契税等税款的交纳情况。

（四）保有环节税收管理

本环节主要涉及的税种有房产税、城镇土地使用税。本环节税收主管税务机关应定期从房屋交易环节取得“增量房销售信息表”和“存量房交易信息表”，可以据此调整售、购房企业的房产税税源信息，并利用这些信息加强房产税的管理。主管税务机关应定期从土地使用权取得环节取得“土地转让信息表”，可以据此调整售、购房企业的城镇土地使用税税源信息，并利用这些信息加强城镇土地使用税的管理。

（五）一体化信息报告

房地产税收一体化管理过程中，纳税人应在土地使用权取得、房地产开发、交易和保有等环节，向税务机关报告下列信息：

1.土地出（转）让信息报告：提交土地出让（转让）合同原件及复印件（查验后退回），不动产权属资料复印件。

2.税源申报明细报告：提交“税源申报明细报告表”。

3.增量房销售信息报告：提交“增量房销售信息表”，开发商与购房者初次签订购房合同的，还需提交房屋销售合同原件（查验后退回）。

4.存量房销售信息报告：提交“存量房销售信息表”，纳税人进行交易的存量房房产之前未进行过登记的，还需提交房屋转让合同复印件或不动产权属资料复印件。

七、税务管理

土地增值税、房产税、城镇土地使用税、契税申报数据及相关信息是房地产税收管理的数据基础，要注重前期管理，完善数据信息采集；同时，加强增值税、企业所得税、个人所得税等相关税种关联数据分析，集成住建、不动产登记、民政等部门数据信息，提升土地增值税（预征、清算）、契税、房产税等申报正确性。

实务中，土地增值税方面，可以房地产开发项目管理为落脚点，从纳税人取得土地使用权开始，按项目分别建立档案、设置台账，对纳税人项目立项、规划设计、施工、预售、竣工验收、工程结算、项目清盘等房地产开发全过程情况实行跟踪监控，做到税务管理与纳税人项目开发同步，对纳税人分期开发项目或者同时开发多个项目的，应督促纳税人根据清算要求按不同期间和不同项目合理归集有关收入、成本、费用。对纳税人分期开发项目或者同时开发多个项目的，可结合发票管理规定，对纳税人实施项目专用票据管理措施。严格控制土地增值税清算核定征收范围，严禁在清算中出现“一刀切”“以核定为主、一核了之”“求快图省”的做法。对符合核定征收规定，确需核定征收的，要严格按照税收法律法规的要求，通过向国土部门查询项目土地价格、参照当地建安造价标准等数据对项目情况进行具体的评估后，从严、从高确定核定征收率，核定征收率原则上不得低于5%。对于适用改制重组不征土地增值税政策的纳税人，要设立跨年度台账管理，关注其再次转让时相关扣除成本的计税基础是否正确。房产税方面，需关注租赁市场房产税是否足额准确申报，健全房产租金评估体系，与增值税、个人所得税联动，实时关注房产税纳税申报情况。

第七节 印花税

根据《中华人民共和国印花税暂行条例》，在中华人民共和国境内书立、领受印花税应纳税凭证的单位和个人，是印花税的纳税义务人。纳税人根据应纳税凭证的性质，分别按比例税率或者按件定额计算应纳税额。

2021年6月10日，《中华人民共和国印花税法》已由中华人民共和国第十三届全国人民代表大会常务委员会第二十九次会议通过，自2022年7月1日起施行。根据《印花税法》，在中华人民共和国境内书立应税凭证、进行证券交易的单位和个人，为印花税的纳税人，应当按规定缴纳印花税。在中华人民共和国境外书立在境内使用的应税凭证的单位和个人，应当按规定缴纳印花税。纳税人为境外单位或者个人，在境内有代理人的，以其境内代理人为扣缴义务人；在境内没有代理人的，由纳税人自行申报缴纳印花税，具体办法由国务院税务主管部门规定。证券登记结算机构为证券交易印花税的扣缴义务人，应当向其机构所在地的主管税务机关申报解缴税款以及银行结算的利息。印花税的纳税义务发生时间为纳税人书立应税凭证或者完成证券交易的当日。证券交易印花税扣缴义务发生时间为证券交易完成的当日。印花税按季、按年或者按次计征。实行按季、按年计征的，纳税人应当自季度、年度终了之日起15日内申报缴纳税款；实行按次计征的，纳税人应当自纳税义务发生之日起15日内申报缴纳税款。证券交易印花税按周解缴。证券交易印花税扣缴义务人应当自每周终了之日起5日内申报解缴税款以及银行结算的利息。

《印花税法》自2022年7月1日起施行，相关配套文件尚未出台。目前，根据《印花税暂行条例》及相关文件，关注以下事项。

一、自行申报

应纳税凭证应当于书立或者领受时贴足印花税票（以下简称“贴花”）。印花税由纳税人根据规定自行计算应纳税额，购买并一次足额贴花。同一种类应纳税凭证，需频繁贴花的，纳税人可以根据实际情况自行决定是否采用按期汇总缴纳印花税的方式，汇总缴纳的期限为一个月，采用按期汇总缴纳方式的纳税人应事先告知主管税务机关，缴纳方式一经选定，一年内不得改变。一份凭证应纳税额超过500元的，纳税人可以采取将税收缴款书、完税证明其中一联粘贴在凭证上或者由税务机关在凭证上加注完税标记代替贴花。实行核定征收印花税的，纳税期限为一个月，税额较小的，纳税期限可为一个季度，具体由主管税务机关确定，纳税人应当自纳税期满之日起15日内申报缴纳印花税。

纳税人填报“财产和行为税纳税申报表”“印花税税源明细表”办理印花税申报。

二、代扣代缴证券交易印花税

依据《财政部、国家税务总局关于调整证券（股票）交易印花税征收方式的通知》（财税明电〔2008〕2号）、《财政部、国家税务总局关于转让优先股有关证券（股票）交易印花税政策的通知》（财税〔2014〕46号）、《财政部、国家税务总局关于在全国中小企业股份转让系统转让股票有关证券（股票）交易印花税政策的通知》（财税〔2014〕47号）、《财政部、税务总局、证监会关于创新企业境内发行存托凭证试点阶段有关税收政策的公告》（财政部、国家税务总局、证监会公告2019年第52号）等文件规定，对买卖、继承、赠与所书立的A股、B股股权转让书据的出让方按千分之一的税率征收证券（股票）交易印花税，对受让方不再征税。在上海证券交易所、深圳证券交易所、全国中小企业股份转让系统买卖、继承、赠与优先股所书立的股权转让书据，以及在全国中小企业股份转让系统买卖、继承、赠与股票所书立的股权转让书据，按上述规定执行。自首只创新企业CDR（Chinese Depository Receipt）取得国务院证券监督管理机构的发行批文之日起3年内，在上海证券交易所、深圳证券交易所转让创新企业CDR，比照上述规定执行，即按照实际成交金额，由出让方按1‰的税率缴纳证券交易印花税。

《财政部、国家税务总局关于以上市公司股权出资有关证券（股票）交易印花税政策问题的通知》（财税〔2010〕7号）规定，投资人以其持有的上市公司股权进行出资而发生的股权转让行为，不属于证券（股票）交易印花税的征税范围，不征收证券（股票）交易印花税。

根据《国家税务总局关于加强证券交易印花税征收管理工作的通知》（国税发〔1997〕129号），在上海、深圳证券登记公司集中托管的股票，在办理法人协议转让和个人继承、赠与等非交易转让时，其证券交易印花税统一由上海、深圳证券登记公司按月填报“代扣代缴证券交易印花税报告表”，向税务机关办理代扣代缴证券交易印花税申报。

《国家税务总局关于证券交易印花税完税凭证有关问题的公告》（国家税务总局公告2014年第60号）规定，证券交易场所和证券登记结算机构扣缴证券交易印花税，应当在证券公司给参与集中交易的投资者开具的“成交过户交割凭单”（以下简称“交割单”）、证券登记结算机构或证券公司给办理非集中交易过户登记的投资者开具的“过户登记确认书”（以下简称“确认书”）中注明应予扣收税款的计税金额、税率和扣收税款的金额，交割单、确认书应加盖开具单位的相关业务章戳。已注明扣收税款信息的交割单、确认书可以作为纳税人已完税的证明。纳税人需要另外再开具正式完税凭证的，可以凭交割单或确认书，连同税务登记证副本或纳税人身份证明材料，向证券交易场所和证券登记结算机构所在地的主管税务机关要求开具“税收完税证明”。为保证纳税人依法取得正式完税凭证，证券交易场所和证券登记结算机构应当将扣缴证券交易印花税的纳税人明细信息及时报送主管税务机关。

三、税务管理

为进一步规范印花税管理，便利纳税人，国家税务总局在总结各地印花税征管工作经验，梳理存在问题，并广泛听取意见的基础上，出台《国家税务总局关于发布〈印花税管理规程（试行）〉的公告》（国家税务总局公告2016年第77号，以下简称《规程》），适用于除证券交易外的印花税有关管理事项。

根据该《规程》，纳税人应当如实提供、妥善保存印花税应纳税凭证（以下简称“应纳税凭证”）等有关纳税资料，统一设置、登记和保管“印花税应纳税凭证登记簿”（以下简称“登记簿”），及时、准确、完整记录应纳税凭证的书立、领受情况。登记簿的内容包括：应纳税凭证种类、应纳税凭证编号、凭证书立各方（或领受人）名称、书立（领受）时间、应纳税凭证金额、件数等。应纳税凭证保存期限按照《中华人民共和国税收征管法》的有关规定执行。税务机关可与银行、保险、工商、房地产管理等有关部门建立定期信息交换制度，利用相关信息加强印花税税源管理。

附：印花税税目税率表（见表2.20和表2.21）

表 2.20　　印花税税目税率表（《中华人民共和国印花税暂行条例》版）

	税目	范围	税率	纳税义务人	说明
1	购销合同	包括供应、预购、采购、购销结合及协作、调剂、补偿、易货等合同	按购销金额万分之三贴花	立合同人	
2	加工承揽合同	包括加工、定作、修缮、修理、印刷、广告、测绘、测试等合同	按加工或承揽收入万分之五贴花	立合同人	
3	建设工程勘察设计合同	包括勘察、设计合同	按收取费用万分之五贴花	立合同人	
4	建筑安装工程承包合同	包括建筑、安装工程承包合同	按承包金额万分之三贴花	立合同人	
5	财产租赁合同	包括租赁房屋、船舶、飞机、机动车辆、机械、器具、设备等	按租赁金额千分之一贴花。税额不足一元的按一元贴花	立合同人	
6	货物运输合同	包括民用航空、铁路运输、海上运输、内河运输、公路运输和联运合同	按运输费用万分之五贴花	立合同人	单据作为合同使用的，按合同贴花
7	仓储保管合同	包括仓储、保管合同	按仓储保管费用千分之一贴花	立合同人	仓单或栈单作为合同使用的，按合同贴花
8	借款合同	银行及其他金融组织和借款人（不包括银行同业拆借）所签订的借款合同	按借款金额万分之零点五贴花	立合同人	单据作为合同使用的，按合同贴花
9	财产保险合同	包括财产、责任、保证、信用等保险合同	按保险费收入的千分之一贴花	立合同人	单据作为合同使用的，按合同贴花
10	技术合同	包括技术开发、转让、咨询、服务等合同	按所载金额万分之三贴花	立合同人	
11	产权转移书据	包括财产所有权和版权、商标专用权、专利权、专有技术使用权等转移书据	按所载金额万分之五贴花	立据人	

续表

	税目	范围	税率	纳税义务人	说明
12	营业账簿生产经营用账册	生产经营用账册	自 2018 年 5 月 1 日起，对按万分之五税率贴花的资金账簿减半征收印花税，对按件贴花五元的其他账簿免征印花税。	立账簿人	
13	权利、许可证照	包括政府部门发给的房屋产权证、工商营业执照、商标注册证、专利证、土地使用证	按件贴花五元	领受人	

表 2.21　　印花税税目税率表（《中华人民共和国印花税法》版）

税目		税率	备注
合同（指书面合同）	借款合同	借款金额的万分之零点五	指银行业金融机构、经国务院银行业监督管理机构批准设立的其他金融机构与借款人（不包括同业拆借）的借款合同
	融资租赁合同	租金的万分之零点五	
	买卖合同	价款的万分之三	指动产买卖合同（不包括个人书立的动产买卖合同）
	承揽合同	报酬的万分之三	
	建设工程合同	价款的万分之三	
	运输合同	运输费用的万分之三	指货运合同和多式联运合同（不包括管道运输合同）
	技术合同	价款、报酬或者使用费的万分之三	不包括专利权、专有技术使用权转让书据
	租赁合同	租金的千分之一	
	保管合同	保管费的千分之一	
	仓储合同	仓储费的千分之一	
	财产保险合同	保险费的千分之一	不包括再保险合同
产权转移书据	土地使用权出让书据	价款的万分之五	转让包括买卖（出售）、继承、赠与、互换、分割
	土地使用权、房屋等建筑物和构筑物所有权转让（不包括土地承包经营权和土地经营权转移）	价款的万分之五	
	股权转让书据（不包括应缴纳证券交易印花税的）	价款的万分之五	
	商标专用权、著作权、专利权、专有技术使用权转让书据	价款的万分之三	

续表

税目	税率	备注
营业账簿	实收资本（股本）、资本公积合计金额的万分之二点五	
证券交易	成交金额的千分之一	

第八节　车辆购置税

在中华人民共和国境内购置（包括购买、进口、自产、受赠、获奖或者其他方式取得并自用应税车辆的行为）汽车、有轨电车、汽车挂车、排气量超过150毫升的摩托车（以下统称“应税车辆”）的单位和个人，为车辆购置税的纳税人。

一、纳税申报

车辆购置税一次性征收，实行一车一申报制度，应纳税额按照应税车辆的计税价格乘以税率（10%）计算。

（一）纳税义务发生时间

购买自用应税车辆的为购买之日，即车辆相关价格凭证的开具日期。进口自用应税车辆的为进口之日，即“海关进口增值税专用缴款书”或者其他有效凭证的开具日期。自产、受赠、获奖或者以其他方式取得并自用应税车辆的为取得之日，即合同、法律文书或者其他有效凭证的生效或者开具日期。已经办理免税、减税手续的车辆因转让、改变用途等原因不再属于免税、减税范围的，纳税义务发生时间为车辆转让或者用途改变等情形发生之日。

纳税人应当自纳税义务发生之日起60日内申报缴纳车辆购置税。

（二）申报地点

购置应税车辆的纳税人，应当到下列地点申报纳税：

1.需要办理车辆登记的，向车辆登记地的主管税务机关申报纳税。

2.不需要办理车辆登记的，单位纳税人向其机构所在地的主管税务机关申报纳税，个人纳税人向其户籍所在地或者经常居住地的主管税务机关申报纳税。

（三）申报资料

1.纳税人办理纳税申报时填报“车辆购置税纳税申报表”，同时提供车辆合格证明和车辆相关价格凭证。其中，车辆合格证明是指整车出厂合格证或者“车辆电子信息单”；车辆相关价格凭证是指：境内购置车辆为机动车销售统一发票或者其他有效凭证；进口自用车辆为“海关进口关税专用缴款书”或者海关进出口货物征免税证明，属于应征消费税车辆的还包括“海关进口消费税专用缴款书”。

为进一步深化“放管服”改革，优化纳税服务，国家税务总局出台《国家税务总局关于应用机动车销售统一发票电子信息办理车辆购置税业务的公告》（国家税务总局公告2020年第3号）。根据该文件，对开具机动车销售统一发票的应税车辆，自2020年2月1日起，在上海市、江苏省、浙江省、宁波市四个地区（以下简称“试点地区”）试点应用机动车销售统一发票电子信息（以下简称“发票电子信息”）办理车辆购置税业务；自2020年6月1日起，将应用发票电子信息办理车辆购置税业务的机制扩大到全国其他地区（以下简称“其他地区”）。试点地区自2020年2月1日起、其他地区自2020年6月1日起，纳税人购置应税车辆办理车辆购置税纳税申报时，以发票电子信息中的不含税价作为申报计税价格。纳税人依据相关规定提供其他有效价格凭证的情形除外。应税车辆存在多条发票电子信息或者没有发票电子信息的，纳税人应当持机动车销售统一发票、购车合同及其他能够反映真实交易的材料到税务机关办理车辆购置税纳税申报，按照购置应税车辆实际支付给销售方的全部价款（不包括增值税税款）申报纳税。发票电子信息与纳税人提供的机动车销售统一发票的内容不一致、纳税人提供的机动车销售统一发票已经作废或者开具了红字发票的，纳税人应换取合规的发票后申报纳税。

实施上述新机制：一是有利于保护纳税人的合法权益。税务机关通过信息化手段，借助不可篡改的机动车销售统一发票电子信息办理车辆购置税业务，堵塞了不法分子利用伪造变造其他守法车主的机动车销售统一发票相关信息谋取不法利益的管理漏洞，避免给纳税人带来潜在的法律纠纷，可以更好地保障纳税人的合法权益。二是有利于营造公平公正的税收环境。新机制可以有效避免不法人员使用虚假发票偷逃税款，可以更好地体现税收公平原则，维护税法的严肃性，营造公平公正的税收环境。三是有利于优化办税流程。新机制将自动生成车辆购置税纳税申报表，纳税人不再需要手工填写纳税申报表，可以更好地减轻纳税人的办税负担，避免纳税人因手工填写申报表可能出现的差错；同时税务机关可以更好地优化对疑似问题发票的查验流程，提高办税效率。

2.纳税人在办理车辆购置税免税、减税时，除提供上述资料外，还应当根据不同的免税、减税情形，分别提供相关资料的原件、复印件。

（1）外国驻华使馆、领事馆和国际组织驻华机构及其有关人员自用车辆，提供机构证明和外交部门出具的身份证明。

（2）城市公交企业购置的公共汽电车辆，提供所在地县级以上（含县级）交通运输主管部门出具的公共汽电车辆认定表。

（3）悬挂应急救援专用号牌的国家综合性消防救援车辆，提供中华人民共和国应急管理部批准的相关文件。

（4）回国服务的在外留学人员购买的自用国产小汽车，提供海关核发的

"中华人民共和国海关回国人员购买国产汽车准购单"。

（5）长期来华定居专家进口自用小汽车，提供国家外国专家局或者其授权单位核发的专家证或者A类和B类"外国人工作许可证"。

3.免税、减税车辆因转让、改变用途等原因不再属于免税、减税范围的，纳税人在办理纳税申报时，填报"车辆购置税纳税申报表"，另外，属于发生二手车交易行为的，提供二手车销售统一发票；属于其他情形的，按照相关规定提供申报材料。

二、信息交互

1.根据《国家税务总局、公安部关于应用车辆购置税电子完税信息办理车辆注册登记业务的公告》（国家税务总局、公安部公告2019年第18号），自2019年6月1日起，纳税人在全国范围内办理车辆购置税纳税业务时，税务机关不再打印和发放纸质车辆购置税完税证明。纳税人办理完成车辆购置税纳税业务后，在公安机关交通管理部门办理车辆注册登记时，不需向公安机关交通管理部门提交纸质车辆购置税完税证明。纳税人办理完成车辆购置税纳税业务（免税业务除外）的具体情形如下：纳税人到银行办理车辆购置税税款缴纳（转账或者现金）、由银行将税款缴入国库的，国库已传回"税收缴款书（银行经收专用）"联次；纳税人通过横向联网电子缴税系统等电子方式缴纳税款的，税款划缴已成功；纳税人在办税服务厅以现金方式缴纳税款的，主管税务机关已收取税款。纳税人申请注册登记的车辆识别代号信息与完税或者免税电子信息不符的，公安机关交通管理部门不予办理车辆注册登记。自2019年7月1日起，纳税人在全国范围内办理车辆购置税补税、完税证明换证或者更正等业务时，税务机关不再出具纸质车辆购置税完税证明。

纳税人如需纸质车辆购置税完税证明，可向主管税务机关提出，由主管税务机关打印"车辆购置税完税证明（电子版）"，亦可自行通过本省（自治区、直辖市和计划单列市）电子税务局等官方互联网平台查询和打印。

2.根据《国家税务总局关于车辆购置税征收管理有关事项的公告》（国家税务总局公告2019年第26号），纳税人名称、车辆厂牌型号、发动机号、车辆识别代号（车架号）、证件号码等应税车辆完税或者免税电子信息与原申报资料不一致的，纳税人可以到税务机关办理完税或者免税电子信息更正，但是不包括以下情形：

（1）车辆识别代号（车架号）和发动机号同时与原申报资料不一致。

（2）完税或者免税信息更正影响到车辆购置税税款。

（3）纳税人名称和证件号码同时与原申报资料不一致。

税务机关核实后，办理更正手续，重新生成应税车辆完税或者免税电子信息，并且及时传送给公安机关交通管理部门。

第三章

税款缴纳及退税管理

在税款缴纳环节，纳税人较多关注滞纳金能否减免、欠缴税款等事项。退税环节，一般分为汇算结算退税、减免税退税、误收退税、留抵退税等情形。

第一节 税款缴纳

纳税人、扣缴义务人应当在纳税申报或扣缴申报的截止日期之前完成申报并缴纳或解缴税款（相关纳税申报、扣缴申报期限详见第二章）。

一、滞纳金

根据《中华人民共和国税收征收管理法》第三十二条规定，纳税人未按照规定期限缴纳税款的，扣缴义务人未按照规定期限解缴税款的，税务机关除责令限期缴纳外，从滞纳税款之日起，按日加收滞纳税款万分之五的滞纳金。

目前，许多优惠政策由纳税人自行判断并享受，相关资料留存备查，在便利纳税人政策适用的同时，纳税人因政策理解有误而导致的滞纳金也是须关注的税收风险之一。一般情况下，纳税人未按期缴纳税款的，在实际缴纳税款时，系统自动计算并带出滞纳金。实务中，有以下几种情形可免于加收滞纳金。

（一）税务机关责任导致的未缴、少缴税款

因税务机关的责任，致使纳税人、扣缴义务人未缴或者少缴税款的，税务机关在3年内可以要求纳税人、扣缴义务人补缴税款，但是不得加收滞纳金。

（二）文件明确规定

例如，《国家税务总局关于纳税人善意取得虚开增值税专用发票已抵扣税款加收滞纳金问题的批复》（国税函〔2007〕1240号）规定，纳税人善意取得虚开的增值税专用发票被依法追缴已抵扣税款的，不属于税收征收管理法第三十二条“纳税人未按照规定期限缴纳税款”的情形，不适用该条“税务机关除责令限期缴纳外，从滞纳税款之日起，按日加收滞纳税款万分之五的滞纳金”的规定。

又如，《国家税务总局关于行政机关应扣未扣个人所得税问题的批复》（国税函〔2004〕1199号）第三条规定，按照《税收征管法》规定的原则，扣缴义务人应扣未扣税款，无论适用修订前还是修订后的《税收征管法》，均不得向纳税人或扣缴义务人加收滞纳金。

再如，《财政部、国家税务总局关于非居民个人和无住所居民个人有关个人所得税政策的公告》（财政部、国家税务总局公告2019年第35号）规定，无住所个人预先判定为居民个人，因缩短居住天数不能达到居民个人条件的，在不能达到居民个人条件之日起至年度终了15天内，应当向主管税务机关报告，按照非居民个人重新计算应纳税额，申报补缴税款，不加收税收滞纳金。无住所个人预计一个纳税年度境内居住天数累计不超过90天，但实际累计居住天数超过90天的，或者对方税收居民个人预计在税收协定规定的期间内境内停留天数

不超过183天，但实际停留天数超过183天的，待达到90天或者183天的月度终了后15天内，应当向主管税务机关报告，就以前月份工资薪金所得重新计算应纳税款，并补缴税款，不加收税收滞纳金。

（三）其他合理情形

有时，虽然文件未明确规定对于纳税人补缴的税款可免于加收滞纳金，但对于非纳税人因素造成的补缴税款，从税收合理的角度考虑，也可免征滞纳金。例如，房地产开发企业根据《国家税务总局关于房地产开发企业土地增值税清算涉及企业所得税退税有关问题的公告》（国家税务总局公告2016年第81号），对开发项目进行土地增值税清算后，当年企业所得税汇算清缴出现亏损，且没有后续开发项目的，按规定重新计算项目开发各年度应缴企业所得税税款时，如涉及以前年度补缴税款的，一般不予加收滞纳金。

二、加收利息

根据《中华人民共和国企业所得税法》及其实施条例，税务机关根据税收法律、行政法规的规定，对企业作出特别纳税调整的，应当对补征的税款，自税款所属纳税年度的次年6月1日起至补缴税款之日止的期间，按日加收利息。该利息按照税款所属纳税年度中国人民银行公布的与补税期间同期的人民币贷款基准利率加5个百分点计算。如企业按规定提供有关资料的，可以只按前述人民币贷款基准利率计算利息。

三、延期缴纳

根据《中华人民共和国税收征收管理法》第三十一条和《中华人民共和国税收征收管理法实施细则》第四十一条规定，纳税人存在以下情形，不能按期缴纳税款的，经省、自治区、直辖市税务机关批准，可以延期缴纳税款，但是最长不得超过3个月。

1.因不可抗力，导致纳税人发生较大损失，正常生产经营活动受到较大影响的。

2.当期货币资金在扣除应付职工工资、社会保险费后，不足以缴纳税款的。当期货币资金是指纳税人申请延期缴纳税款之日的资金余额，其中不含国家法律和行政法规明确规定企业不可动用的资金。应付职工工资是指当期计提数。需要注意的是，扣缴义务人不可申请延期解缴税款。

计划单列市税务机关可以参照上述规定，审批纳税人延期缴纳税款。

纳税人需要延期缴纳税款的，应当在缴纳税款期限届满前提出申请，并报送下列材料：申请延期缴纳税款报告，当期货币资金余额情况及所有银行存款账户的对账单，资产负债表，应付职工工资和社会保险费等税务机关要求提供的支出预算。

税务机关应当自收到申请延期缴纳税款报告之日起20日内作出批准或者不予批准的决定。不予批准的，从缴纳税款期限届满之日起加收滞纳金。

四、欠缴税款

欠税是指纳税人超过税收法律、行政法规规定的期限或者纳税人超过税务机关依照税收法律、行政法规规定确定的纳税期限未缴纳的税款，不含滞纳金和罚款。具体包括：办理纳税申报后，纳税人未在税款缴纳期限内缴纳的税款；经批准延期缴纳的税款期限已满，纳税人未在税款缴纳期限内缴纳的税款；税务检查已查定纳税人的应补税额，纳税人未在税款缴纳期限内缴纳的税款；税务机关根据《税收征管法》第二十七条、第三十五条核定纳税人的应纳税额，纳税人未在税款缴纳期限内缴纳的税款；纳税人的其他未在税款缴纳期限内缴纳的税款。

（一）欠税的责任主体

清偿欠税的责任主体，是纳税义务人或扣缴义务人。对于投资人承担有限责任的有限公司、股份公司、事业单位等法人单位，投资人对其投资企业的纳税义务不负有连带责任。无法清偿税款的，税务机关可对企业依法采取欠税追征措施；仍不能清偿的，可依据破产法规定，提请法院发起破产清算程序，而不应要求投资人缴纳欠税。需注意的是，根据《国家税务总局关于欠税追缴期限有关问题的批复》（国税函〔2005〕813号）规定，纳税人欠缴税款，税务机关应当依法追征，直至收缴入库，任何单位和个人不得豁免，税务机关追缴税款没有追征期的限制。《税收征管法》第五十二条有关追征期限的规定，是指因税务机关或纳税人的责任造成未缴或少缴税款在一定期限内未发现的，超过此期限不再追征。纳税人已申报或税务机关已查处的欠缴税款，税务机关不受该条追征期规定的限制，应当依法无限期追缴税款。

纳税人有合并、分立情形的，应当向税务机关报告，并依法缴清税款。纳税人合并时未缴清税款的，应当由合并后的纳税人继续履行未履行的纳税义务；纳税人分立时未缴清税款的，分立后的纳税人对未履行的纳税义务应当承担连带责任。

对于投资人承担无限责任的合伙企业（有限合伙人仍然承担有限责任）、个人独资企业、个体工商户，投资人需要对其投资企业欠税承担连带责任，税务机关有权要求投资人缴纳欠税。且对于生产经营项目的个人所得税，纳税义务人是投资人个人，而非企业，因此，合伙企业个人合伙人、个人独资企业投资人、个体工商户业主欠缴税款的，税务机关向个人追缴税款。

（二）欠税公告

根据《欠税公告办法（试行）》（国家税务总局令第9号），为了规范税务机关的欠税公告行为，督促纳税人自觉缴纳欠税，防止新的欠税的发生，保证国家税款的及时足额入库，县以上（含县）税务机关应当依法公告纳税人的欠税情况。

税务机关按期在办税场所或者广播、电视、报纸、期刊、网络等新闻媒体上公告纳税人的欠缴税款情况。企业或单位欠税的，每季公告一次；个体工商户和其他个人欠税的，每半年公告一次；走逃、失踪的纳税户以及其他经税务机关查无下落的非正常户欠税的，随时公告。

欠税公告的数额实行欠税余额和新增欠税相结合的办法，对纳税人的以下欠税，税务机关可不公告：已宣告破产，经法定清算后，依法注销其法人资格的企业欠税；被责令撤销、关闭，经法定清算后，被依法注销或吊销其法人资格的企业欠税；已经连续停止生产经营一年（按日历日期计算）以上的企业欠税；失踪两年以上的纳税人的欠税。

欠税公告包括以下内容：

1.企业或单位欠税的，公告企业或单位的名称、纳税人识别号、法定代表人或负责人姓名、居民身份证或其他有效身份证件号码、经营地点、欠税税种、欠税余额和当期新发生的欠税金额。

2.个体工商户欠税的，公告业户名称、业主姓名、纳税人识别号、居民身份证或其他有效身份证件号码、经营地点、欠税税种、欠税余额和当期新发生的欠税金额。

3.个人（不含个体工商户）欠税的，公告其姓名、居民身份证或其他有效身份证件号码、欠税税种、欠税余额和当期新发生的欠税金额。

公告机关在欠税公告前，应当深入、细致地对纳税人欠税情况进行确认，重点要就欠税统计清单数据与纳税人分户台账记载数据、账簿记载书面数据与信息系统记录电子数据逐一进行核对，确保公告数据的真实、准确。

欠税一经确定，公告机关应当以正式文书的形式签发公告决定，向社会公告。公告决定应当列为税收征管资料档案，妥善保存。

欠税发生后，税务机关应当依法催缴并严格按日计算加收滞纳金，直至采取税收保全、税收强制执行措施清缴欠税。欠税公告不能代替税收保全、税收强制执行等法定措施的实施，干扰清缴欠税。

扣缴义务人、纳税担保人的欠税公告参照上述规定执行。

第二节 退（抵）税

一、汇算结算退税

纳税人因汇算结算多缴税款的退（抵）税，常见情形如下：

（一）企业所得税汇算清缴退税

根据《中华人民共和国企业所得税法》，企业应当自月份或者季度终了之日起15日内，向税务机关报送预缴企业所得税纳税申报表，预缴税款；自年度终了之日起5个月内，向税务机关报送年度企业所得税纳税申报表，并汇算清缴，结清应缴应退税款。

（二）土地增值税清算涉及企业所得税退税

根据《国家税务总局关于房地产开发企业土地增值税清算涉及企业所得税退税有关问题的公告》（国家税务总局公告2016年第81号），企业按规定对开发项目进行土地增值税清算后，当年企业所得税汇算清缴出现亏损，且没有后续开发项目的，可以按规定计算出该项目由于土地增值税而导致的项目开发各年度多缴企业所得税税款，并申请退税。

（三）退房退还契税

根据《财政部、国家税务总局关于购房人办理退房有关契税问题的通知》（财税〔2011〕32号），对已缴纳契税的购房单位和个人，在未办理房屋权属变更登记前退房的，退还已纳契税；在办理房屋权属变更登记后退房的，不予退还已纳契税。

纳税人因汇算结算多缴税款需要退税的，填报“退（抵）税申请表”，并提交税务机关要求报送的相关资料。例如，在申请因土地增值税清算涉及的企业所得税退税时，需提交房地产企业是否存在后续开发项目的说明，房地产项目缴纳的土地增值税总额、项目销售收入总额、项目年度销售收入等资料。纳税人退税账户与原缴税账户不一致的，须另行提交资料，并经税务机关确认。

二、减免税退税

纳税人因适用减免税优惠政策，对已缴纳的税款可申请退税。

例如，根据《国家税务总局关于小微企业免征增值税和营业税有关问题的公告》（国家税务总局公告2014年第57号）、《国家税务总局关于小规模纳税人免征增值税征管问题的公告》（国家税务总局公告2021年第5号），增值税小规模纳税人月销售额不超过15万元（以1个季度为1个纳税期的，季度销售额未超过45万元）的，当期因代开增值税专用发票（含货物运输业增值税专用发票）已经缴纳的税款，在专用发票全部联次追回或者按规定开具红字专用发票后，可以向主管税务机关申请退还。

又如，根据《财政部、国家税务总局关于促进残疾人就业增值税优惠政策的通知》（财税〔2016〕52号）、《国家税务总局关于发布〈促进残疾人就业增值税优惠政策管理办法〉的公告》（国家税务总局公告2016年第33号），对安置残疾人的单位和个体工商户，由税务机关按纳税人安置残疾人的人数，限额即征即退增值税。纳税人申请退还增值税时，需报送“退（抵）税申请审批表”和“安置残疾人纳税人申请增值税退税声明”，当期为残疾人缴纳社会保险费凭证的复印件及由纳税人加盖公章确认的注明缴纳人员、缴纳金额、缴纳期间的明细表，当期由银行等金融机构或纳税人加盖公章的按月为残疾人支付工资的清单等资料。纳税人申请享受税收优惠政策，应对报送资料的真实性和合法性承担法律责任。主管税务机关对纳税人提供资料的完整性和增值税退税额计算的准确性进行审核。主管税务机关受理退税申请后，查询纳税人的纳税信用等级，对符合信用条件的，审核计算应退增值税额，并按规定办理退税。纳税人本期已缴增值税额小于本期应退税额不足退还的，可在本年度内以前纳税期已缴增值税额扣除已退增值税额的余额中退还，仍不足退还的可结转本年度内以后纳税期退还。年度已缴增值税额小于或等于年度应退税额的，退税额为年度已缴增值税额；年度已缴增值税额大于年度应退税额的，退税额为年度应退税额。年度已缴增值税额不足退还的，不得结转以后年度退还。

三、误收退税

《中华人民共和国税收征收管理法》第五十一条规定，纳税人超过应纳税额缴纳的税款，税务机关发现后应当立即退还；纳税人自结算缴纳税款之日起3年内发现的，可以向税务机关要求退还多缴的税款并加算银行同期存款利息，税务机关及时查实后应当立即退还；涉及从国库中退库的，依照法律、行政法规有关国库管理的规定退还。《中华人民共和国税收征收管理法实施细则》第七十八条规定，税务机关发现纳税人多缴税款的，应当自发现之日起10日内办理退还手续；纳税人发现多缴税款，要求退还的，税务机关应当自接到纳税人退还申请之日起30日内查实并办理退还手续。加算银行同期存款利息的多缴税款退税，不包括依法预缴税款形成的结算退税、出口退税和各种减免退税。退税利息按照税务机关办理退税手续当天中国人民银行规定的活期存款利率计算。

纳税人申请退税时，填报“退（抵）税申请表”，并提交完税费（缴款）凭证复印件、多缴税费证明资料等。

值得一提的是，《中华人民共和国印花税暂行条例施行细则》第二十四条规定，凡多贴印花税票者，不得申请退税或者抵用。该条规定的不予退税或抵用，针对的是贴花纳税情形，而不适用汇总缴纳纳税人，因为汇总缴纳纳税人不存在“多贴印花税票”的情形，可以申请多申报缴纳税款的退税。

四、留抵退税

（一）一般企业留抵退税

根据《财政部、国家税务总局、海关总署关于深化增值税改革有关政策的公告》（财政部、国家税务总局、海关总署公告2019年第39号），自2019年4月1日起，试行增值税期末留抵税额退税制度。《国家税务总局关于办理增值税期末留抵税额退税有关事项的公告》（国家税务总局公告2019年第20号）就留抵退税的相关事项做进一步明确。

1.需符合的条件。

同时符合以下条件的纳税人，可以向主管税务机关申请退还增量留抵税额。

（1）自2019年4月税款所属期起，连续6个月（按季纳税的，连续两个季度）增量留抵税额均大于零，且第6个月增量留抵税额不低于50万元。增量留抵税额，是指与2019年3月底相比新增加的期末留抵税额。对于2019年4月以后设立的纳税人，期末留抵税额即为增量留抵税额。

需要注意的是，连续6个月，并非一定是申请前的6个月，例如2019年4月至9月，增量留抵税额均大于0，且9月增量留抵税额大于50万元，则以后月份同时符合其他条件的，均可申请留抵退税。

纳税人取得退还的留抵税额后，应相应调减当期留抵税额。再次满足退税条件的，可以继续向主管税务机关申请退还留抵税额，但6个月的连续期间，不得重复计算。

（2）纳税信用等级为A级或者B级。根据《国家税务总局关于取消增值税扣税凭证认证确认期限等增值税征管问题的公告》（国家税务总局公告2019年第45号），纳税人适用增值税留抵退税政策，有纳税信用级别条件要求的，以纳税人向主管税务机关申请办理增值税留抵退税提交“退（抵）税申请表”时的纳税信用级别确定。

（3）申请退税前36个月未发生骗取留抵退税、出口退税或虚开增值税专用发票情形的。申请退税前企业成立时间不足36个月的，笔者认为以实际成立期间情况作判断。

（4）申请退税前36个月未因偷税被税务机关处罚两次及以上。

（5）自2019年4月1日起未享受即征即退、先征后返（退）政策的。根据《财政部、国家税务总局关于明确国有农用地出租等增值税政策的公告》（财政部、国家税务总局公告2020年第2号）规定，取得增值税留抵退税款的，不得再申请享受增值税即征即退、先征后返（退）政策。该公告发布之日前（2020年1月20日），纳税人已按照上述规定取得增值税留抵退税款的，在2020年6月30日前将已退还的增值税留抵退税款全部缴回，可以按规定享受增值税即征即退、先征后返（退）政策；否则，不得享受增值税即征即退、先征后返（退）政策。

2.退税金额的计算。

允许退还的增量留抵税额=增量留抵税额 × 进项构成比例 × 60%

（1）因纳税申报、稽查查补和评估调整等，造成期末留抵税额发生变化的，按最近一期“增值税纳税申报表（一般纳税人适用）”期末留抵税额确定允许退还的增量留抵税额。

纳税人既有增值税欠税，又有期末留抵税额的，按最近一期“增值税纳税申报表（一般纳税人适用）”期末留抵税额，抵减增值税欠税后的余额确定允许退还的增量留抵税额。

（2）进项构成比例，为2019年4月至申请退税前一税款所属期内已抵扣的增值税专用发票（含税控机动车销售统一发票）、海关进口增值税专用缴款书、解缴税款完税凭证注明的增值税额占同期全部已抵扣进项税额的比重。

根据国家税务总局公告2019年第45号文件规定，在计算允许退还的增量留抵税额的进项构成比例时，纳税人在2019年4月至申请退税前一税款所属期内按规定转出的进项税额，无须从已抵扣的增值税专用发票、机动车销售统一发票、海关进口增值税专用缴款书、解缴税款完税凭证注明的增值税额中扣减。

需要注意的是，转出进项税额在分子中不剔除，在分母中同样不剔除，但是直接未申报（而非先申报再转出）的进项税额，需要在分子、分母中作扣减。

全部已抵扣进项税额，包括购进农产品计算抵扣或核定抵扣的进项税额、购进农产品深加工加计抵扣的进项税、购进旅客运输服务计算抵扣的进项税额等依法申报抵扣的进项税，但不包括生产、生活性服务业纳税人加计抵减的税额。

纳税人再次满足退税条件的，可以继续向主管税务机关申请退还留抵税额，进项构成比例的计算，不剔除以前留抵退税计算的期间。

3.操作办法。

（1）纳税人申请办理留抵退税，应自符合留抵退税条件的次月起，在增值税纳税申报期（以下称“申报期”）内，完成本期增值税纳税申报后，通过电子税务局或办税服务厅提交“退（抵）税申请表”。

（2）税务机关按照“窗口受理、内部流转、限时办结、窗口出件”的原则办理留抵退税。税务机关应自受理申请之日起10个工作日内，对纳税人是否符合留抵退税条件、当期允许退还的增量留抵税额等进行审核确认，并向纳税人出具税务事项通知书，告知纳税人审核结果。

对符合留抵退税条件的，税务机关在完成退税审核后，开具税收收入退还书，直接送交同级国库办理退库。

（3）纳税人应在收到税务机关准予留抵退税的“税务事项通知书”当期，以税务机关核准的允许退还的增量留抵税额冲减期末留抵税额，并在办理增值税纳税申报时，相应填写“增值税纳税申报表附列资料（二）（本期进项税额明细）”第22栏“上期留抵税额退税”。

（4）税务机关在办理留抵退税期间，发现符合留抵退税条件的纳税人存在以下情形，暂停为其办理留抵退税：①存在增值税涉税风险疑点的；②被税务稽查立案且未结案的；③增值税申报比对异常未处理的；④取得增值税异常扣税凭证未处理的；⑤国家税务总局规定的其他情形。

上述增值税涉税风险疑点等情形已排除，且相关事项处理完毕后，按以下规定办理：纳税人仍符合留抵退税条件的，税务机关继续为其办理留抵退税，并自增值税涉税风险疑点等情形排除且相关事项处理完毕之日起5个工作日内完成审核，向纳税人出具准予留抵退税的“税务事项通知书”。

纳税人不再符合留抵退税条件的，不予留抵退税。税务机关应自增值税涉税风险疑点等情形排除且相关事项处理完毕之日起5个工作日内完成审核，向纳税人出具不予留抵退税的“税务事项通知书”。

（5）税务机关对增值税涉税风险疑点进行排查时，发现纳税人涉嫌骗取出口退税、虚开增值税专用发票等增值税重大税收违法行为的，终止为其办理留抵退税，并自作出终止办理留抵退税决定之日起5个工作日内，向纳税人出具终止办理留抵退税的“税务事项通知书”。

税务机关对纳税人涉嫌增值税重大税收违法行为核查处理完毕后，纳税人仍符合留抵退税条件的，可按照本公告的规定重新申请办理留抵退税。

4.附加税费的处理。

根据《财政部、国家税务总局关于增值税期末留抵退税有关城市维护建设税教育费附加和地方教育附加政策的通知》（财税〔2018〕80号）规定，为了保证增值税期末留抵退税政策有效落实，对实行增值税期末留抵退税的纳税人，允许其从城市维护建设税、教育费附加和地方教育附加的计税（征）依据中扣除退还的增值税税额。当期不足扣除的，应准予结转以后所属期扣除。

5.和出口退税的衔接。

由于出口退税同样可以退还进项税额，因此不可避免地带来了出口退税纳税人如何适用留抵退税政策，或者如何与出口退税的衔接问题。

（1）纳税人出口货物劳务、发生跨境应税行为，适用免抵退税办法的，办理免抵退税后，仍符合留抵退税规定的退税条件的，可以申请退还留抵税额。

适用免退税办法的，相关进项税额不得用于退还留抵税额，但是非出口业务取得的进项税额，可照章办理留抵税额退还。

（2）纳税人出口货物劳务、发生跨境应税行为，适用免抵退税办法的，可以在同一申报期内，既申报免抵退税又申请办理留抵退税。

申请办理留抵退税的纳税人，出口货物劳务、跨境应税行为适用免抵退税办法的，应当按期申报免抵退税。当期可申报免抵退税的出口销售额为零的，应办理免抵退税零申报。

（3）纳税人既申报免抵退税又申请办理留抵退税的，税务机关应先办理免抵退税。办理免抵退税后，纳税人仍符合留抵退税条件的，可再办理留抵退税。留抵退税10日的办结期限，自免抵退税应退税额核准之日起计算。

（4）纳税人在同一申报期既申报免抵退税又申请办理留抵退税的，或者在纳税人申请办理留抵退税时存在尚未经税务机关核准的免抵退税应退税额的，应待税务机关核准免抵退税应退税额后，按最近一期“增值税纳税申报表（一般纳税人适用）”期末留抵税额，扣减税务机关核准的免抵退税应退税额后的余额确定允许退还的增量留抵税额。税务机关核准的免抵退税应退税额，是指税务机关当期已核准，但纳税人尚未在“增值税纳税申报表（一般纳税人适用）”

第15栏“免、抵、退应退税额”中填报的免抵退税应退税额。

（5）在纳税人办理增值税纳税申报和免抵退税申报后、税务机关核准其免抵退税应退税额前，核准其前期留抵退税的，以最近一期“增值税纳税申报表（一般纳税人适用）”期末留抵税额，扣减税务机关核准的留抵退税额后的余额，计算当期免抵退税应退税额和免抵税额。

税务机关核准的留抵退税额，是指税务机关当期已核准，但纳税人尚未在“增值税纳税申报表附列资料（二）（本期进项税额明细）”第22栏“上期留抵税额退税”填报的留抵退税额。

6.法律责任。

纳税人以虚增进项、虚假申报或其他欺骗手段骗取留抵退税的，由税务机关追缴其骗取的退税款，根据《税收征收管理法》规定，作为偷税行为进行处理。纳税人采取隐瞒收入少计销项税额，导致产生留抵税额并退税的，作为隐瞒收入导致少缴税款的偷税行为进行处理。

7.示例。

（1）基本案情。

XY公司是同时从事出口和内销的生产企业，出口业务适用“免、抵、退”办法。纳税信用等级为A，从未发生骗取留抵退税、出口退税或虚开增值税专用发票、被税务机关处罚情形，也未享受即征即退、先征后返政策。2019年3月所属期的留抵税额为20万元。2019年4~12月留抵税额如下表所示（已扣除税务机关核准的免抵退应退税额）：

2019年4~12月留抵税额表　　单位：万元

4月	5月	6月	7月	8月	9月	10月	11月	12月
10	15	25	35	30	21	60	80	75

（2）要求。

①XY企业自哪一月份起符合留抵退税条件？

答：6月至11月连续6个月满足该条件，XY企业可以于12月增值税申报期内，向税务机关申请留抵退税。

②假设XY企业在2020年1月的增值税申报期内申请留抵退税，也申请了出口免抵退税。税务机关受理后，核准本期免抵退税额11万元（尚未在“增值税纳税申报表（一般纳税人适用）”第15栏“免、抵、退应退税额”中填报）。已知2019年4月至2019年12月，企业依法申报抵扣的转出前的进项税额如下：

增值税专用发票300万元，进口缴款书20万元，旅客运输服务电子发票5万元，农产品收购发票20万元（含加计抵扣的0.2万元），通行费电子发票3万元，代扣代缴增值税解缴税款10万元，由于购进货物用于职工福利转出进项税额5万元。此外，享受生产、生活性服务业纳税人加计抵减30万元，有60万元的增值税专用发票尚未认证申报抵扣。以上金额均为增值税税额。计算应退税额。

答：增量留抵税额=75−20=55（万元）

进项构成比例=（300+20+10）÷（300+20+5+20+3+10）=92.18%

允许退还的增量留抵税额=（55−11）×10 000×92.18%×60%=243 355（元）

③假设1月25日，税务机关出具了税务事项通知书，予以退税243 355元，所属期1月应纳税额10万元，则所属期1月的附加税费申报的计税依据是多少？

答：附加税费的计税依据=10−10=0（万元），剩余的143 355元结转以后月份，在计算附加税费时作扣除，企业应当建立台账准确核算结转情况。

（二）先进制造业留抵退税

根据《财政部、国家税务总局关于明确先进制造业增值税期末留抵退税政策的公告》（财政部、国家税务总局公告2021年第15号）、《国家税务总局关于明确先进制造业增值税期末留抵退税征管问题的公告》（国家税务总局公告2021年第10号），自2021年4月1日起，同时符合以下条件的先进制造业纳税人，可以自2021年5月及以后纳税申报期向主管税务机关申请退还增量留抵税额：

1.增量留抵税额大于零。

2.纳税信用等级为A级或者B级。

3.申请退税前36个月未发生骗取留抵退税、出口退税或虚开增值税专用发票情形。

4.申请退税前36个月未因偷税被税务机关处罚两次及以上。

5.自2019年4月1日起未享受即征即退、先征后返（退）政策。

先进制造业纳税人，是指按照《国民经济行业分类》，生产并销售“非金属矿物制品”“通用设备”“专用设备”“计算机、通信和其他电子设备”“医药”“化学纤维”“铁路、船舶、航空航天和其他运输设备”“电气机械和器材”“仪器仪表”销售额占全部销售额的比重超过50%的纳税人。上述销售额比重根据纳税人申请退税前连续12个月的销售额计算确定；申请退税前经营期不满12个月但满3个月的，按照实际经营期的销售额计算确定。

增量留抵税额，是指与2019年3月31日相比新增加的期末留抵税额。

先进制造业纳税人当期允许退还的增量留抵税额=增量留抵税额×进项构成比例

其中，进项构成比例，是指2019年4月至申请退税前一税款所属期内已抵扣的增值税专用发票（含税控机动车销售统一发票）、海关进口增值税专用缴款书、解缴税款完税凭证注明的增值税额占同期全部已抵扣进项税额的比重。

先进制造业纳税人按照本公告规定取得增值税留抵退税款的，不得再申请享受增值税即征即退、先征后返（退）政策，具体流程同上述“一般企业留抵退税”相关规定。

对于先进制造业留抵退税，可结合纳税人国民经济代码、开票数据（具体品目、金额等），关注企业相关销售收入占比是否符合文件规定，是否存在非先进制造业纳税人适用此政策。

（三）疫情防控重点保障物资生产企业留抵退税

根据《财政部、国家税务总局关于支持新型冠状病毒感染的肺炎疫情防控有关税收政策的公告》（财政部、国家税务总局公告2020年第8号），疫情防控重点保障物资生产企业可以按月向主管税务机关申请全额退还增值税增量留抵税额。增量留抵税额，是指与2019年12月底相比新增加的期末留抵税额。疫情防控重点保障物资生产企业名单，由省级及以上发展改革部门、工业和信息化部门确定。

疫情防控重点保障物资生产企业适用增值税增量留抵退税政策的，应当在增值税纳税申报期内，完成本期增值税纳税申报后，向主管税务机关申请退还增量留抵税额。

五、车辆购置税退税

根据《中华人民共和国车辆购置税法》第十五条规定，纳税人将已征车辆购置税的车辆退回车辆生产企业或者销售企业的，可以向主管税务机关申请退还车辆购置税。退税额以已缴税款为基准，自缴纳税款之日至申请退税之日，每满一年扣减百分之十。

《国家税务总局关于车辆购置税征收管理有关事项的公告》（国家税务总局公告2019年第26号）规定，已经缴纳车辆购置税的，纳税人向原征收机关申请退税时，应当如实填报车辆购置税退税申请表，提供纳税人身份证明，并区别不同情形提供相关资料：

1.车辆退回生产企业或者销售企业的，提供生产企业或者销售企业开具的退车证明和退车发票。

2.其他依据法律法规规定应当退税的，根据具体情形提供相关资料。

为进一步深化“放管服”改革，优化纳税服务，国家税务总局决定，对开具机动车销售统一发票的应税车辆，自2020年2月1日起，在上海市、江苏省、浙江省、宁波市四个地区试点应用机动车销售统一发票电子信息办理车辆购置税业务；自2020年6月1日起，将应用发票电子信息办理车辆购置税业务的机制扩大到全国其他地区。试点地区自2020年2月1日起、其他地区自2020年6月1日起，纳税人购置并已完税的应税车辆，纳税人申请车辆购置税退税时，税务机关核对纳税人提供的退车发票与发票电子信息无误后，按规定办理退税；核对不一致的，纳税人换取合规的发票后，依法办理退税申报；没有发票电子信息的，销售方向税务机关传输有效发票电子信息后，纳税人依法办理退税申报。

六、抵扣欠税

《中华人民共和国税收征收管理法实施细则》第七十九条规定，当纳税人既有应退税款又有欠缴税款的，税务机关可以将应退税款和利息先抵扣欠缴税款；抵扣后有余额的，退还纳税人。《国家税务总局关于应退税款抵扣欠缴税款有关问题的通知》（国税发〔2002〕150号）对应退税款抵扣欠缴税款事项做细化规定。

1.可以抵扣的应退税款限于下列各项税金和罚没款。

（1）减免（包括“先征后退”）应退税款；

（2）依法预缴税款形成的汇算和结算应退税款，未经汇算、结算的，预缴税款不得抵扣；

（3）误收应退税款、滞纳金、罚款及没收非法所得；

（4）其他应退税款、滞纳金和罚没款；

（5）误收和其他应退税款的应退利息。

2.可以抵扣的欠缴税款为下列各项欠缴税金。

（1）欠税；

（2）欠税应缴未缴的滞纳金；

（3）税务机关作出行政处罚决定，纳税人逾期不申请行政复议、不提起行政诉讼，又不履行的应缴未缴税收罚没款，或者纳税人在期限内直接要求抵扣应退税金的应缴未缴罚没款。

3.税务机关征退的教育费附加、社保费、文化事业建设费等非税收入不得与税收收入相互抵扣，但不同税种之间可以相互抵扣。

需要注意的是，对于扣缴义务人扣缴税款和其应纳税款之间不能相互抵扣，因为扣缴税款的纳税义务人和应纳税款的纳税义务人不一致，不能张冠李戴。例如，某公司欠缴增值税10万元，多扣缴工资薪金个人所得税5万元，不能用多扣缴的个税抵扣欠缴的增值税。

抵扣欠缴税款时，应按欠缴税款的发生时间逐笔抵扣，先发生的先抵扣。

4.当纳税人既有应退税款又有欠缴税款需要抵扣的，应由县或县以上税务机关填开“应退税款抵扣欠缴税款通知书”通知纳税人，并根据实际抵扣金额开具完税凭证。

确定实际抵扣金额时，按填开“应退税款抵扣欠缴税款通知书”的日期作为计算应退税款的应付利息的截止期，计算应付利息金额及应退税款总额；按填开“应退税款抵扣欠缴税款通知书”的日期作为计算欠缴税款的滞纳金的截止期，计算应缴未缴滞纳金金额及欠缴税款总额。若应退总额大于欠缴总额，按欠缴总额确定实际抵扣金额；若应退总额小于欠缴总额，按应退总额确定实际抵扣金额。

第四章

发票管理

发票领用、开具、抵扣、入账等与纳税人生产经营密切相关，是纳税人最为关注的涉税事项，关联着增值税、企业所得税、个人所得税、土地增值税等多个税种，虚开发票问题更是税务管理重点关注事项。随着发票电子化改革的推进，发票所包含的数据信息、发票全链条管理，成为“以数治税”的重要抓手。

第一节 发票领用

纳税人办理税务登记后需领用发票的，向主管税务机关申请办理发票领用手续。新办纳税人首次申领增值税发票主要包括发票票种核定、增值税专用发票（增值税税控系统）最高开票限额审批、增值税税控系统专用设备初始发行、发票领用等涉税事项。

一、发票票种核定

根据《中华人民共和国发票管理办法》第十五条规定，纳税人办理税务登记后需领用发票的，向主管税务机关申请办理发票领用手续。主管税务机关根据纳税人的经营范围和规模，确认领用发票的种类、数量、开票限额等事宜。已办理发票票种核定的纳税人，当前领用发票的种类、数量或者开票限额不能满足经营需要的，可以向主管税务机关提出调整。

根据《国家税务总局关于新办纳税人首次申领增值税发票有关事项的公告》（国家税务总局公告2018年第29号），同时符合下列条件的首次申领增值税发票的新办纳税人办理发票票种核定，增值税专用发票最高开票限额不超过10万元，每月最高领用数量不超过25份；增值税普通发票最高开票限额不超过10万元，每月最高领用数量不超过50份：

（1）纳税人的办税人员、法定代表人已经进行实名信息采集和验证（需要采集、验证法定代表人实名信息的纳税人范围由各省税务机关确定）；

（2）纳税人有开具增值税发票需求，主动申领发票；

（3）纳税人按照规定办理税控设备发行等事项。

《国家税务总局关于按照纳税信用等级对增值税发票使用实行分类管理有关事项的公告》（国家税务总局公告2016年第71号）规定，纳税信用A级的纳税人可一次领取不超过3个月的增值税发票用量，纳税信用B级的纳税人可一次领取不超过2个月的增值税发票用量。以上两类纳税人生产经营情况发生变化，需要调整增值税发票用量，手续齐全的，按照规定即时办理。

实务操作中，各省税务机关可以在上述范围内结合纳税人税收风险程度，自行确定新办纳税人首次申领增值税发票票种核定标准。

例如，广东省税务局对纳税人申领发票实施分级分类管理，根据《广东省税务局关于发布〈广东省纳税人申领增值税发票分类分级管理办法〉的公告》（广东省税务局公告2020年第6号），税务机关根据纳税人税收遵从度、税收风险程度等因素，经税收大数据分析识别，在申领发票环节，将纳税人分为ⅰ类、ⅱ类、ⅲ类。其中，ⅰ类纳税人，是指纳税信用等级评定为A级、B级，且经税收大数据分析识别暂未发现涉嫌存在虚开虚抵增值税发票风险的纳税人；ⅱ

类纳税人，是指除ⅰ类纳税人和ⅲ类纳税人以外的纳税人；ⅲ类纳税人，是指经税收大数据分析识别涉嫌存在虚开虚抵增值税发票风险的纳税人，或法定代表人、财务负责人等涉税人员在全国范围内关联多户涉嫌虚开风险企业，或存在涉嫌虚假申报等较高风险的纳税人。税务机关根据纳税人的生产经营情况核定其领用发票的种类，应用税收大数据分析识别结果核定其发票月领用数量和最高开票限额；对ⅰ类纳税人，按需供应发票，提供便捷纳税服务，一般情况下可一次供应2~3个月发票用量；对ⅱ类纳税人，正常供应发票，加强用票辅导服务，一般情况下可一次供应1个月发票用量；对ⅲ类纳税人，限制供应发票，税务机关加强风险提醒及事后监管。

具体办理时，纳税人填报纳税人领用发票票种核定表，提交加载统一社会信用代码的营业执照（或税务登记证、组织机构代码证等）原件（查验后退回），经办人身份证件原件（查验后退回）。

二、增值税专用发票（增值税税控系统）最高开票限额审批

纳税人在初次申请使用增值税专用发票以及变更增值税专用发票限额时，向主管税务机关申请办理增值税专用发票（增值税税控系统）最高开票限额审批，填报税务行政许可申请表、增值税专用发票最高开票限额申请单，提交经办人身份证件原件（查验后退回）。

根据《国家税务总局关于进一步简化税务行政许可事项办理程序的公告》（国家税务总局公告2019年第34号），税务机关办理对纳税人增值税专用发票（增值税税控系统）最高开票限额审批，自受理申请之日起10个工作日内作出行政许可决定，在上述时限内不能办结的，经税务机关负责人批准，可以延长5个工作日。

《国家税务总局关于简化增值税发票领用和使用程序有关问题的公告》（国家税务总局公告2014年第19号）规定，一般纳税人申请专用发票（包括增值税专用发票和货物运输业增值税专用发票，下同）最高开票限额不超过10万元的，主管税务机关不需事前进行实地查验。各省税务机关可在此基础上适当扩大不需事前实地查验的范围，实地查验的范围和方法由各省税务机关确定。

三、增值税税控系统专用设备初始发行

根据《国家税务总局关于修订〈增值税专用发票使用规定〉的通知》（国税发〔2006〕156号），纳税人在初次使用或重新领购增值税税控系统专用设备开具发票之前，需要税务机关对增值税税控系统专用设备进行初始化发行，将开票所需的下列信息载入增值税税控系统专用设备：企业名称；税务登记代码；开票限额；购票限量；购票人员姓名、密码；开票机数量；国家税务总局规定的其他信息。

四、发票领用

纳税人在发票票种核定的范围（发票的种类、领用数量、开票限额）内领用发票。

（一）即时办理

根据国家税务总局公告2018年第29号，同时满足下列条件的新办纳税人首次申领增值税发票，主管税务机关应当自受理申请之日起2个工作日内办结，有条件的主管税务机关当日办结：

1.纳税人的办税人员、法定代表人已经进行实名信息采集和验证（需要采集、验证法定代表人实名信息的纳税人范围由各省税务机关确定）。

2.纳税人有开具增值税发票需求，主动申领发票。

3.纳税人按照规定办理税控设备发行等事项。

（二）限量控制

对于实行纳税辅导期管理的增值税一般纳税人，领用增值税专用发票实行按次限量控制，可以根据纳税人的经营情况核定每次专用发票的供应数量，但每次发放专用发票数量不得超过25份。实行纳税辅导期管理的增值税一般纳税人，一个月内多次领用专用发票的，应从当月第二次领用专用发票起，按照上一次已领用并开具的专用发票销售额的3%预缴增值税，未预缴增值税的，主管税务机关不得向其发放专用发票。领用的专用发票未使用完而再次领用的，主管税务机关发放专用发票的份数不得超过核定的每次领用专用发票份数与未使用完的专用发票份数的差额。

纳税信用评价为D级的纳税人，增值税专用发票领用按辅导期一般纳税人政策办理，普通发票的领用实行交（验）旧供新、严格限量供应。

临时到本省、自治区、直辖市以外从事经营活动的单位或者个人，凭所在地税务机关的证明，向经营地税务机关领用经营地的发票。税务机关对外省（自治区、直辖市）来本辖区从事临时经营活动的单位和个人领用发票的，可以要求其提供保证人或者根据所领用发票的票面限额以及数量交纳不超过1万元的保证金，并限期缴销发票。按期缴销发票后，解除保证人的担保义务或者退还保证金。提供保证人或者交纳保证金的具体范围由省税务机关规定。

五、税务管理

发票领用管理的核心内容是最高开票限额和发票领购数量管理，前者属于行政许可，两者共同决定了企业一次可以开具发票的最大金额，密切关系虚开发票的管理。限制开票金额越小，犯罪分子违法成本越高，收益越小，虚开市场也就越小。问题在于，税务机关很多时候无法事先判断新办企业的真实性，如果广泛地降低最高开票限额或者领购数量，必然会误伤企业的正常经营活动，制约经济发展。

因此，税务机关对于发票领用管理采取“放”“管”结合，对于诚信经营的纳税人，尽可能便利其发票领用；对于存在税收风险的纳税人，实施严格管理。

一方面，合理满足纳税人发票使用需求。例如，《国家税务总局关于进一步做好纳税人增值税发票领用等工作的通知》（税总函〔2019〕64号）提出，各级税务机关不得简单按照纳税人所有制性质、所处行业、所在区域等因素，对纳税人领用发票进行不合理限制。要根据纳税人税收风险程度、纳税信用级别和实际经营情况，合理确定发票领用数量和最高开票限额，及时做好发票发放工作，保障纳税人正常生产经营。纳税人因实际经营情况发生变化提出增加发票领用数量和最高开票限额，经依法依规审核未发现异常的，主管税务机关要及时为纳税人办理“增版”“增量”。对纳税人增值税异常扣税凭证要依法依规进行认定和处理，除存在购销严重背离、虚假纳税申报、税务约谈两次无故不到等涉嫌虚开发票的情形外，不得限制纳税人开具发票。

另一方面，做好提示提醒并加强对风险纳税人的发票发放管理。税总函〔2019〕64号文件规定，纳税人在办理实名认证时，主管税务机关应及时对其法定代表人（业主、负责人）进行税法宣传，提示发票使用中存在的涉税风险，提醒发票违法违规需要承担的法律责任。《国家税务总局关于加强增值税发票数据应用防范税收风险的指导意见》（税总发〔2015〕122号）规定，对以下几类纳税人，主管税务机关可以严格控制其增值税专用发票（以下简称“专用发票”）发放数量及最高开票限额：“一址多照”、无固定经营场所的纳税人；纳税信用评价为D级的纳税人；其法人或财务负责人曾任非正常户的法人或财务负责人的纳税人；其他税收风险等级较高的纳税人。

发票使用风险提示提醒样例

尊敬的法定代表人（业主、负责人）：

您正在进行实名办税身份认证，实名认证后，将可以办理发票领用等涉税事项，也将承担相关法律责任。为了防止不法分子骗取、冒用、盗用您的身份信息，将您作为企业的法定代表人（业主、负责人），从事虚开发票等违法活动，现将发票使用有关风险提示提醒如下：

如果您作为法定代表人（业主、负责人）的企业虚开增值税专用发票或者虚开用于骗取出口退税、抵扣税款的其他发票，按照《中华人民共和国刑法》第二百零五条规定，对单位判处罚金，并对其直接负责的主管人员和其他直接责任人员，处三年以下有期徒刑或者拘役；虚开的税款数额较大或者有其他严重情节的，处三年以上十年以下有期徒刑；虚开的税款数额巨大或者有其他特别严重情节的，处十年以上有期徒刑或者无期徒刑。

如果您作为法定代表人（业主、负责人）的企业虚开《中华人民共和国刑法》第二百零五条规定以外的其他发票，情节严重的，对单位判处罚金，并对其直接负责的主管人员和其他直接责任人员，处二年以下有期徒刑、拘役或者管制；情节特别严重的，处二年以上七年以下有期徒刑。

如果您作为法定代表人（业主、负责人）的企业虚开发票并符合相关条件，税务部门将向社会公布并会同相关部门采取联合惩戒和管理措施。

第二节 发票开具

增值税发票有三类：增值税专用发票、增值税普通发票、机动车销售统一发票。根据《中华人民共和国发票管理办法》及其实施细则、《增值税发票开具指南》（税总货便函〔2017〕127号）、《国家税务总局关于增值税发票管理等有关事项的公告》（国家税务总局公告2019年第33号）、《国家税务总局关于开展网络平台道路货物运输企业代开增值税专用发票试点工作的通知》（税总函〔2019〕405号）、《国家税务总局、工业和信息化部、公安部关于发布〈机动车发票使用办法〉的公告》（国家税务总局、工业和信息化部、公安部公告2020年第23号）等文件，关注以下事项。

一、基本规定

增值税一般纳税人销售货物、提供加工修理修配劳务和发生应税行为，使用新系统（现为增值税发票管理系统）开具增值税专用发票、增值税普通发票、机动车销售统一发票、增值税电子普通发票。纳入新系统推行范围的小规模纳税人，使用新系统开具增值税普通发票、机动车销售统一发票、增值税电子普通发票。纳入增值税小规模纳税人自开增值税专用发票试点的小规模纳税人需要开具增值税专用发票的，可以通过新系统自行开具，主管国税机关不再为其代开。纳入增值税小规模纳税人自开增值税专用发票试点的小规模纳税人销售其取得的不动产，需要开具增值税专用发票的，仍须向地税机关申请代开。

销售商品、提供服务以及从事其他经营活动的单位和个人，对外发生经营业务收取款项，收款方应当向付款方开具发票；特殊情况下，由付款方向收款方开具发票。所有单位和从事生产、经营活动的个人在购买商品、接受服务以及从事其他经营活动支付款项，应当向收款方取得发票。取得发票时，不得要求变更品名和金额。

增值税纳税人购买货物、劳务、服务、无形资产或不动产，索取增值税专用发票时，须向销售方提供购买方名称（不得为自然人）、纳税人识别号或统一社会信用代码、地址电话、开户行及账号信息，不需要提供营业执照、税务登记证、组织机构代码证、开户许可证、增值税一般纳税人资格登记表等相关证件或其他证明材料。个人消费者购买货物、劳务、服务、无形资产或不动产，索取增值税普通发票时，不需要向销售方提供纳税人识别号、地址电话、开户行及账号信息，也不需要提供相关证件或其他证明材料。

购买方为企业的，索取增值税普通发票时，应向销售方提供纳税人识别号或统一社会信用代码。销售方为企业开具增值税普通发票时，应在“购买方纳税人识别号”栏填写购买方的纳税人识别号或统一社会信用代码。但是对于购买方为非企业性单位的，鉴于其一般不从事生产经营活动，其取得的增值税普通发票对税收安全的影响较小，因此，未强制要求填写购买方的纳税人识别号或统一社会信用代码。

纳税人应在发生增值税纳税义务时开具发票。

（一）发票开具要求

单位和个人在开具发票时，必须做到按照号码顺序填开，填写项目齐全，内容真实，字迹清楚，全部联次一次打印，内容完全一致，并在发票联和抵扣联加盖发票专用章。开具发票应当使用中文。民族自治地方可以同时使用当地通用的一种民族文字。使用新系统的增值税纳税人，应使用新系统选择相应的商品和服务税收分类与编码开具增值税发票。

1.增值税专用发票应按下列要求开具：

（1）项目齐全，与实际交易相符；

（2）字迹清楚，不得压线、错格；

（3）发票联和抵扣联加盖发票专用章；

（4）按照增值税纳税义务的发生时间开具。

不符合上列要求的增值税专用发票，购买方有权拒收。

2.任何单位和个人不得有下列虚开发票行为：为他人、为自己开具与实际经营业务情况不符的发票；让他人为自己开具与实际经营业务情况不符的发票；介绍他人开具与实际经营业务情况不符的发票。

3.一般纳税人有下列情形之一的，不得使用增值税专用发票：

（1）会计核算不健全，不能向税务机关准确提供增值税销项税额、进项税额、应纳税额数据及其他有关增值税税务资料的。上列其他有关增值税税务资料的内容，由省、自治区、直辖市和计划单列市国家税务局确定。

（2）应当办理一般纳税人资格登记而未办理的。

（3）有《中华人民共和国税收征收管理法》规定的税收违法行为，拒不接受税务机关处理的。

（4）有下列行为之一，经税务机关责令限期改正而仍未改正的：虚开增值税专用发票；私自印制增值税专用发票；向税务机关以外的单位和个人买取增值税专用发票；借用他人增值税专用发票；未按《增值税专用发票使用规定》第十一条开具增值税专用发票；未按规定保管增值税专用发票和专用设备；未按规定申请办理防伪税控系统变更发行；未按规定接受税务机关检查。

有上列情形的，如已领取增值税专用发票，主管税务机关应暂扣其结存的增值税专用发票和税控专用设备。

4.属于下列情形之一的，不得开具增值税专用发票：

（1）向消费者个人销售货物、提供应税劳务或者发生应税行为的。

（2）销售货物、提供应税劳务或者发生应税行为适用增值税免税规定的，法律、法规及国家税务总局另有规定的除外。

（3）部分适用增值税简易征收政策规定的：增值税一般纳税人的单采血浆站销售非临床用人体血液选择简易计税的；纳税人销售旧货，按简易办法依3%征收率减按2%征收增值税的；纳税人销售自己使用过的固定资产，适用按简易办法依3%征收率减按2%征收增值税政策的。

需要注意的是，纳税人销售自己使用过的固定资产，适用简易办法依照3%征收率减按2%征收增值税政策的，可以放弃减税，按照简易办法依照3%征收率缴纳增值税，并可以开具增值税专用发票。

（4）法律、法规及国家税务总局规定的其他情形。

纳税人应在互联网连接状态下在线使用新系统开具增值税发票，新系统可自动上传已开具的发票明细数据。纳税人因网络故障等无法在线开票的，在税务机关设定的离线开票时限和离线开具发票总金额范围内仍可开票，超限将无法开具发票。纳税人开具发票次月仍未连通网络上传已开具发票明细数据的，也将无法开具发票。纳税人需连通网络上传发票数据后方可开票，若仍无法连通网络的需携带专用设备到税务机关进行征期报税或非征期报税后方可开票。纳税人已开具未上传的增值税发票为离线发票。离线开票时限是指自第一份离线发票开具时间起开始计算可离线开具的最长时限。离线开票总金额是指可开具离线发票的累计不含税总金额，离线开票总金额按不同票种分别计算。纳税人离线开票时限和离线开票总金额的设定标准及方法由各省、自治区、直辖市和计划单列市国家税务局确定。按照有关规定不使用网络办税或不具备网络条件的特定纳税人，以离线方式开具发票，不受离线开票时限和离线开具发票总金额限制。

（二）发票丢失

纳税人丢失增值税专用发票的，按以下方法处理：

1.一般纳税人丢失已开具增值税专用发票的抵扣联，如果丢失前已认证相符的，可使用增值税专用发票发票联复印件留存备查；如果丢失前未认证的，可使用增值税专用发票发票联认证，增值税专用发票发票联复印件留存备查。

2.一般纳税人丢失已开具增值税专用发票的发票联，可将增值税专用发票抵扣联作为记账凭证，增值税专用发票抵扣联复印件留存备查。

3.一般纳税人丢失已开具增值税专用发票的发票联和抵扣联，如果丢失前已认证相符的，购买方可凭销售方提供的相应增值税专用发票记账联复印件及销售方主管税务机关出具的“丢失增值税专用发票已报税证明单”或“丢失货物运输业增值税专用发票已报税证明单”（以下统称“证明单”），作为增值税进项税额的抵扣凭证；如果丢失前未认证的，购买方凭销售方提供的相应增值税专用发票记账联复印件进行认证，认证相符的可凭增值税专用发票记账联复印件及销售方主管税务机关出具的证明单，作为增值税进项税额的抵扣凭证。增值税专用发票记账联复印件和证明单留存备查。

实务中，对于丢失增值税普通发票的，虽然不涉及增值税抵扣问题，但涉及企业所得税税前扣除凭证是否合规，一般情况下，对于丢失增值税普通发票的，可以凭发票记账联复印件（加盖销售方发票专用章）及其他合同、付款凭证等相关资料证实业务真实性。

（三）发票作废

纳税人在开具增值税专用发票当月，发生销货退回、开票有误等情形，收到退回的发票联、抵扣联符合作废条件的，按作废处理；开具时发现有误的，可即时作废。

作废增值税专用发票须在新系统中将相应的数据电文按“作废”处理，在纸质增值税专用发票（含未打印的增值税专用发票）各联次上注明“作废”字样，全联次留存。

同时具有下列情形的，为符合作废条件：

1.收到退回的发票联、抵扣联，且时间未超过销售方开票当月。

2.销售方未抄税且未记账。

3.购买方未认证，或者认证结果为“纳税人识别号认证不符”“增值税专用发票代码、号码认证不符”。

（四）开具红字发票

纳税人开具增值税专用发票后，发生销货退回、开票有误、应税服务中止等情形但不符合发票作废条件，或者因销货部分退回及发生销售折让，需要开具红字增值税专用发票的，按以下方法处理：

1.购买方取得增值税专用发票已用于申报抵扣的，购买方可在新系统中填开并上传“开具红字增值税专用发票信息表”（以下简称“信息表”），在填开信息表时不填写相对应的蓝字增值税专用发票信息，应暂依信息表所列增值税税额从当期进项税额中转出，待取得销售方开具的红字增值税专用发票后，与信息表一并作为记账凭证。

购买方取得增值税专用发票未用于申报抵扣、但发票联或抵扣联无法退回的，购买方填开信息表时应填写相对应的蓝字增值税专用发票信息。

销售方开具增值税专用发票尚未交付购买方，以及购买方未用于申报抵扣并将发票联及抵扣联退回的，销售方可在新系统中填开并上传信息表。销售方填开信息表时应填写相对应的蓝字增值税专用发票信息。

2.主管税务机关通过网络接收纳税人上传的信息表，系统自动校验通过后，生成带有“红字发票信息表编号”的信息表，并将信息同步至纳税人端系统中。

3.销售方凭税务机关系统校验通过的信息表开具红字增值税专用发票，在新系统中以销项负数开具。红字增值税专用发票应与信息表一一对应。

4.纳税人也可凭信息表电子信息或纸质资料到税务机关对信息表内容进行系统校验。

5.纳税人开具增值税普通发票后，如发生销货退回、开票有误、应税服务中止等情形但不符合发票作废条件，或者因销货部分退回及发生销售折让，需要开具红字发票的，应收回原发票并注明“作废”字样或取得对方有效证明。

纳税人需要开具红字增值税普通发票的，可以在所对应的蓝字发票金额范围内开具多份红字发票。

二、代开

（一）代开发票范围

1.已办理税务登记的小规模纳税人（包括个体工商户）以及国家税务总局确定的其他可予代开增值税专用发票的纳税人，发生增值税应税行为，可以申请代开增值税专用发票。

2.有下列情形之一的，可以向税务机关申请代开增值税普通发票：

（1）被税务机关依法收缴发票或者停止发售发票的纳税人，取得经营收入需要开具增值税普通发票的；

（2）正在申请办理税务登记的单位和个人，对其自领取营业执照之日起至取得税务登记证件期间发生的业务收入需要开具增值税普通发票的；

（3）应办理税务登记而未办理的单位和个人，主管税务机关应当依法予以处理，并在补办税务登记手续后，对其自领取营业执照之日起至取得税务登记证件期间发生的业务收入需要开具增值税普通发票的；

（4）依法不需要办理税务登记的单位和个人，临时取得收入，需要开具增值税普通发票的。

（二）代开发票种类

税务机关使用新系统代开增值税专用发票和增值税普通发票。代开增值税专用发票使用六联票，代开增值税普通发票使用五联票。税务机关代开发票部门通过新系统代开增值税发票，系统自动在发票上打印“代开”字样。

（三）未达起征点的小规模纳税人

增值税小规模纳税人月销售额不超过15万元（按季纳税45万元）的，当期因代开增值税专用发票（含货物运输业增值税专用发票）已经缴纳的税款，在增值税专用发票全部联次追回或者按规定开具红字增值税专用发票后，可以向主管税务机关申请退还。

（四）备注栏盖章

增值税纳税人应在代开增值税专用发票的备注栏上，加盖本单位的发票专用章（为其他个人代开的特殊情况除外）。税务机关在代开增值税普通发票以及为其他个人代开增值税专用发票的备注栏上，加盖税务机关代开发票专用章。

（五）网络平台道路货物运输企业代开增值税专用发票

为进一步优化纳税服务，提高货物运输业小规模纳税人使用增值税专用发票的便利性，自2020年1月1日起，在全国范围内开展网络平台道路货物运输企业代开增值税专用发票试点。

1.代开需符合的条件。经国家税务总局各省、自治区、直辖市和计划单列市税务局（以下称“各省税务局”）批准，纳入试点的网络平台道路货物运输企业（以下称“试点企业”）可以为同时符合以下条件的货物运输业小规模纳税人（以下称“会员”）代开增值税专用发票，并代办相关涉税事项：

（1）在中华人民共和国境内提供公路货物运输服务，取得“中华人民共和国道路运输经营许可证”和“中华人民共和国道路运输证”。以4.5吨及以下普通货运车辆从事普通道路货物运输经营的，无须取得“中华人民共和国道路运输经营许可证”和“中华人民共和国道路运输证”。

（2）以自己的名义对外经营，并办理了税务登记（包括临时税务登记）。

（3）未做增值税专用发票票种核定。

（4）注册为该平台会员。

2.试点企业的条件。试点企业应当同时符合以下条件：

（1）按照《交通运输部　国家税务总局关于印发〈网络平台道路货物运输经营管理暂行办法〉的通知》（交运规〔2019〕12号）规定，取得经营范围中注明“网络货运”的“道路运输经营许可证”。

（2）具备与开展业务相适应的相关线上服务能力，包括信息数据交互及处理能力，物流信息全程跟踪、记录、存储、分析能力，实现交易、运输、结算等各环节全过程透明化动态管理，对实际承运驾驶员和车辆的运输轨迹实时展示，并记录含有时间和地理位置信息的实时运输轨迹数据。

（3）与省级交通运输主管部门建立的网络货运信息监测系统实现有效对接，按照要求完成数据上传。

（4）对会员相关资质进行审查，保证提供运输服务的实际承运车辆具备合法有效的营运证，驾驶员具有合法有效的从业资格证。

试点企业代开增值税专用发票不得收取任何费用，否则将取消其试点企业资格。

3.专用发票的开具。试点企业按照以下规定为会员代开增值税专用发票：

（1）仅限于为会员通过本平台承揽的货物运输服务代开增值税专用发票。

（2）应与会员签订委托代开增值税专用发票协议。协议范本由各省税务局制定。

（3）使用自有增值税发票税控开票软件，按照3%的征收率代开增值税专用发票，并在发票备注栏注明会员的纳税人名称、纳税人识别号、起运地、到达地、车种车号以及运输货物信息。如内容较多可另附清单。

（4）代开增值税专用发票的相关栏次内容，应与会员通过本平台承揽的运输服务，以及本平台记录的物流信息保持一致。平台记录的交易、资金、物流等相关信息应统一存储，以备核查。

（5）试点企业接受会员提供的货物运输服务，不得为会员代开专用发票。试点企业可以按照《货物运输业小规模纳税人申请代开增值税专用发票管理办法》（国家税务总局公告2017年第55号发布）的相关规定，代会员向试点企业主管税务机关申请代开专用发票。

4.涉税事项的办理。

（1）试点企业代开增值税专用发票应当缴纳的增值税，由试点企业按月代会员向试点企业主管税务机关申报缴纳，并将完税凭证转交给会员。

（2）试点企业办理增值税纳税申报时，代开增值税专用发票对应的收入不属于试点企业的增值税应税收入，无须申报。试点企业应按月将代开增值税专用发票和代缴税款情况向主管税务机关报备，具体报备的有关事项由各省税务局确定。

（3）会员应按照其主管税务机关核定的纳税期限，按规定计算增值税应纳税额，抵减已由试点企业代为缴纳的增值税后，向主管税务机关申报纳税。

三、汇总开具

1.一般纳税人销售货物、提供加工修理修配劳务和发生应税行为可汇总开具增值税专用发票。汇总开具增值税专用发票的，同时使用新系统开具“销售货物或者提供应税劳务清单”，并加盖发票专用章。

2.采取汇总纳税的金融机构，省、自治区所辖地市以下分支机构可以使用地市级机构统一领取的增值税专用发票、增值税普通发票、增值税电子普通发票；直辖市、计划单列市所辖区县及以下分支机构可以使用直辖市、计划单列市机构统一领取的增值税专用发票、增值税普通发票、增值税电子普通发票。

3.接受税务机关委托代征税款的保险企业，向个人保险代理人支付佣金费用后，可代个人保险代理人统一向主管国税机关申请汇总代开增值税普通发票或增值税专用发票。保险企业代个人保险代理人申请汇总代开增值税发票时，应向主管国税机关出具个人保险代理人的姓名、身份证号码、联系方式、付款时间、付款金额、代征税款的详细清单。保险企业应将个人保险代理人的详细信息，作为代开增值税发票的清单，随发票入账。主管国税机关为个人保险代理人汇总代开增值税发票时，应在备注栏内注明“个人保险代理人汇总代开”字样。

证券经纪人、信用卡和旅游等行业的个人代理人比照上述规定执行。

四、特殊规定

1.提供建筑服务，纳税人自行开具或者税务机关代开增值税发票时，应在发票的备注栏注明建筑服务发生地县（市、区）名称及项目名称。

小规模纳税人提供建筑服务，应以取得的全部价款和价外费用扣除支付的分包款后的余额为销售额，按照3%的征收率计算应纳税额。

小规模纳税人跨县（市、区）提供建筑服务，不能自行开具增值税发票的，可向建筑服务发生地主管国税机关按照其取得的全部价款和价外费用申请代开增值税发票。

2.销售不动产，纳税人自行开具或者税务机关代开增值税发票时，应在发票“货物或应税劳务、服务名称”栏填写不动产名称及房屋产权证书号码（无房屋产权证书的可不填写），“单位”栏填写面积单位，备注栏注明不动产的详细地址。

3.一般纳税人销售自行开发的房地产项目，自行开具增值税发票。一般纳税人销售自行开发的房地产项目，其2016年4月30日前收取并已向主管地税机关申报缴纳营业税的预收款，未开具营业税发票的，可以开具增值税普通发票，不得开具增值税专用发票。一般纳税人向其他个人销售自行开发的房地产项目，不得开具增值税专用发票。

小规模纳税人销售自行开发的房地产项目，自行开具增值税普通发票。购买方需要增值税专用发票的，小规模纳税人向主管国税机关申请代开。小规模纳税人销售自行开发的房地产项目，其2016年4月30日前收取并已向主管地税机关申报缴纳营业税的预收款，未开具营业税发票的，可以开具增值税普通发票，不得申请代开增值税专用发票。小规模纳税人向其他个人销售自行开发的房地产项目，不得申请代开增值税专用发票。

4.金融商品转让，不得开具增值税专用发票。

保险机构作为车船税扣缴义务人，在代收车船税并开具增值税发票时，应在增值税发票备注栏中注明代收车船税税款信息。具体包括：保险单号、税款所属期（详细至月）、代收车船税金额、滞纳金金额、金额合计等。该增值税发票可作为纳税人缴纳车船税及滞纳金的会计核算原始凭证。为自然人提供的保险服务不得开具增值税专用发票，可以开具增值税普通发票。

5.纳税人提供旅游服务，可以选择以取得的全部价款和价外费用，扣除向旅游服务购买方收取并支付给其他单位或者个人的住宿费、餐饮费、交通费、签证费、门票费和支付给其他接团旅游企业的旅游费用后的余额为销售额。按此计算销售额的纳税人，向旅游服务购买方收取并支付的上述费用，不得开具增值税专用发票，可以开具增值税普通发票。

6.教育部考试中心及其直属单位代为收取并支付给境外单位的考试费，不得开具增值税专用发票，可以开具增值税普通发票。

7.个人出租住房，应按照5%的征收率减按1.5%计算应纳税额。纳税人自行开具或者税务机关代开增值税发票时，通过新系统中征收率减按1.5%征收开票功能，录入含税销售额，系统自动计算税额和不含税金额，发票开具不应与其他应税行为混开。

8.提供物业管理服务的纳税人，向服务接受方收取的自来水水费，以扣除其对外支付的自来水水费后的余额为销售额，按照简易计税办法依3%的征收率计算缴纳增值税。纳税人可以按3%向服务接受方开具增值税专用发票或增值税普通发票。

9.纳税人提供劳务派遣服务，选择差额纳税的，向用工单位收取用于支付给劳务派遣员工工资、福利和为其办理社会保险及住房公积金的费用，不得开具增值税专用发票，可以开具增值税普通发票。

纳税人提供安全保护服务，比照劳务派遣服务政策执行。

10.纳税人提供人力资源外包服务，向委托方收取并代为发放的工资和代理缴纳的社会保险、住房公积金，不得开具增值税专用发票，可以开具增值税普通发票。

11.经纪代理服务，以取得的全部价款和价外费用，扣除向委托方收取并代为支付的政府性基金或者行政事业性收费后的余额为销售额。向委托方收取并代为支付的政府性基金或者行政事业性收费不得开具增值税专用发票，但可以开具增值税普通发票。

12.纳税人提供签证代理服务，以取得的全部价款和价外费用，扣除向服务接受方收取并代为支付给外交部和外国驻华使（领）馆的签证费、认证费后的余额为销售额。纳税人向服务接受方收取并代为支付的签证费、认证费，不得开具增值税专用发票，可以开具增值税普通发票。

13.纳税人代理进口按规定免征进口增值税的货物，其销售额不包括向委托方收取并代为支付的货款。向委托方收取并代为支付的款项，不得开具增值税专用发票，可以开具增值税普通发票。

14.纳税人提供货物运输服务，使用增值税专用发票和增值税普通发票，开具发票时应将起运地、到达地、车种车号以及运输货物信息等内容填写在发票备注栏中，如内容较多可另附清单。

铁路运输企业受托代征的印花税款信息，可填写在发票备注栏中。中国铁路总公司及其所属运输企业（含分支机构）提供货物运输服务，可自2015年11月1日起使用增值税专用发票和增值税普通发票，所开具的铁路货票、运费杂费收据可作为发票清单使用。

15.纳税人或者税务机关通过新系统中差额征税开票功能开具增值税发票时，录入含税销售额（或含税评估额）和扣除额，系统自动计算税额和不含税金额，备注栏自动打印“差额征税”字样，发票开具不应与其他应税行为混开。

16.纳税人通过新系统使用增值税普通发票开具收购发票，系统在发票左上角自动打印“收购”字样。

17.从事稀土产品生产、商贸流通的增值税一般纳税人必须通过新系统开具增值税专用发票和增值税普通发票。销售稀土产品必须开具增值税专用发票，增值税专用发票的“货物或应税劳务”栏内容通过系统中的稀土产品目录库选择，“单位”栏选择公斤或吨，“数量”栏按照折氧化物计量填写，系统在发票左上角自动打印“xt”字样。销售稀土产品以及其他货物或应税劳务，应当分别开具发票。销售稀土矿产品和稀土冶炼分离产品也应当分别开具发票，不得在同一张发票上混开。另外，稀土企业不得汇总开具增值税专用发票。

18.预付卡业务发票开具规定。

（1）单用途商业预付卡（以下简称“单用途卡”）业务按照以下规定执行：

①单用途卡发卡企业或者售卡企业（以下统称“售卡方”）销售单用途卡，或者接受单用途卡持卡人充值取得的预收资金，不缴纳增值税。售卡方可按照规定，向购卡人、充值人开具增值税普通发票，不得开具增值税专用发票。

②持卡人使用单用途卡购买货物或服务时，货物或者服务的销售方应按照现行规定缴纳增值税，且不得向持卡人开具增值税发票。

③销售方与售卡方不是同一个纳税人的，销售方在收到售卡方结算的销售款时，应向售卡方开具增值税普通发票，并在备注栏注明“收到预付卡结算款”，不得开具增值税专用发票。

售卡方从销售方取得的增值税普通发票，作为其销售单用途卡或接受单用途卡充值取得预收资金不缴纳增值税的凭证，留存备查。

（2）支付机构预付卡（以下简称“多用途卡”）业务按照以下规定执行：

①支付机构销售多用途卡取得的等值人民币资金，或者接受多用途卡持卡人充值取得的充值资金，不缴纳增值税。支付机构可按照规定，向购卡人、充值人开具增值税普通发票，不得开具增值税专用发票。

②持卡人使用多用途卡，向与支付机构签署合作协议的特约商户购买货物或服务，特约商户应按照现行规定缴纳增值税，且不得向持卡人开具增值税发票。

③特约商户收到支付机构结算的销售款时，应向支付机构开具增值税普通发票，并在备注栏注明“收到预付卡结算款”，不得开具增值税专用发票。

支付机构从特约商户取得的增值税普通发票，作为其销售多用途卡或接受多用途卡充值取得预收资金不缴纳增值税的凭证，留存备查。

（3）发售加油卡、加油凭证销售成品油的纳税人在发售加油卡或加油凭证时可开具普通发票，如购油单位要求开具增值税专用发票，待用户凭卡或加油凭证加油后，根据加油卡或加油凭证回笼记录，向购油单位开具增值税专用发票。接受加油卡或加油凭证销售成品油的单位与预售单位结算油款时，接受加油卡或加油凭证销售成品油的单位根据实际结算的油款向预售单位开具增值税专用发票。

19.不征收增值税项目发票开具规定。

（1）商品和服务税收分类与编码的“6未发生销售行为的不征税项目”，用于纳税人收取款项但未发生销售货物、应税劳务、服务、无形资产或不动产的情形。

（2）“未发生销售行为的不征税项目”下设601“预付卡销售和充值”、602“销售自行开发的房地产项目预收款”、603“已申报缴纳营业税未开票补开票”、604“代收印花税”、605“代收车船使用税”、606“融资性售后回租承租方出售资产”、607“资产重组涉及的不动产”、608“资产重组涉及的土地使用权”、609“代理进口免税货物货款”、610“有奖发票奖金支付”、611“不征税自来水”、612“建筑服务预收款”、613“代收民航发展基金”、614“拍卖行受托拍卖文物艺术品代收货款”、615“与销售行为不挂钩的财政补贴收入”、616“资产重组涉及的货物”。

（3）使用“未发生销售行为的不征税项目”编码，发票税率栏应填写“不征税”，不得开具增值税专用发票。

五、小规模纳税人自开专票

增值税小规模纳税人（其他个人除外）发生增值税应税行为，需要开具增值税专用发票的，可以自愿使用增值税发票管理系统自行开具。选择自行开具增值税专用发票的小规模纳税人，税务机关不再为其代开增值税专用发票。

需注意的是，货物运输业小规模纳税人可以根据自愿原则选择自行开具增值税专用发票；未选择自行开具增值税专用发票的纳税人，按照《国家税务总局关于发布〈货物运输业小规模纳税人申请代开增值税专用发票管理办法〉的公告》(国家税务总局公告2017年第55号，国家税务总局公告2018年第31号修改并发布）相关规定，向税务机关申请代开。另外，自愿选择自行开具增值税专用发票的小规模纳税人销售其取得的不动产，需要开具增值税专用发票的，税务机关不再为其代开。

增值税小规模纳税人应当就开具增值税专用发票的销售额计算增值税应纳税额，并在规定的纳税申报期内向主管税务机关申报缴纳。在填写增值税纳税申报表时，应当将当期开具增值税专用发票的销售额，按照3%和5%的征收率，分别填写在增值税纳税申报表（小规模纳税人适用）第2栏和第5栏“税务机关代开的增值税专用发票不含税销售额”的“本期数”相应栏次中。

六、机动车销售统一发票

机动车发票是指销售机动车（不包括二手车）的单位和个人（以下简称“销售方”）通过增值税发票管理系统开票软件中机动车发票开具模块所开具的增值税专用发票和机动车销售统一发票（包括纸质发票、电子发票）。增值税发票管理系统开票软件自动在增值税专用发票左上角打印“机动车”字样。

机动车发票均应通过增值税发票管理系统开票软件在线开具。按照有关规定不使用网络办税或不具备网络条件的特定纳税人，可以离线开具机动车发票。

（一）开票主体

开通机动车发票开具模块的销售方分为机动车生产企业、机动车授权经销企业、其他机动车贸易商三种类型。

机动车生产企业包括国内机动车生产企业及进口机动车生产企业驻我国办事机构或总授权代理机构；机动车授权经销企业是指经机动车生产企业授权，且同时具备整车销售、零配件销售、售后维修服务等经营业务的机动车经销企业；其他机动车贸易商，是指除上述两类企业以外的机动车销售单位和个人。

对于已开通机动车发票开具模块的销售方，税务机关可以根据其实际生产经营情况调整划分类型。

（二）开票原则

销售方应当按照销售符合国家机动车管理部门车辆参数、安全等技术指标规定的车辆所取得的全部价款如实开具机动车发票。向消费者销售机动车，销售方应当开具机动车销售统一发票；其他销售机动车行为，销售方应当开具增值税专用发票。

1.销售方使用机动车发票开具模块时，应遵循以下规则：

（1）国内机动车生产企业销售本企业生产的机动车、进口机动车生产企业驻我国办事机构或总授权代理机构和从事机动车进口的其他机动车贸易商销售本企业进口的机动车，应通过增值税发票管理系统和机动车合格证管理系统，依据车辆识别代号/车架号将机动车发票开具信息与国产机动车合格证电子信息或车辆电子信息（以下统称“车辆电子信息”）进行关联匹配。

（2）销售方购进机动车直接对外销售，应当通过机动车发票开具模块获取购进机动车的车辆识别代号/车架号等信息后，方可开具对应的机动车发票。

2.销售机动车开具增值税专用发票时，应遵循以下规则：

（1）正确选择机动车的商品和服务税收分类编码。

（2）增值税专用发票“规格型号”栏应填写机动车车辆识别代号/车架号，“单位”栏应选择“辆”，“单价”栏应填写对应机动车的不含增值税价格。汇总开具增值税专用发票，应通过机动车发票开具模块开具“销售货物或应税劳务、服务清单”，其中的规格型号、单位、单价等栏次也应按照上述增值税专用发票的填写要求填开。国内机动车生产企业若不能按上述规定填写“规格型号”栏的，应当在增值税专用发票（包括“销售货物或应税劳务、服务清单”）上，将相同车辆配置序列号、相同单价的机动车，按照同一行次汇总填列的规则开具发票。

（3）销售方销售机动车开具增值税专用发票后，发生销货退回、开票有误、销售折让等情形，应当凭增值税发票管理系统校验通过的“开具红字增值税专用发票信息表”开具红字增值税专用发票。发生销货退回、开票有误的，在

“规格型号”栏填写机动车车辆识别代号/车架号；发生销售折让的，“规格型号”栏不填写机动车车辆识别代号/车架号。

3.销售机动车开具机动车销售统一发票时，应遵循以下规则：

（1）按照“一车一票”原则开具机动车销售统一发票，即一辆机动车只能开具一张机动车销售统一发票，一张机动车销售统一发票只能填写一辆机动车的车辆识别代号/车架号。

（2）机动车销售统一发票的“纳税人识别号/统一社会信用代码/身份证明号码”栏，销售方根据消费者实际情况填写。如消费者需要抵扣增值税，则该栏必须填写消费者的统一社会信用代码或纳税人识别号，如消费者为个人则应填写个人身份证明号码。

（3）开具纸质机动车销售统一发票后，如发生销货退回或开具有误的，销售方应开具红字发票，红字发票内容应与原蓝字发票一一对应，并按以下流程操作：

①销售方开具红字发票时，应当收回消费者所持有的机动车销售统一发票全部联次。如消费者已办理车辆购置税纳税申报的，不需退回报税联；如消费者已办理机动车注册登记的，不需退回注册登记联；如消费者为增值税一般纳税人且已抵扣增值税的，不需退回抵扣联。

②消费者已经办理机动车注册登记的，销售方应当留存公安机关出具的机动车注销证明复印件；如消费者无法取得机动车注销证明，销售方应留存机动车生产企业或者机动车经销企业出具的退车证明或者相关情况说明。

（4）消费者丢失机动车销售统一发票，无法办理车辆购置税纳税申报或者机动车注册登记的，应向销售方申请重新开具机动车销售统一发票；销售方核对消费者相关信息后，先开具红字发票，再重新开具与原蓝字发票存根联内容一致的机动车销售统一发票。

（5）机动车销售统一发票打印内容出现压线或者出格的，若内容清晰完整，无须退还重新开具。

4.已办理车辆购置税纳税申报的机动车，不得更改车辆电子信息；未办理车辆购置税纳税申报的机动车，可以按照机动车出厂合格证相关管理规定修改车辆电子信息，但销售方所开具的机动车销售统一发票内容应与修改后的车辆电子信息一致。

（三）税务管理

1.主管税务机关对机动车发票实行分类分级规范管理，提升办税效率，加强后续服务和监管。

（1）对使用机动车发票开具模块的销售方，需要调整机动车发票用量的，可以按需要即时办理。对于同时存在其他经营业务申领发票的，仍应按现行有关规定执行。

（2）对经税务总局、省税务局大数据分析发现的税收风险程度较高的纳税人，严格控制其发票领用数量和最高开票限额，并加强事中事后监管。

2.主管税务机关可以结合销售方取得机动车的相关凭据判断其经营规模，并动态调整机动车发票领用数量。取得机动车的相关凭据包括：

（1）增值税专用发票；

（2）海关进口增值税专用缴款书；

（3）货物进口证明书；

（4）机动车整车出厂合格证；

（5）法院判决书、裁定书、调解书，以及仲裁裁决书、调解书，公证债权文书；

（6）国家税务总局规定的其他凭证。

七、发票违章处理

1.违反《中华人民共和国发票管理办法》的规定，有下列情形之一的，由税务机关责令改正，可以处1万元以下的罚款；有违法所得的予以没收：

（1）应当开具而未开具发票，或者未按照规定的时限、顺序、栏目，全部联次一次性开具发票，或者未加盖发票专用章的；

（2）使用税控装置开具发票，未按期向主管税务机关报送开具发票的数据的；

（3）扩大发票使用范围的；

（4）以其他凭证代替发票使用的；

（5）跨规定区域开具发票的；

（6）未按照规定缴销发票的；

（7）未按照规定存放和保管发票的。

2.跨规定的使用区域携带、邮寄、运输空白发票，以及携带、邮寄或者运输空白发票出入境的，由税务机关责令改正，可以处1万元以下的罚款；情节严重的，处1万元以上3万元以下的罚款；有违法所得的予以没收。丢失发票或者擅自损毁发票的，依照前款规定处罚。

3.违反《中华人民共和国发票管理办法》第二十二条第二款的规定虚开发票的，由税务机关没收违法所得；虚开金额在1万元以下的，可以并处5万元以下的罚款；虚开金额超过1万元的，并处5万元以上50万元以下的罚款；构成犯罪的，依法追究刑事责任。

非法代开发票的，依上述规定处罚。

4.有下列情形之一的，由税务机关处1万元以上5万元以下的罚款；情节严重的，处5万元以上50万元以下的罚款；有违法所得的予以没收：

（1）转借、转让、介绍他人转让发票、发票监制章和发票防伪专用品的；

（2）知道或者应当知道是私自印制、伪造、变造、非法取得或者废止的发票而受让、开具、存放、携带、邮寄、运输的。

5.对违反发票管理法规情节严重构成犯罪的，税务机关应当依法移送司法机关处理。

第三节 进项抵扣

一、抵扣凭证

下列进项税额准予从销项税额中抵扣：

1.从销售方取得的增值税专用发票上注明的增值税额。

2.从海关取得的海关进口增值税专用缴款书上注明的增值税额。

3.购进农产品，除取得增值税专用发票或者海关进口增值税专用缴款书外，按照农产品收购发票或者销售发票上注明的农产品买价和11%的扣除率计算的进项税额，国务院另有规定的除外。

4.自境外单位或者个人购进劳务、服务、无形资产或者境内的不动产，从税务机关或者扣缴义务人取得的代扣代缴税款的完税凭证上注明的增值税额。

5.《财政部、国家税务总局、海关总署关于深化增值税改革有关政策的公告》（财政部、国家税务总局、海关总署公告2019年第39号）第六条规定，纳税人购进国内旅客运输服务，其进项税额允许从销项税额中抵扣。

纳税人未取得增值税专用发票的，暂按照以下规定确定进项税额：

（1）取得增值税电子普通发票的，为发票上注明的税额；

（2）取得注明旅客身份信息的航空运输电子客票行程单的，为按照下列公式计算进项税额：

航空旅客运输进项税额=（票价+燃油附加费）÷（1+9%）×9%

（3）取得注明旅客身份信息的铁路车票的，为按照下列公式计算的进项税额：

铁路旅客运输进项税额=票面金额÷（1+9%）×9%

（4）取得注明旅客身份信息的公路、水路等其他客票的，按照下列公式计算进项税额：

公路、水路等其他旅客运输进项税额=票面金额÷（1+3%）×3%

另外，《国家税务总局关于国内旅客运输服务进项税抵扣等增值税征管问题的公告》（国家税务总局公告2019年第31号）规定，纳税人购进国内旅客运输服务，以取得的增值税电子普通发票上注明的税额为进项税额的，增值税电子普通发票上注明的购买方“名称”“纳税人识别号”等信息，应当与实际抵扣税款的纳税人一致，否则不予抵扣。纳税人允许抵扣的国内旅客运输服务进项税额，是指纳税人2019年4月1日及以后实际发生，并取得合法有效增值税扣税凭证注明的或依据其计算的增值税税额。以增值税专用发票或增值税电子普通发票为增值税扣税凭证的，为2019年4月1日及以后开具的增值税专用发票或增值税电子普通发票。

二、取消认证、抵扣期限

《国家税务总局关于取消增值税扣税凭证认证确认期限等增值税征管问题的公告》（国家税务总局公告2019年第45号）规定，增值税一般纳税人取得2017年1月1日及以后开具的增值税专用发票、海关进口增值税专用缴款书、机动车销售统一发票、收费公路通行费增值税电子普通发票，取消认证确认、稽核比对、申报抵扣的期限。纳税人在进行增值税纳税申报时，应当通过本省（自治区、直辖市和计划单列市）增值税发票综合服务平台对上述扣税凭证信息进行用途确认。

增值税一般纳税人取得2016年12月31日及以前开具的增值税专用发票、海关进口增值税专用缴款书、机动车销售统一发票，超过认证确认、稽核比对、申报抵扣期限，但符合规定条件的，仍可按照《国家税务总局关于逾期增值税扣税凭证抵扣问题的公告》（2011年第50号，国家税务总局公告2017年第36号、2018年第31号修改）、《国家税务总局关于未按期申报抵扣增值税扣税凭证有关问题的公告》（2011年第78号，国家税务总局公告2018年第31号修改）规定，继续抵扣进项税额。

三、异常抵扣凭证

为进一步加强增值税扣税凭证管理，有效防范税收风险，国家税务总局制定了《异常增值税扣税凭证处理操作规程（试行）》，《国家税务总局关于异常增值税扣税凭证管理等有关事项的公告》（国家税务总局公告2019年第38号）对异常抵扣凭证做进一步明确。

1.符合下列情形之一的增值税专用发票，列入异常凭证范围：

（1）纳税人丢失、被盗税控专用设备中未开具或已开具未上传的增值税专用发票。

（2）非正常户纳税人未向税务机关申报或未按规定缴纳税款的增值税专用发票。

（3）增值税发票管理系统稽核比对发现“比对不符”“缺联”“作废”的增值税专用发票。

（4）经税务总局、省税务局大数据分析发现，纳税人开具的增值税专用发票存在涉嫌虚开、未按规定缴纳消费税等情形的。

（5）走逃（失联）企业存续经营期间发生下列情形之一的，所对应属期开具的增值税专用发票列入异常增值税扣税凭证（以下简称“异常凭证”）范围：

①商贸企业购进、销售货物名称严重背离的；生产企业无实际生产加工能

力且无委托加工，或生产能耗与销售情况严重不符，或购进货物并不能直接生产其销售的货物且无委托加工的。

②直接走逃失踪不纳税申报，或虽然申报但通过填列增值税纳税申报表相关栏次，规避税务机关审核比对，进行虚假申报的。

2.增值税一般纳税人申报抵扣异常凭证，同时符合下列情形的，其对应开具的增值税专用发票列入异常凭证范围：

（1）异常凭证进项税额累计占同期全部增值税专用发票进项税额70%（含）以上的。

（2）异常凭证进项税额累计超过5万元的。

纳税人尚未申报抵扣、尚未申报出口退税或已作进项税额转出的异常凭证，其涉及的进项税额不计入异常凭证进项税额的计算。

3.增值税一般纳税人取得的增值税专用发票列入异常凭证范围的，应按照以下规定处理：

（1）尚未申报抵扣增值税进项税额的，暂不允许抵扣。已经申报抵扣增值税进项税额的，除另有规定外，一律作进项税额转出处理。

（2）尚未申报出口退税或者已申报但尚未办理出口退税的，除另有规定外，暂不允许办理出口退税。适用增值税免抵退税办法的纳税人已经办理出口退税的，应根据列入异常凭证范围的增值税专用发票上注明的增值税额作进项税额转出处理；适用增值税免退税办法的纳税人已经办理出口退税的，税务机关应按照现行规定对列入异常凭证范围的增值税专用发票对应的已退税款追回。

纳税人因骗取出口退税停止出口退（免）税期间取得的增值税专用发票列入异常凭证范围的，按照本条第1项规定执行。

（3）消费税纳税人以外购或委托加工收回的已税消费品为原料连续生产应税消费品，尚未申报扣除原料已纳消费税税款的，暂不允许抵扣；已经申报抵扣的，冲减当期允许抵扣的消费税税款，当期不足冲减的应当补缴税款。

（4）纳税信用A级纳税人取得异常凭证且已经申报抵扣增值税、办理出口退税或抵扣消费税的，可以自接到税务机关通知之日起10个工作日内，向主管税务机关提出核实申请。经税务机关核实，符合现行增值税进项税额抵扣、出口退税或消费税抵扣相关规定的，可不作进项税额转出、追回已退税款、冲减当期允许抵扣的消费税税款等处理。纳税人逾期未提出核实申请的，应于期满后按照前述规定作相关处理。

（5）纳税人对税务机关认定的异常凭证存有异议，可以向主管税务机关提出核实申请。经税务机关核实，符合现行增值税进项税额抵扣或出口退税相关规定的，纳税人可继续申报抵扣或者重新申报出口退税；符合消费税抵扣规定且已缴纳消费税税款的，纳税人可继续申报抵扣消费税税款。

4.经税务总局、省税务局大数据分析发现存在涉税风险的纳税人，不得离线开具发票，其开票人员在使用开票软件时，应当按照税务机关指定的方式进行人员身份信息实名验证。

5.新办理增值税一般纳税人登记的纳税人，自首次开票之日起3个月内不得离线开具发票，按照有关规定不使用网络办税或不具备风险条件的特定纳税人除外。

另外，根据《国家税务总局关于增值税、消费税与附加税费申报表整合有关事项的公告》（国家税务总局公告2021年第20号），2021年7月份及之后税款所属期，纳税人收到主管税务机关送达的税务事项通知书，告知其已申报抵扣的增值税专用发票为异常增值税扣税凭证，如果纳税人的纳税信用等级不为A级，按照《国家税务总局关于异常增值税扣税凭证管理等有关事项的公告》（国家税务总局公告2019年第38号，以下简称“38号公告”）第三条第（一）项规定，应当在纳税人办理收到相关税务事项通知书对应税款所属期的增值税及附加税费申报时，按照“增值税及附加税费申报表附列资料（二）”填写说明的要求，将对应专用发票已抵扣税额计入“增值税及附加税费申报表附列资料（二）”第23a栏；如果纳税人的纳税信用等级为A级，则可以按照38号公告第三条第（四）项的规定，自接到税务机关通知之日起10个工作日内，向主管税务机关提出核实申请，在税务机关出具核实结果之前暂不作进项税额转出处理，也不需要将对应专用发票已抵扣税额计入“增值税及附加税费申报表附列资料（二）”第23a栏，若纳税人逾期未提出核实申请，或者提出核实申请但经核实确认相关发票不符合现行增值税进项税额抵扣相关规定的，应当继续作进项转出处理。

2021年7月份及之后税款所属期，纳税人收到主管税务机关送达的税务事项通知书，告知其已作进项税额转出的异常增值税扣税凭证，被税务机关解除异常，对应增值税专用发票可按照现行规定继续抵扣，纳税人在“增值税及附加税费申报表附列资料（二）”第23a栏“异常凭证转出进项税额”栏填入负数。

第四节　虚开发票

一、虚开发票的界定

根据《中华人民共和国发票管理办法》，任何单位或个人有下列行为的，属于虚开发票：“（1）为他人、为自己开具与实际经营业务情况不符的发票；（2）让他人为自己开具与实际经营业务情况不符的发票；（3）介绍他人开具与实际经营业务情况不符的发票。”《最高人民法院关于适用〈全国人民代表大会常务委员会关于惩治虚开、伪造和非法出售增值税专用发票犯罪的决定〉的若干问题的解释》（法发〔1996〕30号）列举了“虚开增值税专用发票”的三种情形：

（1）没有货物购销或者没有提供或接受应税劳务而为他人、为自己、让他人为自己、介绍他人开具增值税专用发票；（2）有货物购销或者提供或接受了应税劳务但为他人、为自己、让他人为自己、介绍他人开具数量或者金额不实的增值税专用发票；（3）进行了实际经营活动，但让他人为自己代开增值税专用发票。

实务中，对于虚开发票的界定经常存有争议，常见情形如下：

（一）采购业务真实，卖方是否构成虚开存疑

【案例4.1】王某有一批货物拟销售给B公司，但因无法提供发票，与A公司沟通，由A公司与B公司签订销售合同，售价10 000万元（含税，下同），销售合同加盖A公司、B公司公章，同时王某作为A公司的授权人在销售合同上签字。A公司向B公司开具增值税专用发票，并收取价款。A公司收取价款后，付给王某9 300万元，剩余700万元转给A公司的实际控制人个人账户，A公司未申报纳税，随后走逃。

实务中普遍认为A公司虚开发票。对于善意的B公司，主流的实践是作为善意接受虚开发票处理，但争议较大。

观点一：A公司作为经登记注册的独立的法律主体，应对其发生的经济行为承担合同义务。A公司、B公司之间的商品销售合同具备法律效力，B公司并没有与王某签订商品采购合同。A公司与B公司不仅签订了合同，而且双方均按照合同履约（A公司收到货款，B公司收到货物）。如果商品质量出了问题，承担责任的主体是A公司，与王某无关。由此可见，这批货的销售方是A公司，而不是王某。问题来了：A公司销售给B公司，说明A公司对这批货物具有所有权，而这批货物的所有权人原来是王某，现在所有权人变为A公司，只能说明，虽然王某与A公司之间没有书面合同，但客观上王某将这批货以9 300万元卖给了A公司，A公司再以10 000万元销售给B公司。只不过，王某未给A公司开发票，A公司无进项抵扣，亦无所得税扣除凭证，于是A公司未办理申报，相关人员走逃。

基于上述事实，王某和A公司均有增值税、所得税纳税义务，同时应追究王某和A公司的税收法律责任，但对A公司定性为虚开增值税专用发票与事实不符。

观点二：王某挂靠A公司经营，实质是王某将货物销售给B公司，故A公司构成虚开。

笔者认为观点二不能成立。最高人民法院研究室对公安部经济犯罪侦查局《关于如何认定以“挂靠”有关公司名义实施经营活动并让有关公司为自己虚开增值税专用发票行为的性质征求意见的复函》（法研〔2015〕58号）中提到：“挂靠方以挂靠形式向受票方实际销售货物，被挂靠方向受票方开具增值税专用发票的，不属于刑法第二百零五条规定的‘虚开增值税专用发票’。理由是：（1）由挂靠方适用被挂靠方的经营资格进行经营活动，并向被挂靠方支付挂靠

费的经营方式在实践中客观存在，且带有一定普遍性。相关法律并未明确禁止以挂靠形式从事经营活动；（2）虚开增值税专用发票罪是行政犯，对相关入罪要件的判断，应当依据、参照相关行政法规、部门规章等，而根据《国家税务总局关于纳税人对外开具增值税专用发票有关问题的公告》（国家税务总局公告2014年第39号），挂靠方以挂靠形式向受票方实际销售货物，被挂靠方向受票方开具增值税专用发票的，不属于虚开。”

笔者认为观点一事实清楚、证据确凿、逻辑严密，定性准确，适用税法正确，A公司不构成虚开。

（二）销售业务真实，卖方是否构成虚开存疑

【案例4.2】某个体加油站到炼油厂采购成品油用于批发、零售，由A公司与炼油厂签订购销合同，A公司向炼油厂支付货款10 000万元，并取得炼油厂开具的增值税专用发票。A公司指定个体加油站业主到炼油厂提货。个体加油站业主李某向A公司指定的个人账户汇款9 000万元。A公司作了进项税抵扣，并分期将“库存商品——燃料油”结转至生产成本。A公司主管税务机关通过分析投入-产出比，发现耗用燃料油明显不合理，财务人员承认了上述事实。

关于炼油厂是否构成虚开存在争议。有观点认为A公司与炼油厂的交易不真实，炼油厂构成虚开。

笔者认为，A公司与炼油厂的交易真实，炼油厂不构成虚开。理由是炼油厂与A公司签订的销售合同真实有效，且双方均按合同约定履行义务。炼油厂收到A公司支付的货款，并发出货物，李某提货是接受A公司委派，因此，收货人是A公司而不是个体加油站。换句话说，A公司向B公司支付了价款，获得了这批成品油的所有权。至于这批成品油A公司并没有实际入库并耗用而是由个体加油站对外出售，只能说明A公司将这批成品油转让给了个体加油站，因为李某代表个体加油站向A公司指定的账户支付了9 000万元。由此，可以得出结论：炼油厂将成品油以含税价10 000万元销售给了A公司，A公司以含税价9 000万元销售给了个体加油站。由于A公司未确认销售收入，为做到“账实相符”，以虚假领料单，分期计入生产成本。A公司这样做的目的，是虚抵进项税，虚列成本，偷逃增值税、企业所得税，以及个人股东的股息所得个人所得税。但炼油厂与A公司的销售行为真实，操作规范，炼油厂不构成虚开，A公司亦不构成取得虚开。

（三）发票品名错误，是否定性虚开存疑

此前，无论是税法还是刑法，实践中均未将发票品名错误定性为虚开。随着成品油开征消费税，部分石化行业变名销售偷逃消费税，对于这种有真实货物交易但故意变更品名填列发票，在税法和刑法层面，是否定性为虚开存在较大争议。就税法而言，认为属于虚开发票的理由是构成了《发票管理办法》规定的“与实际经营业务情况不符”的情形，但是该观点又无法解释普遍存在的

其他发票品名错误没有被作为虚开发票处理，并且导致石油变名销售等并不应当被纳入虚开发票不得抵扣进项税额的业务被调整。

二、已证实虚开发票的处理

目前，对于已证实虚开的发票，开票方和受票方处理如下。

（一）开票方

1.《中华人民共和国发票管理办法》第三十七条规定，违反本办法第二十二条第二款的规定虚开发票的，由税务机关没收违法所得；虚开金额在1万元以下的，可以并处5万元以下的罚款；虚开金额超过1万元的，并处5万元以上50万元以下的罚款；构成犯罪的，依法追究刑事责任。

2.《国家税务总局关于纳税人虚开增值税专用发票征补税款问题的公告》（国家税务总局公告2012年第33号）规定，纳税人虚开增值税专用发票，未就其虚开金额申报并缴纳增值税的，应按照其虚开金额补缴增值税；已就其虚开金额申报并缴纳增值税的，不再按照其虚开金额补缴增值税。税务机关对纳税人虚开增值税专用发票的行为，应按《中华人民共和国税收征收管理办法》及《中华人民共和国发票管理办法》的有关规定给予处罚。纳税人取得虚开的增值税专用发票，不得作为增值税合法有效的扣税凭证抵扣其进项税额。

3.根据《财政部、国家税务总局关于防范税收风险若干增值税政策的通知》（财税〔2013〕112号）规定，增值税纳税人发生虚开增值税专用发票或者其他增值税扣税凭证、骗取国家出口退税款行为，被税务机关行政处罚或审判机关刑事处罚的，其销售的货物、提供的应税劳务和营业税改征增值税应税服务（以下统称“货物劳务服务”）执行以下政策：

（1）享受增值税即征即退或者先征后退优惠政策的纳税人，自税务机关行政处罚决定或审判机关判决或裁定生效的次月起36个月内，暂停其享受上述增值税优惠政策。纳税人自恢复享受增值税优惠政策之月起36个月内再次发生增值税违法行为的，自税务机关行政处罚决定或审判机关判决或裁定生效的次月起停止其享受增值税即征即退或者先征后退优惠政策。

（2）出口企业或其他单位发生增值税违法行为对应的出口货物劳务服务，视同内销，按规定征收增值税（骗取出口退税的按查处骗税的规定处理）。出口企业或其他单位在本通知生效后发生2次增值税违法行为的，自税务机关行政处罚决定或审判机关判决或裁定生效之日的次日起，其出口的所有适用出口退（免）税政策的货物劳务服务，一律改为适用增值税免税政策。纳税人如果已被停止出口退税权的，适用增值税免税政策的起始时间为停止出口退税权期满后的次日。

（3）以农产品为原料生产销售货物的纳税人发生增值税违法行为的，自税务机关行政处罚决定生效的次月起，按50%的比例抵扣农产品进项税额；违法情形严重的，不得抵扣农产品进项税额。具体办法由国家税务总局商财政部另行制定。

（二）受票方

1.《国家税务总局关于纳税人取得虚开的增值税专用发票处理问题的通知》（国税发〔1997〕134号，以下简称“134号文件”）规定，受票方利用他人虚开的专用发票，向税务机关申报抵扣税款进行偷税的，应当依照《中华人民共和国税收征收管理法》及有关规定追缴税款，处以偷税数额五倍以下的罚款；进项税金大于销项税金的，还应当调减其留抵的进项税额。利用虚开的专用发票进行骗取出口退税的，应当依法追缴税款，处以骗税数额五倍以下的罚款。在货物交易中，购货方从销售方取得第三方开具的专用发票，或者从销货地以外的地区取得专用发票，向税务机关申报抵扣税款或者申请出口退税的，应当按偷税、骗取出口退税处理，依照《中华人民共和国税收征收管理法》及有关规定追缴税款，处以偷税、骗税数额五倍以下的罚款。

纳税人以上述方式取得专用发票未申报抵扣税款，或者未申请出口退税的，应当依照《中华人民共和国发票管理办法》及有关规定，按所取得专用发票的份数，分别处以一万元以下的罚款；但知道或者应当知道取得的是虚开的专用发票，或者让他人为自己提供虚开的专用发票的，应当从重处罚。利用虚开的专用发票进行偷税、骗税，构成犯罪的，税务机关依法进行追缴税款等行政处理，并移送司法机关追究刑事责任。

《国家税务总局关于〈国家税务总局关于纳税人取得虚开的增值税专用发票处理问题的通知〉的补充通知》（国税发〔2000〕182号）进一步明确，有下列情形之一的，无论购货方（受票方）与销售方是否进行了实际的交易，增值税专用发票所注明的数量、金额与实际交易是否相符，购货方向税务机关申请抵扣进项税款或者出口退税的，对其均应按偷税或者骗取出口退税处理。

（1）购货方取得的增值税专用发票所注明的销售方名称、印章与其进行实际交易的销售方不符的，即134号文件第二条规定的“购货方从销售方取得第三方开具的专用发票”的情况。

（2）购货方取得的增值税专用发票为销售方所在省（自治区、直辖市和计划单列市）以外地区的，即134号文件第二条规定的“从销货地以外的地区取得专用发票”的情况。

（3）其他有证据表明购货方明知取得的增值税专用发票系销售方以非法手段获得的，即134号文件第一条规定的“受票方利用他人虚开的专用发票，向税务机关申报抵扣税款进行偷税”的情况。

2.《国家税务总局关于纳税人善意取得虚开的增值税专用发票处理问题的通知》（国税发〔2000〕187号）规定，购货方与销售方存在真实的交易，销售方使用的是其所在省（自治区、直辖市和计划单列市）的专用发票，专用发票注明的销售方名称、印章、货物数量、金额及税额等全部内容与实际相符，且没有证据表明购货方知道销售方提供的专用发票是以非法手段获得的，对购货方不以偷税或者骗取出口退税论处。但应按有关规定不予抵扣进项税款或者不予出口退税；购货方已经抵扣的进项税款或者取得的出口退税，应依法追缴。

购货方能够重新从销售方取得防伪税控系统开出的合法、有效专用发票的，或者取得手工开出的合法、有效专用发票且取得了销售方所在地税务机关已经或者正在依法对销售方虚开专用发票行为进行查处证明的，购货方所在地税务机关应依法准予抵扣进项税款或者出口退税。

如有证据表明购货方在进项税款得到抵扣，或者获得出口退税前知道该专用发票是销售方以非法手段获得的，对购货方应按《国家税务总局关于纳税人取得虚开的增值税专用发票处理问题的通知》（国税发〔1997〕134号）和《国家税务总局关于〈国家税务总局关于纳税人取得虚开的增值税专用发票处理问题的通知〉的补充通知》（国税发〔2000〕182号）的规定处理。

3.《国家税务总局关于纳税人对外开具增值税专用发票有关问题的公告》（国家税务总局公告2014年第39号）规定，纳税人通过虚增增值税进项税额偷逃税款，但对外开具增值税专用发票同时符合以下情形的，不属于对外虚开增值税专用发票：

（1）纳税人向受票方纳税人销售了货物，或者提供了增值税应税劳务、应税服务；

（2）纳税人向受票方纳税人收取了所销售货物、所提供应税劳务或者应税服务的款项，或者取得了索取销售款项的凭据；

（3）纳税人按规定向受票方纳税人开具的增值税专用发票相关内容，与所销售货物、所提供应税劳务或者应税服务相符，且该增值税专用发票是纳税人合法取得、并以自己名义开具的。

受票方纳税人取得的符合上述情形的增值税专用发票，可以作为增值税扣税凭证抵扣进项税额。

理解本公告，需要把握以下几点：

（1）纳税人对外开具的销售货物的增值税专用发票，纳税人应当拥有货物的所有权，包括以直接购买方式取得货物的所有权，也包括“先卖后买”方式取得货物的所有权。所谓“先卖后买”，是指纳税人将货物销售给下家在前，从上家购买货物在后。

（2）以挂靠方式开展经营活动在社会经济生活中普遍存在，挂靠行为如何适用本公告，需要视不同情况分别确定。第一，如果挂靠方以被挂靠方名义，向受票方纳税人销售货物、提供增值税应税劳务或者应税服务，应以被挂靠方为纳税人。被挂靠方作为货物的销售方或者应税劳务、应税服务的提供方，按照相关规定向受票方开具增值税专用发票，属于本公告规定的情形。第二，如果挂靠方以自己名义向受票方纳税人销售货物、提供增值税应税劳务或者应税服务，被挂靠方与此项业务无关，则应以挂靠方为纳税人。这种情况下，被挂靠方向受票方纳税人就该项业务开具增值税专用发票，不在本公告规定之列。

（3）本公告是对纳税人的某一种行为不属于虚开增值税专用发票所做的明确，目的在于既保护好国家税款安全，又维护好纳税人的合法权益。换一个角度说，本公告仅仅界定了纳税人的某一行为不属于虚开增值税专用发票，并不意味着非此即彼，从本公告并不能反推出不符合三种情形的行为就是虚开。比如，某一正常经营的研发企业，与客户签订了研发合同，收取了研发费用，开具了专用发票，但研发服务还没有发生或者还没有完成。这种情况下不能因为本公告列举了"向受票方纳税人销售了货物，或者提供了增值税应税劳务、应税服务"，就判定研发企业虚开增值税专用发票。

三、虚开发票税务管理的难点

由于信息不对称，税务机关查证采购业务是否真实，是否属于善意接受，取证难度和成本非常高，当事人因慑于违法不作反辩。在对受票方的发票协查案件中，很多时候无法查明采购业务是否存在，或是否属于接受虚开发票。由于证明虚假采购、恶意接受的证据不足，只能按"善意取得虚开增值税专用发票"处理。对于正常经营中利用富余票对外虚开管理，则更是鞭长莫及。

以下是最普遍的虚开行为，但形式上规范，操作十分隐蔽，较难查证。

【案例4.3】A公司本月销售额1 000万元（含税，下同），其中开票销售额600万元，无票销售额400万元。A公司要求不开票客户将150万元价款支付到指定的个人账户（私户）。A公司与需要发票的B公司签订销售合同，开具增值税发票金额价税合计150万元，并收取B公司价款150万元。A公司将私户150万元扣下开票费15万元（10%），剩余135万元退到B公司指定的个人账户。这样，A公司申报增值税时，开票额750万元，无票金额250万元。

A公司不仅账实相符，并且按时全额申报纳税，会计及税务处理无懈可击。实质通过虚开发票赚取开票费15万元存入私户。

对B公司而言，如果B公司通过账外资金150万元无票购入商品，通过此方法取得150万元发票，使得账证相符，实务中是很难发现的。如果B公司该项商品库存数量与账面不符，在后期会计核算或实物盘点时会出现异常。

由于A公司存在私户收款，且经常采取上述方式虚开发票，"爆雷"是早晚的事。

第五节　增值税电子发票

《中共中央办公厅、国务院办公厅关于进一步深化税收征管改革的意见》中提出，稳步实施发票电子化改革。2021年建成全国统一的电子发票服务平台，24小时在线免费为纳税人提供电子发票申领、开具、交付、查验等服务。制定出台电子发票国家标准，有序推进铁路、民航等领域发票电子化，2025年基本实现发票全领域、全环节、全要素电子化，着力降低制度性交易成本。

近年来，国家税务总局为便利纳税人，进一步实现税收现代化，一直致力于发票电子化改革。2015年，国家税务总局试点增值税电子普通发票，2020年，增值税电子专用发票试点启动。

一、增值税电子普通发票

2015年8月1日起，北京、上海、浙江和深圳开展了增值税电子发票系统的试点工作。试点地区纳税人已实现使用增值税电子发票系统开具增值税电子普通发票，自2015年12月1日起在全国范围推行。增值税电子普通发票的发票代码为12位，编码规则：第1位为0，第2~5位代表省、自治区、直辖市和计划单列市，第6~7位代表年度，第8~10位代表批次，第11~12位代表票种（11代表增值税电子普通发票）。发票号码为8位，按年度、分批次编制。增值税电子普通发票的开票方和受票方需要纸质发票的，可以自行打印增值税电子普通发票的版式文件，其法律效力、基本用途、基本使用规定等与税务机关监制的增值税普通发票相同。

根据《国家税务总局关于增值税发票综合服务平台等事项的公告》（国家税务总局公告2020年第1号），纳税人通过增值税电子发票公共服务平台开具的增值税电子普通发票，属于税务机关监制的发票，采用电子签名代替发票专用章，其法律效力、基本用途、基本使用规定等与增值税普通发票相同。增值税电子普通发票版式文件格式为ofd格式。单位和个人可以登录全国增值税发票查验平台（https：//inv-veri.chinatax.gov.cn）下载增值税电子发票版式文件阅读器查阅增值税电子普通发票。

二、增值税电子专用发票

为贯彻落实国务院关于加快电子发票推广应用的部署安排，国家税务总局本着积极稳妥的原则，决定采用先在部分地区新设立登记的纳税人（以下简称“新办纳税人”）中实行增值税专用发票电子化（以下简称“专票电子化”），此后逐步扩大地区和纳税人范围的工作策略。一是先在新办纳税人中实行专票电子化，在完善系统、积累经验的基础上，下一步再考虑在其他纳税人中实行专票电子化。二是对于新办纳税人，从2020年9月1日起先逐步在宁波、石家庄和杭州开展专票电子化试点，在此基础上再分两步在全国实行：第一步，自2020年12月21日起，在天津等11个地区的新办纳税人中实行专票电子化，受票方范围为全国；第二步，自2021年1月21日起，在北京等25个地区的新办纳税人中实行专票电子化，受票方范围为全国。

根据《国家税务总局关于在新办纳税人中实行增值税专用发票电子化有关事项的公告》（国家税务总局公告2020年第22号），实行专票电子化的新办纳税人具体范围由国家税务总局各省、自治区、直辖市和计划单列市税务局（以下简称“各省税务局”）确定。电子专票由各省税务局监制，采用电子签名代替发票专用章，属于增值税专用发票，其法律效力、基本用途、基本使用规定等与增值税纸质专用发票（以下简称“纸质专票”）相同。电子专票的发票代码为12位，编码规则：第1位为0，第2~5位代表省、自治区、直辖市和计划单列市，第6~7位代表年度，第8~10位代表批次，第11~12位为13。发票号码为8位，按年度、分批次编制。

（一）发票开具

自各地专票电子化实行之日起，本地区需要开具增值税纸质普通发票、增值税电子普通发票（以下简称“电子普票”）、纸质专票、电子专票、纸质机动车销售统一发票和纸质二手车销售统一发票的新办纳税人，统一领取税务ukey开具发票。税务机关向新办纳税人免费发放税务ukey，并依托增值税电子发票公共服务平台，为纳税人提供免费的电子专票开具服务。税务机关按照电子专票和纸质专票的合计数，为纳税人核定增值税专用发票领用数量。电子专票和纸质专票的增值税专用发票（增值税税控系统）最高开票限额应当相同。

纳税人开具增值税专用发票时，既可以开具电子专票，也可以开具纸质专票。受票方索取纸质专票的，开票方应当开具纸质专票。

（二）销货退回、开票有误等

纳税人开具电子专票后，发生销货退回、开票有误、应税服务中止、销售折让等情形，可以开具红字电子专票。相较于红字纸质专票开具流程，纳税人在开具红字电子专票时，无须追回已经开具的蓝字电子专票，具有简便易行好操作的优点。具体来说，开具红字电子专票的流程主要可以分为三个步骤。

第一步，购买方或销售方纳税人在增值税发票管理系统（以下简称“发票管理系统”）中填开“开具红字增值税专用发票信息表”（以下简称“信息表”）。根据购买方是否已将电子专票用于申报抵扣，开具信息表的方式分为两类。第一类是购买方开具信息表。如果购买方已将电子专票用于申报抵扣，则由购买方在发票管理系统中填开并上传信息表，在这种情况下，信息表中不需要填写相对应的蓝字电子专票信息。第二类是销售方开具信息表。如果购买方未将电子专票用于申报抵扣，则由销售方在发票管理系统中填开并上传信息表，在这种情况下，信息表中需要填写相对应的蓝字电子专票信息。

第二步，税务机关信息系统自动校验。税务机关通过网络接收纳税人上传的信息表，系统自动校验通过后，生成带有“红字发票信息表编号”的信息表，并将信息同步至纳税人端系统中。

第三步，销售方纳税人开具红字电子专票。销售方在发票管理系统中查询到已经校验通过的信息表后，便可开具红字电子专票。红字电子专票应与信息表一一对应。

需要说明的是，对于购买方已将电子专票用于申报抵扣的情形，因购买方开具信息表与销售方开具红字电子专票可能存在一定时间差，购买方应当暂依信息表所列增值税税额从当期进项税额中转出，待取得销售方开具的红字电子专票后，与信息表一并作为记账凭证。

（三）受票方查验

受票方取得电子专票用于申报抵扣增值税进项税额或申请出口退税、代办退税的，应当登录增值税发票综合服务平台确认发票用途，登录地址由各省税务局确定并公布。单位和个人可以通过全国增值税发票查验平台（https：//inv-veri.chinatax.gov.cn）对电子专票信息进行查验；可以通过全国增值税发票查验平台下载增值税电子发票版式文件阅读器，查阅电子专票并验证电子签名有效性。

（四）受票方入账归档

纳税人以电子发票（含电子专票和电子普票）报销入账归档的，应当按照《财政部、国家档案局关于规范电子会计凭证报销入账归档的通知》（财会〔2020〕6号）的相关规定执行。纳税人可以仅使用电子发票进行报销入账归档。电子发票与纸质发票具有同等法律效力，纳税人取得的电子发票，可不再另以纸质形式保存。纳税人如果需要以电子发票的纸质打印件作为报销入账归档依据的，应当同时保存打印该纸质件的电子发票。

另外，受票方如丢失或损毁已开具的电子专票，可以根据发票代码、发票号码、开票日期、开具金额（不含税）等信息，在全国增值税发票查验平台查验通过后，下载电子专票。如不掌握相关信息，也可以向开票方重新索取原电子专票。

三、税务管理

增值税电子专用发票正在逐步推进中，在做好网格化管理、首票服务制、系统优化跟进等举措的同时，需高度关注电子发票风险防范问题，对于可能涉及增值税电子发票虚开虚抵、骗税、异常凭证抵扣、虚列成本等情形，设置各环节风险预警指标，做到全链条监控、迅速发现疑点，快速应对处理。

第五章

纳税服务

纳税服务，是指税务机关依据税收法律、行政法规的规定，在税收征收、管理、检查和实施税收法律救济过程中，向纳税人提供的服务事项和措施。随着“放管服”改革的进一步深入推进，近年来，税务机关不断提升纳税服务质效，以满足纳税人、缴费人的新需求、新期盼。

《关于进一步深化税收征管改革的意见》中也提出，要围绕把握新发展阶段、贯彻新发展理念、构建新发展格局，深化税收征管制度改革，着力建设以服务纳税人缴费人为中心、以发票电子化改革为突破口、以税收大数据为驱动力的具有高集成功能、高安全性能、高应用效能的智慧税务，深入推进精确执法、精细服务、精准监管、精诚共治，大幅提高税法遵从度和社会满意度，明显降低征纳成本，充分发挥税收在国家治理中的基础性、支柱性、保障性作用，为推动高质量发展提供有力支撑。到2023年，基本建成“线下服务无死角、线上服务不打烊、定制服务广覆盖”的税费服务新体系，实现从无差别服务向精细化、智能化、个性化服务转变。积极推行智能型个性化服务，全面改造提升12366税费服务平台，加快推动向以24小时智能咨询为主转变，2022年基本实现全国咨询“一线通答”。运用税收大数据智能分析识别纳税人缴费人的实际体验、个性需求等，精准提供线上服务。持续优化线下服务，更好满足特殊人员、特殊事项的服务需求。

第一节 便民办税春风行动

自2014年以来，国家税务总局已连续8年开展“便民办税春风行动”。2021年,《国家税务总局关于开展2021年“我为纳税人缴费人办实事暨便民办税春风行动”的意见》(税总发〔2021〕14号)以“优化执法服务·办好惠民实事”为主题，制定行动内容如表5.1所示。

表5.1 2021年“我为纳税人缴费人办实事暨便民办税春风行动”工作任务安排表

序号	任务类别	任务事项	具体措施
1	一、群众诉求快响应	(一)问计问需于民	响应“我为群众办实事”活动要求，在全国范围内征集纳税人缴费人需求及需求实现方式。
2			制定纳税人缴费人税费服务需求管理办法，对税务系统加强纳税人缴费人需求管理工作作出制度性安排。
3			设立税费服务产品发布前体验期，在各类税费服务产品推出前公开招募服务产品体验师先期体验，根据体验师反馈的意见和建议改进完善服务产品。
4		(二)税费咨询响应	实行重大税费优惠政策“一政一讲、一措一谈”，增强税费政策和征管制度解读的及时性和针对性。
5			落实国务院办公厅要求，各地12366纳税服务热线以分中心形式归并到所在地12345热线，保留号码和话务座席，提供“7×24小时”智能咨询服务。
6			完善智能咨询系统功能，提供文字、图片、视频等多种互动方式，提高智能咨询解答准确率。
7			开展线上方式辅助办税，实现远程帮办、问办结合，解决纳税人缴费人在业务办理过程中遇到的信息系统、业务操作等问题。
8		(三)改进服务评价	修订完善纳税人缴费人满意度调查工作指导意见，进一步规范和加强满意度调查工作。
9			落实国务院办公厅关于政务服务“好差评”制度要求，建立健全“好差评”常态化工作机制，完善“开展评价-差评处理-结果应用”的业务闭环管理模式，确保每项差评反映的问题都能够及时整改。
10	二、优惠政策直达享	(四)狠抓落地落细	巩固和拓展减税降费成果，深化运用“短平快优九个一”工作法，继续抓实抓细延续实施和新出台的税费优惠政策落实，持续优化推动政策红利直达市场主体的机制和做法，有针对性地解决影响政策落实的薄弱环节和堵点难点。
11			落实好支持科技创新、小微企业发展、区域协调发展、脱贫攻坚与乡村振兴有效衔接等方面的税费优惠政策，促进高质量发展。
12		(五)优化享受方式	建立税费优惠政策标签体系，依托云平台大数据，主动甄别符合享受优惠政策条件的纳税人缴费人，在全国范围内推广税费优惠政策措施精准直达。
13			扩大税收优惠政策资料备案改备查范围，除增值税即征即退、先征后退(返)、加计抵减以及自然人税收外的其他税收优惠备案全部改为资料留存备查。
14			享受增值税即征即退政策的纳税人，仅需首次申请增值税退税时提交相关证明材料，后续未发生变化的无须重复提供。
15			优化非税收入退付管理服务，确保取消、停征、免征及降低征收标准的非税收入政策及时落实到相关企业和个人。

续表

序号	任务类别	任务事项	具体措施
16	二、优惠政策直达享	（六）加强效应分析	运用大数据监测减税降费等政策落实情况，及时扫描分析应享未享和违规享受的疑点信息，让符合条件的纳税人缴费人应享尽享，对违规享受的及时提示纠正和处理。
17			跟踪支持脱贫攻坚税收优惠政策执行情况，开展政策效应分析，支持脱贫攻坚同乡村振兴有效衔接。
18	三、便捷办理优体验	（七）推行电子发票	建设全国统一的电子发票服务平台，为纳税人免费提供电子发票开具、交付、存储等基本公共服务。
19			建立与发票电子化相匹配的服务模式，为纳税人开具、使用电子发票提供全天候的智慧、便捷和高效服务。
20		（八）简并税费申报	调整完善财行税纳税申报表，全面推行财行税合并申报，进一步精简申报资料、减少申报次数，减轻办税负担。
21			整合增值税、消费税及城建税、教育费附加、地方教育附加等主税附加税费申报表，让纳税人一次性完成主税附加税费申报。
22			推进税种要素申报，逐步减少纳税人填报数据。
23			推动企业财务报表与纳税申报表对接转换，减少纳税人申报时间。
24			简化代扣代缴申报，将代扣代缴、代收代缴税款报告表等由发生时按次申报改为按月汇总申报。
25			修订查账征收企业所得税预缴纳税申报表，简化表单样式。
26		（九）精简证明资料	推行税务证明事项告知承诺制，扩大实行告知承诺制的证明事项范围，进一步减少证明材料。
27			简化服务贸易等项目对外支付税务备案流程，对于需要多次对外支付的同一笔合同，仅需在首次付汇前办理税务备案，无须重复提交备案表等资料。
28			取消对外国投资者以境内直接投资合法所得在境内再投资单笔5万美元以上进行税务备案的要求，进一步降低跨境投资者办税成本。
29		（十）拓展网上办税	扩大“非接触式”服务范围，年内基本实现企业涉费事项能网上办理。
30			年底前基本实现企业税费事项能网上办理、个人税费事项能掌上办理。
31			实现自然人房屋租赁、房屋交易税收以及车船税掌上办理。
32			推进出口货物劳务等税收票证电子化，有效提高获取和使用税收票证的便利度。
33			推广第三方支付等多元化税费缴纳方式，实现移动端便捷缴纳税费。
34			开展社保经办和缴费业务线上“一窗联办”试点，提升缴费人办事体验。
35		（十一）提速退税办理	推广退税网上申请，减少纸质资料传递，实现退税全流程电子化，降低办税成本，加快退税资金到账。
36			精简出口退税涉税资料报送、简化退税办理流程，将全国正常出口退税的平均办理时间由8个工作日压缩至7个工作日以内。
37			推行离境退税便捷支付，推广“即买即退”等便利化措施。
38			优化电子税务局申请留抵退税功能，结合纳税申报情况向纳税人推送留抵退税申请提示信息，在纳税人填报留抵退税申请时实现退税申请基础信息自动带入。

续表

序号	任务类别	任务事项	具体措施
39	三、便捷办理优体验	（十二）便利注销办理	压缩税务注销一般流程办理时限，将增值税一般纳税人税务注销一般流程办理时限进一步压缩至10个工作日，增值税小规模纳税人和其他纳税人税务注销一般流程办理时限进一步压缩至5个工作日。
40			完善企业简易注销登记制度，提供简易注销预先提示服务，便于纳税人在公告期内自主办理。
41			实现企业分支机构注销即办，对申请注销时未处于税务检查状态、无欠税（滞纳金）及罚款、已缴销发票和税控专用设备的企业分支机构，若由总机构汇总缴纳增值税、企业所得税，并且不就地预缴或分配缴纳增值税、企业所得税的，税务机关提供即时办结服务。
42			简化“零申报”资料报送，对处于非正常状态的纳税人在办理税务注销前，通过《批量零申报确认表》方式简化“零申报”，免于补报相应属期的财务会计报表。
43	四、分类服务解难题	（十三）关注特殊人群	坚持传统服务与智能创新“两条腿”走路，在做好线上服务的同时持续优化线下服务，更好满足特殊人群、特殊事项办理的要求。
44			保障老年人、残疾人等特殊人群社保费缴费顺畅便捷。
45		（十四）优化个税汇算	制发办理2020年度个人所得税综合所得汇算清缴公告，进一步完善年度汇算制度、操作指引和宣传方式，引导纳税人顺利办理年度汇算。
46			新增手机App年度汇算专题页，根据纳税人所处年度汇算的时段和状态，采取普遍性与个性化相结合的方式，开展“千人千面”的提示提醒服务。
47			引导纳税人及时确认本人个人所得税预缴申报记录，对接到身份冒用异议申诉的，主管税务机关加快核实处理。
48			适应疫情防控要求，对确需上门办税的可采取预约办理，合理有序引导纳税人办理年度汇算。
49			设置年度汇算专厅或专区，为纳税人提供优质高效办理服务。
50			组建更大规模的咨询辅导团队，对重点人群实行“一对一”咨询辅导责任制。
51			优化年度汇算系统功能，对符合条件的纳税人，个人所得税四项综合所得数据和捐赠数据全部直接预填到申报表中；取得境外所得的自然人纳税人可通过网上税务局网页端办理境外所得申报。
52			优化年度汇算制度，没有任职受雇单位的纳税人可选择向其户籍所在地、经营居住地或者主要收入来源地的主管税务机关申报，保险营销员、证券经纪人以及正在接受全日制学历教育的实习生等，可就近在发放报酬单位所在地办理年度汇算。
53			代办年度汇算时，受雇单位可通过电子邮件、短信、微信等“电子”方式进行确认，与书面确认具有同等法律效力，让单位代办确认更方便。
54			结合模范机关创建活动，组织开展全国范围内的专项志愿服务，通过“党员先锋岗”“青年突击队”“志愿服务团”等方式，帮助特殊群体和有需要的纳税人办理年度汇算。
55		（十五）助力小微企业	运用大数据对小微企业开展“滴灌式”宣传辅导。
56			深化“银税互动”合作，帮助小微企业解决融资难问题。
57			会同有关部门在全国范围内开展助力小微企业发展“春雨润苗”专项行动。

续表

序号	任务类别	任务事项	具体措施
58	四、分类服务解难题	（十六）服务大型企业	协调解决大企业重大复杂涉税诉求，增强税收政策执行确定性。
59			开展大企业跨区域涉税事项协调，增强税收政策执行统一性。
60			继续做好大企业涉税事项事先裁定，为大企业经营决策提供政策确定性。
61			开展部分重点企业税收体检和风险提醒，助力大企业健全内控管理体系。
62		（十七）支持区域发展	实行长江经济带、成渝双城经济圈跨区域涉税事项报验网上办，纳税人在区域内跨省（市）临时从事生产经营活动的，可在机构所在地完成跨区域涉税事项报告后，登录经营地电子税务局办理报验、反馈等事宜。
63			推进长三角地区纳税申报预填服务，增值税小规模纳税人通过电子税务局申报时，系统自动归集纳税人发票开具、房产及土地税源等数据，自动判断应申报税种，自动推送预填数据，由纳税人确认后一次完成各税种申报。
64			指导长三角等地区探索制定土地增值税预征和核定征收的具体办法、统一房地产开发企业土地增值税清算条件。
65			推进成渝双城经济圈实名办税信息互认，推动跨省经营的大中型企业和资金管理规范的小微企业实现税收跨省缴库“同城化、电子化、标准化”，进一步提升跨省经营纳税人的缴库便利性。
66			打通珠三角服务贸易付汇快速通道，建立数据共享机制，提升国际税收办税便利度。
67			制定海南自由贸易港年度税费服务标准，并向社会公开涉及信息报告、税费申报、税费缴纳等方面的服务承诺，按年公布上一年度承诺兑现情况。
68	五、执法维权显温度	（十八）推广首违不罚	推广“首违不罚”清单制度，制定并发布全国统一的“首违不罚”清单。
69			纳税人因申报信息填写错误造成年度汇算多退或少缴税款，纳税人主动或经税务机关提醒后及时改正的，可以按照“首违不罚”原则不予处罚。
70		（十九）推进柔性执法	创新行政执法方式，有效运用说服教育、提示提醒等非强制性执法方式，让执法既有力度又有温度，做到宽严相济、法理相融。
71			推进简易处罚事项网上办理，实现违法信息自动提醒、处罚流程全程网上办、处罚结果实时传递。
72		（二十）加强权益保护	建立税务规范性文件权益性审核机制，规范性文件正式发布前进行权益性审核，确认是否减损纳税人缴费人权益或增加纳税人缴费人负担。
73			实施分类服务和差异化管理，根据风险分析结果，实现“无风险不打扰、低风险预提醒、中高风险严监控”。
74	六、规范执法提质效	（二十一）统一执法标准	推进区域内统一税务行政处罚裁量基准，充分发挥裁量基准制度对税务行政处罚工作的规范引领作用。
75			编制公布税务行政备案事项清单，规范实施备案程序。
76		（二十二）规范执法行为	落实国务院“两个不得”工作要求，有序做好社保费正常征缴工作，不得自行对历史欠费进行集中清缴，不得因社保费征收职责划转使企业特别是中小微企业增加缴费负担。
77			推进税务系统“双随机、一公开”监管，拓展部门联合“双随机、一公开”监管覆盖扩围，规范双随机的方式方法，实现减负增效、提高执法效能、降低征纳成本。
78			加强对税费优惠政策措施落实情况和违规征收“过头税费”问题的分析监控和监督检查。
79			贯彻落实公平竞争审查制度，严肃查处违规增加市场主体负担、不当干预市场主体自主决策等行为。

续表

序号	任务类别	任务事项	具体措施
80	七、信息互通减资料	（二十三）推动信息共享	加大部门信息共享，通过全国一体化政务服务平台，推进与地方政务服务平台对接，完善第三方信息共享制度，逐步丰富政务信息资源共享清单。
81			推进税务备案信息与银行同步共享，进一步优化服务贸易对外支付流程，在服务贸易等项目对外支付税务备案电子化的基础上，更好地满足纳税人异地付汇业务需要。
82			完善汇总纳税企业企业所得税征管流程，推动汇总纳税企业企业所得税涉税信息跨省共享。
83			完善资源环境税收外部数据采集应用功能，扩大免填报数据项范围，优化资源环境税申报功能。
84	八、部门协作促联办	（二十四）深化部门协同	按照国务院办公厅“一事一次办”要求，从纳税人缴费人办成一件事角度出发，加强部门协作共享，为纳税人缴费人提供企业开办、不动产交易等套餐式、主题式集成服务，实现一表申请、一套材料、一次提交、限时办结。
85			健全完善与人力资源社会保障、财政、医疗保障等部门工作协调机制，确保社保费征缴工作平稳有序。
86			推动制定电子发票国家标准和电子发票与财政支付、单位财务核算系统等有机衔接，加快推动电子发票“无纸化”报销、入账、归档等进程。
87			统筹调配服务资源，通过人员共驻、人员互派等方式，推进社保缴费业务和社保、医保经办业务“一厅联办”。
88			制定不动产交易税费集成办理规范。
89	九、国际合作求共赢	（二十五）优化国别指南	持续加强国别（地区）税收信息研究工作，优化“一带一路”相关税收政策资讯服务，分批次更新发布50份国别（地区）投资税收指南。
90			加强对外投资税收政策宣传辅导，完善《“走出去”税收指引》。
91			针对疫情影响，就部分反避税热点问题出台有关解释口径。
92		（二十六）扩大协定网络	推进税收协定谈签工作，为跨境纳税人消除双重征税，并提供涉税争议解决机制，促进跨境投资、技术和人员往来。
93		（二十七）便利国际遵从	扩大我国转让定价国别报告信息交换网络，增加我国转让定价国别报告信息交换伙伴国，批量交换我国企业的国别报告，免除我国企业在投资东道国提交国别报告的遵从负担，避免其在东道国可能受到的处罚。
94			依托电子税务局提供非居民扣缴企业所得税套餐式服务，方便纳税人办理相关业务。
95		（二十八）简化办理程序	制定单边预约定价安排简易程序，发布适用简易程序有关事项的公告，提高为纳税人跨境投资经营提供税收确定性的效率。
96			简化非居民企业汇总纳税办理流程，对非居民企业在境内设立两个或两个以上机构、场所并选择汇总缴纳企业所得税的，实现一地申报、多地缴税。
97	十、诚信纳税予激励	（二十九）完善评价机制	优化纳税信用评价规则，完善纳税信用评价指标，落实纳税信用修复机制，引导纳税人及时、主动纠正失信行为。
98		（三十）深化结果应用	加强重大税收违法失信案件信息动态管理，完善信用修复机制。
99			完善重大税收违法失信案件信息公布办法，进一步规范认定标准，明确失信惩戒措施，保障当事人权利。
100			深化对涉税专业服务信用评价结果的分级分类运用，方便纳税人依据信用积分等指标自主选择税务代理等涉税服务。

另外，结合开展“我为纳税人缴费人办实事暨便民办税春风行动”，国家税务总局与全国工商联联合开展2021年助力小微企业发展“春雨润苗”专项行动，为小微企业“送政策、优体验、助成长”，让各项税费支持政策和创新服务举措及时惠及小微企业，有效激发市场主体活力、拓展成长空间，做到“春风化雨、春雨润苗，助力小微、携手共赢”。

第二节 “最多跑一次”清单

为进一步深化税务系统“放管服”改革，推进办税便利化，减少纳税人办税跑腿，降低纳税人办税成本，税务总局编制了“办税事项‘最多跑一次’清单”（以下简称“清单”），自2018年4月1日起在全国实施。“清单”共有报告类、发票类、申报类、备案类、证明类5大类105个事项（见表5.2）。

表 5.2 办税事项“最多跑一次”清单

序号	事项类别	事项名称
1	报告类	自然人纳税人信息采集
2		扣缴税款登记
3		存款账户账号报告
4		财务会计制度及核算软件备案报告
5		跨区域涉税事项报告
6		跨区域涉税事项报验
7		跨区域涉税事项反馈
8		增值税一般纳税人登记
9		选择按增值税小规模纳税人纳税
10		增值税一般纳税人选择简易计税方法计算缴纳增值税
11		欠税人处置不动产或大额资产报告
12		纳税人合并分立情况报告
13		发包、出租情况报告
14	发票类	发票票种核定
15		增值税专用发票（增值税税控系统）最高开票限额审批（10万元以下）
16		增值税税控系统专用设备初始发行
17		增值税税控系统专用设备变更发行
18		增值税税控系统专用设备注销发行

续表

序号	事项类别	事项名称
19	发票类	发票领用
20		发票退回
21		代开增值税发票（国税）
22		代开增值税发票（地税）
23		发票验旧
24		增值税发票存根联数据采集
25		发票认证
26		海关完税凭证数据采集
27		发票缴销
28		发票挂失、损毁报备
29		丢失被盗税控专用设备处理
30	申报类	增值税一般纳税人申报
31		增值税小规模纳税人（非定期定额户）申报
32		增值税预缴申报
33		航空运输企业汇总缴纳增值税年度清算申报
34		烟类应税消费品消费税申报
35		酒类应税消费品消费税申报
36		成品油消费税申报
37		小汽车消费税申报
38		电池消费税申报
39		涂料消费税申报
40	申报类	其他类消费税申报
41		车辆购置税申报
42		居民企业所得税月（季）度预缴纳税申报（适用查账征收）
43		居民企业所得税月（季）度预缴纳税申报（适用核定征收）
44		居民企业所得税年度纳税申报（适用查账征收）
45		居民企业所得税年度纳税申报（适用核定征收）
46		居民企业清算企业所得税申报
47		非居民企业所得税季度纳税申报（适用据实申报）
48		非居民企业所得税季度纳税申报（适用核定征收）及不构成常设机构和国际运输免税申报

续表

序号	事项类别	事项名称
49	申报类	非居民企业所得税年度纳税申报（适用据实申报）
50		非居民企业所得税年度纳税申报（适用核定征收）及不构成常设机构和国际运输免税申报
51		自然人纳税人个人所得税自行纳税申报
52		生产、经营纳税人个人所得税自行纳税申报
53		房产税申报
54		城镇土地使用税申报
55		土地增值税纳税申报（从事房地产开发的纳税人预征适用）
56		耕地占用税申报
57		资源税申报
58		印花税申报
59		车船税申报
60		烟叶税申报
61		城市维护建设税申报
62		废弃电器电子产品处理基金申报
63		文化事业建设费申报
64		教育费附加和地方教育附加申报
65		定期定额个体工商户增值税申报
66		定期定额个体工商户消费税申报
67		委托代征申报
68		扣缴车船税申报
69		扣缴非居民企业所得税申报
70		扣缴个人所得税申报
71		代扣代缴文化事业建设费申报
72		代扣代缴证券交易印花税申报
73		代扣代缴、代收代缴报告
74		财务会计报告报送
75		出口退（免）税预申报
76		关联申报
77		国别报告
78		成本分摊协议副本报送

续表

序号	事项类别	事项名称
79	备案类	增值税优惠备案
80		消费税优惠备案
81		车辆购置税优惠备案
82		非居民企业享受税收协定待遇办理
83		企业所得税优惠备案
84		个人所得税优惠备案
85		企业年金、职业年金计划报告
86		股权激励或以技术成果投资入股递延纳税报告
87		非居民个人享受税收协定待遇办理
88		资源税优惠备案
89		印花税优惠备案
90		出口退（免）税备案
91		集团公司成员企业备案
92		融资租赁企业退税备案
93		边贸代理出口备案
94		出口企业放弃退（免）税权备案
95		出口企业申请出口退税提醒服务
96		跨境应税行为免征增值税备案
97		非居民企业股权转让适用特殊性税务处理的备案
98		服务贸易等项目对外支付税务备案
99	证明类	完税证明开具
100		开具个人所得税完税证明
101		“非居民企业汇总申报企业所得税证明”开具
102		丢失增值税专用发票已报税证明单开具
103		“车辆购置税完税证明”补办
104		“车辆购置税完税证明”更正
105		“资源税管理证明”开具

各省税务机关可通过推行网上办税、邮寄配送、上门办税等多种方式，在税务总局“清单”的基础上增列“最多跑一次”办税事项，分别形成本省税务局的办税事项“最多跑一次”清单并向社会公告实施。例如，江西省税务局发布《税费事项“最多跑一次”清单》和《税费事项“一次不跑”清单》(江西省

税务局公告2021年第1号），进一步便利纳税人、缴费人涉税事项办理；国家税务总局北京市税务局、国家税务总局天津市税务局、国家税务总局河北省税务局联合印发《京津冀办税事项“最多跑一次”清单》（京税发〔2020〕143号），着力提升纳税人办税体验。

第三节　优化税收营商环境

营商环境，是指企业等市场主体在市场经济活动中所涉及的体制机制性因素和条件。世界银行自2003年起，根据一定的规则对各成员营商环境进行测评并形成年度报告（Doing Business，简称“DB”）。DB报告主要包括开办企业、办理施工许可证、获得电力、登记财产、获得信贷、保护少数投资者、纳税、跨境贸易、执行合同、办理破产、劳动力市场监管等11个指标，其中，纳税指标又细分纳税次数、纳税时间、总税率和社会缴纳费率、税后流程四项二级指标。根据DB 2020，中国纳税指标排名105位，纳税次数7次；纳税时间138小时/年（较上一年度压缩4小时）；总税收和缴费率为63.14%；税后流程中遵守企业所得税审计的时间和完成企业所得税审计的时间两项均为满分。

为了持续优化营商环境，不断解放和发展社会生产力，加快建设现代化经济体系，推动高质量发展，自2020年1月1日起《优化营商环境条例》施行。随后，国家税务总局等十三部门发布《国家税务总局等十三部门关于推进纳税缴费便利化改革优化税收营商环境若干措施的通知》（税总发〔2020〕48号），进一步推进纳税缴费便利化改革，持续提升为市场主体服务水平，加快打造市场化、法治化、国际化税收营商环境，主要内容如下：

一、持续推进减税降费政策直达快享

（一）优化政策落实工作机制

融合运用网络、热线、政务服务场所等线上线下渠道，综合采取“云讲堂”、在线答疑、现场培训、编发指引、定点推送等方式，及时发布税费优惠政策，不断加大辅导解读力度，确保政策广为周知、易懂能会。着力打造“网上有专栏、线上有专席、场点有专窗、事项有专办、全程有专督”的政策落实保障体系，确保各项减税降费政策不折不扣落实到位。

（二）充分发挥大数据作用确保政策应享尽享

深化大数据分析和应用，主动甄别符合享受优惠政策条件的纳税人缴费人，精准推送税费政策信息，帮助纳税人缴费人充分适用优惠政策。运用税费大数据监测减税降费政策落实情况，及时扫描分析应享未享和违规享受的疑点信息，

让符合条件的纳税人缴费人应享尽享，对违规享受的及时提示纠正和处理。

（三）压缩优惠办理手续确保流程简明易行好操作

优化纳税人缴费人享受税费优惠方式，加大部门协同和信息共享，除依法需要核准或办理备案的事项外，推行“自行判别、申报享受、资料留存备查”的办理方式，进一步提升纳税人缴费人享受政策红利和服务便利的获得感。

（四）提高增值税留抵退税政策落实效率

依托电子税务局，拓展纳税人网上申请和办理增值税留抵退税业务渠道，提高退税效率。财政部门加强统筹，及时保障退库资金到位。财政、税务和国库部门密切合作，畅通电子退税渠道，确保符合条件的纳税人及时获得退税款。

（五）加快出口业务各环节事项办理速度

优化“单一窗口”出口退税申报功能。推行无纸化单证备案。进一步简化结关、收汇手续。商务、人民银行、海关、税务等部门强化协作配合，扩大数据共享范围，加大宣传辅导力度，帮助出口企业加快全环节各事项办理速度、压缩单证收集整理时间，提升出口退税整体效率。税务部门办理正常出口退税业务的平均时间确保不超过8个工作日，并进一步压缩A级纳税人办理时限。

二、不断提升纳税缴费事项办理便利度

（一）拓展税费综合申报范围

在进一步落实城镇土地使用税、房产税合并申报的基础上，加快推进增值税、消费税同城市维护建设税等附加税费合并申报及财产行为税一体化纳税申报，进一步简并申报次数，减轻纳税缴费负担。

（二）压减纳税缴费时间和纳税次数

对标国际先进水平，进一步优化纳税缴费流程、精简申报资料，试行税务证明事项告知承诺制，进一步减少证明材料。2020年年底前，纳税缴费时间压减至120小时以内；2022年年底前，纳税缴费时间压减至100小时以内，纳税次数进一步压减，促进营商环境持续改善。

（三）大力推进税费事项网上办掌上办

进一步巩固拓展“非接触式”办税缴费服务。2020年年底前，实现主要涉税服务事项网上办理；2021年年底前，除个别特殊、复杂事项外，基本实现企业办税缴费事项可网上办理，个人办税缴费事项可掌上办理。

（四）推进纳税缴费便利化创新试点

充分发挥税收服务作用，在支持京津冀协同发展、长江经济带发展、长三

角一体化发展、粤港澳大湾区建设、黄河流域生态保护和高质量发展以及海南自由贸易港、成渝地区双城经济圈建设等国家发展重大战略中，积极推进纳税缴费便利化改革创新试点，探索可复制、可推广经验，完善税费服务体系。

三、稳步推进发票电子化改革促进办税提速增效降负

（一）分步实施发票电子化改革

在实现增值税普通发票电子化的基础上，2020年选择部分地区新办纳税人开展增值税专用发票电子化改革试点，年底前基本实现新办纳税人增值税专用发票电子化。2021年年底前，力争建成全国统一的电子发票服务平台和税务网络可信身份系统，建立与发票电子化相匹配的管理服务模式，增进市场主体发票使用便利，进一步降低制度性交易成本，推进智慧税务建设。

（二）推进电子发票应用的社会化协同

税务部门公开电子发票数据规范和技术标准，加快推动国家标准制定。财政、档案等部门积极推进会计凭证电子化入账、报销、归档工作，推动电子发票与财政支付、单位财务核算等系统衔接，引导市场主体和社会中介服务机构提升财务管理和会计档案管理电子化水平。加快修订《中华人民共和国发票管理办法》等法规制度，加强电子发票推行应用的法律支撑。

四、优化税务执法方式维护市场主体合法权益

（一）严格规范公正文明执法

坚持依法依规征税收费，坚决防止和制止收过头税费。全面深入推行行政执法公示、执法全过程记录、重大执法决定法制审核制度，坚决防止粗放式、选择性、一刀切的随意执法。健全完善税务机关权责清单，实施税务行政执法案例指导制度，持续规范行政处罚裁量基准，加快推进简易处罚事项网上办理，进一步推行重大税务案件审理说明理由制度试点。强化税务执法内部控制和监督，全面推进内控机制信息化建设，规范执法行为，减少执法风险。加强税费政策法规库建设，通过税务网站集中统一对外公布并动态更新，增强税务执法依据的确定性、稳定性和透明度，持续打造公正公平的法治化税收营商环境。

（二）强化分类精准管理

不断完善税收大数据和风险管理机制，健全税务管理体系。积极构建动态“信用+风险”新型管理方式，实时分析识别纳税人行为和特征，实现“无风险不打扰、低风险预提醒、中高风险严监控”。对逃避税问题多发的重点行业、重点领域，加强税收风险防控。加强税务、公安、人民银行、海关等部门的密

切协作，严格依法查处利用“假企业”“假出口”“假申报”等手段虚开骗税行为，规范税收秩序，促进公平竞争，努力做到对市场主体干扰最小化、监管效能最大化。

（三）健全完善纳税信用管理制度

依法依规深化守信激励和失信惩戒，促进社会信用体系建设。坚持依法依规和包容审慎监管原则，进一步落实好纳税信用评价级别修复相关规定，引导纳税人及时、主动纠正失信行为，提高诚信纳税意识。加强重大税收违法失信案件信息和当事人名单动态管理，为当事人提供提前撤出名单的信用修复途径，引导市场主体规范健康发展。

五、强化跟踪问效确保各项措施落实落细

（一）加强评价考核

坚持以纳税人缴费人感受为导向，评价和改进纳税缴费便利化各项工作。认真开展政务服务“好差评”，实现政务服务事项、评价对象、服务渠道全覆盖，确保每项差评反映的问题能够及时整改，全面提升政务服务能力和水平，不断增强市场主体的获得感、满意度。

（二）加大监督力度

统筹运用多种监督方式和资源，加强对税费优惠政策以及纳税缴费便利化措施落实情况的监督检查，对落实不力的严肃追责问责。充分发挥明察暗访、“四不两直”督查的作用，促进问题早发现早整改。加强政策措施运行情况的评估，健全政策出台、落实、评估、改进的闭环机制，完善全链条管理，为政策措施直达基层、直接惠及市场主体疏堵消障、加力提效。

第四节　纳税信用管理

纳税信用管理，是指税务机关对纳税人的纳税信用信息开展的采集、评价、确定、发布和应用等活动。

一、纳税信用评价

（一）纳税信用级别

纳税信用级别为A、B、M、C、D五级。A级纳税信用为年度评价指标得分90分以上的；B级纳税信用为年度评价指标得分70分以上不满90分的；C级

纳税信用为年度评价指标得分40分以上不满70分的；D级纳税信用为年度评价指标得分不满40分或者直接判级确定的。未发生《纳税信用管理办法（试行）》（国家税务总局公告2014年第40号）第二十条所列失信行为的下列企业适用M级纳税信用：

1.新设立企业。

2.评价年度内无生产经营业务收入且年度评价指标得分70分以上的企业。

（二）有下列情形之一的纳税人，本评价年度不能评为A级

1.实际生产经营期不满3年的。

2.上一评价年度纳税信用评价结果为D级的。

3.非正常原因一个评价年度内增值税或营业税连续3个月或者累计6个月零申报、负申报的。

4.不能按照国家统一的会计制度规定设置账簿，并根据合法、有效凭证核算，向税务机关提供准确税务资料的。

（三）有下列情形之一的纳税人，本评价年度直接判为D级

1.存在逃避缴纳税款、逃避追缴欠税、骗取出口退税、虚开增值税专用发票等行为，经判决构成涉税犯罪的。

2.存在前项所列行为，未构成犯罪，但偷税（逃避缴纳税款）金额10万元以上且占各税种应纳税总额10%以上，或者存在逃避追缴欠税、骗取出口退税、虚开增值税专用发票等税收违法行为，已缴纳税款、滞纳金、罚款的。

3.在规定期限内未按税务机关处理结论缴纳或者足额缴纳税款、滞纳金和罚款的。

4.以暴力、威胁方法拒不缴纳税款或者拒绝、阻挠税务机关依法实施税务稽查执法行为的。

5.存在违反增值税发票管理规定或者违反其他发票管理规定的行为，导致其他单位或者个人未缴、少缴或者骗取税款的。

6.提供虚假申报材料享受税收优惠政策的。

7.骗取国家出口退税款，被停止出口退（免）税资格未到期的。

8.有非正常户记录或者由非正常户直接责任人员注册登记或者负责经营的。

9.由D级纳税人的直接责任人员注册登记或者负责经营的。

10.存在税务机关依法认定的其他严重失信情形的。

（四）纳税人有下列情形的，不影响其纳税信用评价

1.由于税务机关原因或者不可抗力，造成纳税人未能及时履行纳税义务的。

2.非主观故意的计算公式运用错误以及明显的笔误造成未缴或者少缴税款的。

3.国家税务总局认定的其他不影响纳税信用评价的情形。

二、纳税信用评价结果应用

税务机关每年4月确定上一年度纳税信用评价结果，并为纳税人提供自我查询服务。税务机关按照守信激励，失信惩戒的原则，对不同信用级别的纳税人实施分类服务和管理。

1.对纳税信用评价为A级的纳税人，税务机关予以下列激励措施：

（1）主动向社会公告年度A级纳税人名单；

（2）一般纳税人可单次领取3个月的增值税发票用量，需要调整增值税发票用量时即时办理；

（3）普通发票按需领用；

（4）连续3年被评为A级信用级别（简称“3连A”）的纳税人，除享受以上措施外，还可以由税务机关提供绿色通道或专门人员帮助办理涉税事项；

（5）税务机关与相关部门实施的联合激励措施，以及结合当地实际情况采取的其他激励措施。

2.对纳税信用评价为B级的纳税人，税务机关实施正常管理，适时进行税收政策和管理规定的辅导，并视信用评价状态变化趋势选择性地提供A级纳税人激励措施。

3.对纳税信用评价为C级的纳税人，税务机关应依法从严管理，并视信用评价状态变化趋势选择性地采取D级纳税人管理措施。

4.对纳税信用评价为D级的纳税人，税务机关应采取以下措施：

（1）按规定公开D级纳税人及其直接责任人员名单，对直接责任人员注册登记或者负责经营的其他纳税人纳税信用直接判为D级；

（2）增值税专用发票领用按辅导期一般纳税人政策办理，普通发票的领用实行交（验）旧供新、严格限量供应；

（3）加强出口退税审核；

（4）加强纳税评估，严格审核其报送的各种资料；

（5）列入重点监控对象，提高监督检查频次，发现税收违法违规行为的，不得适用规定处罚幅度内的最低标准；

（6）将纳税信用评价结果通报相关部门，建议在经营、投融资、取得政府供应土地、进出口、出入境、注册新公司、工程招投标、政府采购、获得荣誉、安全许可、生产许可、从业任职资格、资质审核等方面予以限制或禁止；

（7）税务机关与相关部门实施的联合惩戒措施，以及结合实际情况依法采取的其他严格管理措施。

三、纳税信用修复

纳入纳税信用管理的企业纳税人，符合下列条件之一的，可在规定期限内向主管税务机关申请纳税信用修复。

1. 纳税人发生未按法定期限办理纳税申报、税款缴纳、资料备案等事项且已补办的。

2. 未按税务机关处理结论缴纳或者足额缴纳税款、滞纳金和罚款，未构成犯罪，纳税信用级别被直接判为D级的纳税人，在税务机关处理结论明确的期限期满后60日内足额缴纳、补缴的。

3. 纳税人履行相应法律义务并由税务机关依法解除非正常户状态的。

纳税信用修复范围及标准（见表5.3）。

表 5.3　　纳税信用修复范围及标准

序号	指标名称	指标代码	失信扣分分值	修复加分分值和修复标准		
				30 日内纠正	30 日后本年纠正	30 日后次年纠正
1	未按规定期限纳税申报	010101	5 分	涉及税款 1 000 元以下的加 5 分，其他的加 4 分	2 分	1 分
2	未按规定期限代扣代缴	010102	5 分	涉及税款 1 000 元以下的加 5 分，其他的加 4 分	2 分	1 分
3	未按规定期限填报财务报表	010103	3 分	2.4 分	1.2 分	0.6 分
4	从事进料加工业务的生产企业，未按规定期限办理进料加工登记、申报、核销手续的	010304	3 分	2.4 分	1.2 分	0.6 分
5	未按规定时限报送财务会计制度或财务处理办法	010501	3 分	2.4 分	1.2 分	0.6 分
6	使用计算机记账，未在使用前将会计电算化系统的会计核算软件、使用说明书及有关资料报送主管税务机关备案的	010502	3 分	2.4 分	1.2 分	0.6 分
7	纳税人与其关联企业之间的业务往来应向税务机关提供有关价格、费用标准信息而未提供的	010503	3 分	2.4 分	1.2 分	0.6 分
8	未按规定（期限）提供其他涉税资料的	010504	3 分	2.4 分	1.2 分	0.6 分
9	未在规定时限内向主管税务机关报告开立（变更）账号的	010505	5 分	4 分	2 分	1 分
10	未按规定期限缴纳已申报或批准延期申报的应纳税（费）款	020101	5 分	涉及税款 1 000 元以下的加 5 分，其他的加 4 分	2 分	1 分
11	至评定期末，已办理纳税申报后纳税人未在税款缴纳期限内缴纳税款或经批准延期缴纳的税款期限已满，纳税人未在税款缴纳期限内缴纳的税款在5万元以上（含5万元）的	020201	11 分	8.8 分	4.4 分	2.2 分

续表

序号	指标名称	指标代码	失信扣分分值	修复加分分值和修复标准		
				30日内纠正	30日后本年纠正	30日后次年纠正
12	至评定期末，已办理纳税申报后纳税人未在税款缴纳期限内缴纳税款或经批准延期缴纳的税款期限已满，纳税人未在税款缴纳期限内缴纳的税款在5万元以下的	020202	3分	涉及税款1 000元以下的加3分，其他的加2.4分	1.2分	0.6分
13	已代扣代收税款，未按规定解缴的	020301	11分	涉及税款1 000元以下的加11分，其他的加8.8分	4.4分	2.2分
14	未履行扣缴义务，应扣未扣，应收不收税款	020302	3分	涉及税款1 000元以下的加3分，其他的加2.4分	1.2分	0.6分
15	银行账户设置数大于纳税人向税务机关提供数	——	11分	8.8分	4.4分	2.2分
16	有非正常户记录的纳税人	040103	直接判D	履行相应法律义务并由税务机关依法解除非正常户状态的，税务机关依据纳税人申请重新评价纳税信用级别，但不得评价为A级		
17	在规定期限内未补交或足额补缴税款、滞纳金和罚款	050107	直接判D	在税务机关处理结论明确的期限期满后60日内足额补缴的（构成犯罪的除外），税务机关依据纳税人申请重新评价纳税信用级别，但不得评价为A级		
18	非正常户直接责任人员注册登记或负责经营的其他纳税户	040104	直接判D	非正常户纳税人纳税信用修复后纳税信用级别不为D级的，税务机关依据纳税人申请重新评价纳税信用级别		
19	D级纳税人的直接责任人员注册登记或负责经营的其他纳税户	040105	直接判D	D级纳税人纳税信用修复后纳税信用级别不为D级的，税务机关依据纳税人申请重新评价纳税信用级别		

备注：1. 30日内纠正，即在失信行为被税务机关列入失信记录后30日内（含30日）纠正失信行为。
2. 30日后本年纠正，即在失信行为被税务机关列入失信记录后超过30日且在当年年底前纠正失信行为。
3. 30日后次年纠正，即在失信行为被税务机关列入失信记录后超过30日且在次年年底前纠正失信行为。

四、个人所得税纳税信用建设

为贯彻落实《中华人民共和国个人所得税法》及其实施条例、《国务院关于印发个人所得税专项附加扣除暂行办法的通知》（国发〔2018〕41号）、《国务院关于印发社会信用体系建设规划纲要（2014—2020年）的通知》（国发〔2014〕21号）、《国务院关于建立完善守信联合激励和失信联合惩戒制度加快推进社会诚信建设的指导意见》（国发〔2016〕33号）、《国务院办公厅关于加快推进社会信用体系建设构建以信用为基础的新型监管机制的指导意见》（国办发〔2019〕35号），强化个人所得税纳税信用协同共治，促进纳税人依法诚信纳税，国家发展改革委办公厅、国家税务总局办公厅出台《国家发展改革委办公厅、国家税务总局办公厅关于加强个人所得税纳税信用建设的通知》（发改办财金规〔2019〕860号）。

（一）建立个人所得税纳税信用管理机制

1.全面实施个人所得税申报信用承诺制。税务部门在个人所得税自行纳税申报表、个人所得税专项附加扣除信息表等表（单）中设立格式规范、标准统一的信用承诺书，纳税人需对填报信息的真实性、准确性、完整性作出守信承诺。信用承诺的履行情况纳入个人信用记录，提醒和引导纳税人重视自身纳税信用，并视情况予以失信惩戒。

2.建立健全个人所得税纳税信用记录。国家税务总局以自然人纳税人识别号为唯一标识，以个人所得税纳税申报记录、专项附加扣除信息报送记录、违反信用承诺和违法违规行为记录为重点，研究制定自然人纳税信用管理的制度办法，全面建立自然人纳税信用信息采集、记录、查询、应用、修复、安全管理和权益维护机制，依法依规采集和评价自然人纳税信用信息，形成全国自然人纳税信用信息库，并与全国信用信息共享平台建立数据共享机制。

3.建立自然人失信行为认定机制。对于违反《中华人民共和国税收征管法》《中华人民共和国个人所得税法》以及其他法律法规和规范性文件，违背诚实信用原则，存在偷税、骗税、骗抵、冒用他人身份信息、恶意举报、虚假申诉等失信行为的当事人，税务部门将其列入重点关注对象，依法依规采取行政性约束和惩戒措施；对于情节严重、达到重大税收违法失信案件标准的，税务部门将其列为严重失信当事人，依法对外公示，并与全国信用信息共享平台共享。

（二）完善守信联合激励和失信联合惩戒机制

1.对个人所得税守信纳税人提供更多便利和机会。探索将个人所得税守信情况纳入自然人诚信积分体系管理机制。对个人所得税纳税信用记录持续优良的纳税人，相关部门应提供更多服务便利，依法实施绿色通道、容缺受理等激励措施；鼓励行政管理部门在颁发荣誉证书、嘉奖和表彰时将其作为参考因素予以考虑。

2.对个人所得税严重失信当事人实施联合惩戒。税务部门与有关部门合作，建立个人所得税严重失信当事人联合惩戒机制，对经税务部门依法认定，在个人所得税自行申报、专项附加扣除和享受优惠等过程中存在严重违法失信行为的纳税人和扣缴义务人，向全国信用信息共享平台推送相关信息并建立信用信息数据动态更新机制，依法依规实施联合惩戒。

（三）加强信息安全和权益维护

1.强化信息安全和隐私保护。税务部门依法保护自然人纳税信用信息，积极引导社会各方依法依规使用自然人纳税信用信息。各地区、各部门要按最小授权原则设定自然人纳税信用信息管理人员权限。加大对信用信息系统、信用服务机构数据库的监管力度，保护纳税人合法权益和个人隐私，确保国家信息安全。

2. 建立异议解决和失信修复机制。对个人所得税纳税信用记录存在异议的，纳税人可向税务机关提出异议申请，税务机关应及时回复并反馈结果。自然人在规定期限内纠正失信行为、消除不良影响的，可以通过主动做出信用承诺、参与信用知识学习、税收公益活动或信用体系建设公益活动等方式开展信用修复，对完成信用修复的自然人，税务部门按照规定修复其纳税信用。对因政策理解偏差或办税系统操作失误导致轻微失信，且能够按照规定履行涉税义务的自然人，税务部门将简化修复程序，及时对其纳税信用进行修复。

第六章

税收风险管理

《中共中央办公厅、国务院办公厅关于进一步深化税收征管改革的意见》中提出，深化税收征管制度改革，着力建设以服务纳税人缴费人为中心、以发票电子化改革为突破口、以税收大数据为驱动力的具有高集成功能、高安全性能、高应用效能的智慧税务，深入推进精确执法、精细服务、精准监管、精诚共治，大幅提高税法遵从度和社会满意度，明显降低征纳成本，充分发挥税收在国家治理中的基础性、支柱性、保障性作用，为推动高质量发展提供有力支撑。到2023年，基本建成“无风险不打扰、有违法要追究、全过程强智控”的税务执法新体系，实现从经验式执法向科学、精确执法转变。

《国家税务总局关于深入学习贯彻落实〈关于进一步深化税收征管改革的意见〉的通知》（税总发〔2021〕21号，以下简称《意见》）进一步明确，实施科学、精准的税务监管，维护经济税收秩序，是税务部门的重要职责。要深刻把握

《意见》对管出公平、管出质量的部署和要求，建立健全以“信用+风险”为基础的新型监管机制，推动从“以票管税”向“以数治税”分类精准监管转变，既以最严格的标准防范逃避税，又避免影响企业正常生产经营，实现对市场主体干扰最小化，监管效能最大化。

《国家税务总局等十三部门〈关于推进纳税缴费便利化改革优化税收营商环境若干措施〉的通知》（税总发〔2020〕48号）亦提到，要强化分类精准管理，不断完善税收大数据和风险管理机制，健全税务管理体系。积极构建动态“信用+风险”新型管理方式，实时分析识别纳税人行为和特征，实现“无风险不打扰、低风险预提醒、中高风险严监控”。对逃避税问题多发的重点行业、重点领域，加强税收风险防控。加强税务、公安、人民银行、海关等部门之间的密切协作，严格依法查处利用“假企业”“假出口”“假申报”等手段虚开骗税行为，规范税收秩序，促进公平竞争，努力做到对市场主体干扰最小化、监管效能最大化。

由上述文件可见，在“以数治税”理念下，税收风险管理贯穿税收管理的全过程，是提升税收管理质效的重要方式，也是促进纳税人税法遵从的有力保障。

第一节 税收风险管理概述

税收风险管理的基本内容包括目标规划、信息收集、风险识别、等级排序、风险应对、过程监控和评价反馈，以及通过评价成果应用于规划目标的修订校正，从而形成良性互动、持续改进的管理闭环。

一、目标规划

要结合税收形势和外部环境，确定税收风险管理工作重点、工作措施和实施步骤，形成系统性、全局性的战略规划和年度计划，统领和指导税收风险管理工作。

二、信息收集

信息收集是税收风险管理的基础，是后续风险指标设计的源泉。目前，涉税信息收集主要有企业登记信息，包括基本情况、开业登记、变更登记、注销登记、扣缴义务人登记、银行账号信息等；资格认定信息，包括税种认定、扣缴义务人税种认定、增值税一般纳税人资格登记、税收优惠资格认定等；申报数据信息，主要是各税种申报表申报数据、附报的财务报表数据等；发票数据信息；第三方数据，包括工商、海关、人力资源和社会保障局、民政局、房管局、外管局、人民银行等。

三、风险识别

建立覆盖税收征管全流程、各环节、各税种、各行业的风险识别指标体系，利用风险特征库和分析模型等风险分析工具对纳税人的涉税信息进行扫描、分析和识别，找出容易发生风险的领域、环节或纳税人群体，为税收风险管理提供精准指向和具体对象。

四、等级排序

根据风险识别结果，建立风险纳税人库，按纳税人归集风险点，综合评定纳税人的风险分值，并进行等级排序，确定每个纳税人的风险等级。一般情况下，结合征管资源和专业人员的配置情况，按照风险等级由高到低合理确定需采取措施的应对任务数量。

五、风险应对

要按纳税人区域、规模和特定事项等要素，合理确定风险应对层级和承办部门。风险应对过程中，可采取风险提醒、纳税评估、税务审计、反避税调查、税务稽查等差异化应对手段。

六、过程监控及评价反馈

要对税收风险管理全过程实施有效监控，建立健全考核评价机制，及时监控和通报各环节的运行情况，并对风险识别的科学性和针对性、风险等级排序的准确性、风险应对措施的有效性等进行效果评价。要将风险应对效果纳入绩效考核体系，加强对过程监控和评价结果的应用，优化识别指标和模型，完善管理措施，提出政策调整建议，实现持续改进。要全面归集分析税务总局定点联系企业税收风险的性质及成因，提出风险防控建议，反馈给企业集团。

税收风险管理与各税种业务紧密相关，在各税种管理过程中，要结合税种特征与风险管理方法设计各项风险识别指标及应对方案，做到对纳税人实施全链条、精准化、精细化管理。

第二节　增值税税收风险管理

在进一步落实“放管服”，便利市场主体经营的同时，防范增值税发票虚开虚抵，加强增值税事中、事后监管，是税收风险管理的重要内容。

一、发票风险管理

发票包含着大量的企业经营数据与涉税信息，涉及增值税抵扣与企业所得税、土地增值税税前扣除，从“以票管税”到“以数治税”，发票链条中的数据信息是增值税风险管理中的重中之重。目前，风险纳税人发票领用开具控票控量、增值税异常抵扣凭证管理、快反机制等措施对发票风险起到有效的防控作用。在发票风险管理中，可关注以下方面内容：

1.开具行为异常。例如，短期内顶额、顶量开具发票，大量作废、红冲发票，发票开具品目与企业经营范围不符，向同一受票方开具大额发票，关联企业在同一期间内向同一受票方大额开具发票，发票开具后立即注销企业等。

2.发票开具抵扣链条中存在异常。通过发票电子底账系统，链条式层层关注发票开具、抵扣全过程，及时筛查发现进、销品目明显不符的企业，关注发票链条底端（即最终受票方）的业务内容是否与其经营规模、业态相符。

3.关注不征税项目、免税项目、差额征税项目发票开具。

4.对于特殊行业设置风险阈值。对于医药、建筑安装、平台经济、农副产品、大宗商品等虚开虚抵现象较为严重的行业，设置发票开具、收受、抵扣等风险阈值，专向性、常态化关注，及时发现风险并推送应对。

另外，随着“以数治税”的推进，可增加发票填列要素，增强发票数据信息对企业税收风险管理的效能。例如，可在发票中增加运输信息，因为虽然合同可以虚构、资金可以私对私回流，但运输轨迹无法改变。鉴于交通部要求所有超过12吨以上的货车必须安装卫星定位系统，可要求运输发票备注栏填列运输车牌号，以便通过“税运通”等运输软件查证运输轨迹以佐证交易的真实性。又如，可以将收款信息设计为发票关键填列内容，包括现金付款、银行转账、支付宝等收款方式信息和非现金收款的账户信息。发票记载的收款信息可以用于虚开发票管理：一是可以用于评估虚开风险。如果发票记载的收款账户并非企业户头，以及开出发票中现金付款较多，则开票方存在明显的虚开风险，可以在受票方认证或查验时，及时提示虚开发票风险，乃至自动判定为异常凭证。如果买方接受发票中存在较多的现金付款，则存在较大的恶意接受虚开发票风险。二是记载的非现金支付付款信息，可以用于事后追踪资金流情况，便于虚开发票查处。

二、申报信息比对

根据《国家税务总局关于印发〈增值税纳税申报比对管理操作规程（试行）〉的通知》（税总发〔2017〕124号），申报信息比对管理是指税务机关以信息化为依托，通过优化整合现有征管信息资源，对增值税纳税申报信息进行票、表、税比对，并对比对结果进行相应处理。

（一）申报信息比对范围及内容

1.比对信息范围。

（1）增值税纳税申报表及其附列资料（以下简称“申报表”）信息。

（2）增值税一般纳税人和小规模纳税人开具的增值税发票信息。

（3）增值税一般纳税人取得的进项抵扣凭证信息。

（4）纳税人税款入库信息。

（5）增值税优惠备案信息。

（6）申报比对所需的其他信息。

2.比对内容。比对内容包括表表比对、票表比对和表税比对。表表比对是指申报表表内、表间逻辑关系比对。票表比对是指各类发票、凭证、备案资格等信息与申报表进行比对。表税比对是指纳税人当期申报的应纳税款与当期的实际入库税款进行比对。

（二）申报比对规则

1.增值税一般纳税人票表比对规则。

（1）销项比对。当期开具发票（不包含不征税发票）的金额、税额合计数应小于或者等于当期申报的销售额、税额合计数。

纳税人当期申报免税销售额、即征即退销售额的，应当比对其增值税优惠备案信息，按规定不需要办理备案手续的除外。

（2）进项比对。

①当期已认证或确认的进项增值税专用发票（以下简称“专用发票”）上注明的金额、税额合计数应大于或者等于申报表中本期申报抵扣的专用发票进项金额、税额合计数。

②经稽核比对相符的海关进口增值税专用缴款书上注明的税额合计数应大于或者等于申报表中本期申报抵扣的海关进口增值税专用缴款书的税额。

③取得的代扣代缴税收缴款凭证上注明的增值税税额合计数应大于或者等于申报表中本期申报抵扣的代扣代缴税收缴款凭证的税额。

④取得的“出口货物转内销证明”上注明的进项税额合计数应大于或者等于申报表中本期申报抵扣的外贸企业进项税额抵扣证明的税额。

⑤按照政策规定，依据相关凭证注明的金额计算抵扣进项税额的，计算得出的进项税额应大于或者等于申报表中本期申报抵扣的相应凭证税额。

⑥红字增值税专用发票信息表中注明的应作转出的进项税额应等于申报表中进项税额转出中的红字专用发票信息表注明的进项税额。

⑦申报表中进项税额转出金额不应小于零。

（3）应纳税额减征额比对。当期申报的应纳税额减征额应小于或者等于当期符合政策规定的减征税额。

（4）预缴税款比对。申报表中的预缴税额本期发生额应小于或者等于实际已预缴的税款。

（5）特殊规则。

①实行汇总缴纳增值税的总机构和分支机构可以不进行票表比对。

②按季申报的纳税人应当对其季度数据进行汇总比对。

2.增值税小规模纳税人票表比对规则。

（1）当期开具的增值税专用发票金额应小于或者等于申报表填报的增值税专用发票销售额。

（2）当期开具的增值税普通发票金额应小于或者等于申报表填报的增值税普通发票销售额。

（3）申报表中的预缴税额应小于或者等于实际已预缴的税款。

（4）纳税人当期申报免税销售额的，应当比对其增值税优惠备案信息，按规定不需要办理备案手续的除外。

3.表税比对规则。纳税人当期申报的应纳税款应小于或者等于当期实际入库税款。

4.申报比对其他规则。

（1）税务总局可以根据增值税风险管理的需要，对申报表特定项目设置申报比对规则。

（2）各省国税机关可以根据申报比对管理实际，合理设置相关比对项目金额尾差的正负范围。

（3）主管税务机关可以结合申报比对管理实际，将征收方式、发票开具等业务存在特殊情形的纳税人列入白名单管理，并根据实际情况确定所适用的申报比对规则。白名单实行动态管理。

（三）申报信息比对操作流程

申报信息比对环节可以设置在事中或者事后，由省税务机关根据申报管理需要进行确定。主管税务机关通过征管信息系统或网上申报系统进行申报比对，并根据比对结果分别采取以下处理流程：

1.申报信息比对相符。申报信息比对相符后，主管税务机关对纳税人税控设备进行解锁。

2.申报信息比对不相符。申报信息比对不相符的，向纳税人反馈比对不相符的内容，并按照下列流程进行处理：

（1）申报信息比对不符的，除符合本项第（2）点情形外，暂不对其税控设备进行解锁，并将异常比对结果转交申报异常处理岗。

（2）纳税人仅因为相关资格尚未备案，造成信息比对不符的，应当对税控设备进行解锁。

（3）异常信息比对结果经申报异常处理岗核实可以解除异常的，对纳税人税控设备进行解锁；核实后仍不能解除异常的，不得对税控设备解锁，由税源管理部门继续核实处理。

（4）异常信息比对结果经税源管理部门核实可以解除异常的，对纳税人税控设备进行解锁。核实后发现涉嫌虚开发票等严重涉税违法行为，经稽查部门分析判断认为需要稽查立案的，转交稽查部门处理，经处理可以解除异常的，对纳税人税控设备进行解锁。

（5）异常信息比对结果的处理期限，由主管税务机关根据实际情况确定。

三、优惠政策核实

结合企业税务登记信息、所属行业类型、发票开具信息、相关税种申报数据、第三方信息等，核实企业各项优惠政策适用是否正确。例如，对纳税人提供公共交通运输服务、生活服务，以及为居民提供必需生活物资快递收派服务取得的收入，免征增值税优惠，可比对发票开具品目是否为优惠范围内业务、与免税申报金额是否匹配。对提供社区养老、托育、家政服务取得的收入，免征增值税优惠，可结合企业登记注册信息、国民经济行业类型，筛选企业是否属于政策范围之内。对纳税人运输疫情防控重点保障物资取得的收入，免征增值税优惠，可结合“疫情防控重点保障物资（医疗应急）清单”核实企业政策适用是否正确。对从事二手车经销的纳税人销售其收购的二手车，减按0.5%征收增值税政策，可结合企业注册登记信息、全国二手车流通信息、发票开具信息等核实政策适用是否正确。对单位或者个体工商户将自产、委托加工或购买的货物通过公益性社会组织、县级及以上人民政府及其组成部门和直属机构，或直接无偿捐赠给目标脱贫地区的单位和个人，免征增值税政策，可结合受赠主体资质是否符合，对企业所得税相关政策适用情况进行核实。对饮水工程运营管理单位向农村居民提供生活用水取得的自来水销售收入，免征增值税优惠，可结合企业资质信息、收入金额、企业所得税申报数据与优惠适用情况等进行核实，等等。

第三节　企业所得税税收风险管理

随着“放管服”改革的进一步深入，企业所得税税收管理模式已从原先的事前审批核实转为事前提示提醒，加强事中、事后风险管理。基于日益丰富的税收数据信息，日趋完善的风险指标体系，企业所得税税收风险管理的精准性不断提升，需主要关注以下方面。

一、收入确认

除另有规定外，企业所得税收入确认以权责发生制为原则，主要依据为《企业所得税法》及其实施条例、《国家税务总局关于确认企业所得税收入若干问题的通知》（国税函〔2008〕875号）等文件。对于收入，主要关注收入确认的时间、金额是否准确，是否存在收入应确认未确认、隐匿收入等情况。风险管理方面，可通过企业所得税申报表数据、财务报表数据、增值税发票信息、增值税申报数据等进行逻辑判断与综合比对。举例如下：

（一）关注新收入准则对税收收入确认的影响

相对于原收入准则，新收入准则变化较大，其打破商品和劳务的界限，在客户取得相关商品（或服务）控制权时确认收入，并区分在“某一时段履约”与“在某一时点履约”。而税法对于收入的确认更多的是与原收入准则趋同。新收入准则施行后，收入确认方面的税会差异日益增加。因此，根据企业填报的“企业所得税年度纳税申报基础信息表（A000000）”中的“107适用会计准则或会计制度”信息，附报的财务报表，对于已适用新收入准则的企业，关注其

"纳税调整项目明细表（A105000）"第45行"其他"[①]是否有纳税调整数据。

（二）增值税发票信息、申报数据与企业所得税收入确认数据的逻辑分析

鉴于增值税与企业所得税政策原理、征管实际的不同，增值税纳税义务发生时间、增值税销售额、增值税发票开票金额与企业所得税收入确认的时间与金额均存在一定差异，但两者都是基于企业销售的商品、提供的劳务所产生，因此，存在紧密的关联。增值税开票金额、申报的销售额，与企业所得税确认的收入，可作趋势性比较分析，对于增值税开票金额、申报销售额与企业所得税收入确认金额差异较大的企业，可作进一步了解。实务中，对于一些平台类企业，根据新收入准则，其会计上可能按净额法确认收入，同时，基于客户的需要，增值税却是全额开具发票，由此产生增值税开票收入与会计上确认的收入差异较大的情况，需关注企业所得税收入确认的金额，如企业所得税全额确认收入，则涉及收入类纳税调整，同时，在全额确认收入的情况下，还需关注其成本列支的金额，与取得的增值税发票数据是否相匹配。

二、税前扣除

企业实际发生的与取得收入有关的、合理的支出，准予在计算应纳税所得额时扣除。除另有规定外，税前扣除也遵循权责发生制原则。同时，为了证明相关支出的真实性、合法性、关联性，企业在进行成本费用等税前扣除时，需按照《国家税务总局关于发布〈企业所得税税前扣除凭证管理办法〉的公告》（国家税务总局公告2018年第28号）取得发票等合规凭证。成本、费用、损失税前扣除历来是企业所得税税收风险管理的重点。

（一）申报表内部逻辑校验

企业所得税申报表是企业所得税政策的体现，反映纳税人生产运营过程中与企业所得税有关的全部事项，表单之间脉络清晰，逻辑关系严谨，对于各项扣除，申报表表间数据、表单数据之间的内部逻辑校验，起到了基础税收风险防范作用。例如，对于非从事股权投资业务的企业，业务招待费计算时，销售收入自动以"主营业务收入""其他业务收入""视同销售收入"为基数，如果涉及股权转让收入，则在企业所得税纳税申报表上勾选"股权投资"，则基数自动包括"投资收益"。又如，对于广告费和业务宣传费、职工福利费、补充医疗保险、补充养老保险、捐赠扣除、佣金手续费等限额扣除项目，均设置了逻辑计算规则，有效防范纳税人基础涉税业务错填报。

① 根据A105000"纳税调整项目明细表"填报说明，该表第45行"六、其他"：填报其他会计处理与税收规定存在差异需纳税调整的项目金额，包括企业执行《企业会计准则第14号——收入》（财会〔2017〕22号发布）产生的税会差异纳税调整金额。

（二）发票数据分析比对

随着增值税发票底账系统的强大与完善，增值税发票数据对于企业所得税风险管理越发有效。纳税人发票开具时依据“商品和服务税收分类与编码”填报的具体业务内容，与企业所得税税前扣除业务有较强联系，可结合纳税人发票开具的内容与企业所得税申报表期间费用明细数据作分析比对。

目前，发票电子化（金税四期）正在积极推进中，发票电子化可以使发票全要素数据信息电子化，对于企业所得税税前扣除项目、扣除金额、扣除时间等有着迅速、紧密的联系与校验作用。当然，由于增值税纳税义务发生时间（发票开具时点）与企业所得税税前扣除时点有一定差异，因此，两者作比较分析时，需要细化设置一定的规则，以使比对分析结果更为精准。

（三）相关税种申报表数据分析比对

作为企业生产经营过程中的主要税种，企业所得税与个人所得税、财产行为税等相关税种均结合紧密，因此，相关税种申报表数据是企业所得税税收风险管理中重要的数据资源。例如，土地增值税申报数据与房地产开发企业收入确认、成本结转、费用与税金扣除均有关联。又如，“工资、薪金所得”个人所得税扣缴数据与企业所得税工资、薪金税前扣除数据亦关系紧密，尤其对于金额较大的股权激励业务，企业所得税纳税申报表“职工薪酬支出及纳税调整明细表”（A105050）中“股权激励”支出，与个人所得税纳税申报表“个人所得税扣缴申报表”中股权激励数据作分析比对，可有效获悉企业股权激励业务的模式、金额等情况，进而进一步分析股权激励税前扣除时点与金额是否符合逻辑。再如，根据个人综合所得汇算清缴时通过申诉渠道反映的企业虚假构建员工进行个税申报的信息，核实相关人员工资、薪金是否已在企业所得税税前扣除。

（四）资产损失扣除分级分类管理

企业资产损失税前扣除主要依据《财政部、国家税务总局关于企业资产损失税前扣除政策的通知》（财税〔2009〕57号）、《国家税务总局关于发布〈企业资产损失所得税税前扣除管理办法〉的公告》（国家税务总局公告2011年第25号）等文件。为了进一步深化税务系统“放管服”改革，简化企业纳税申报资料报送，减轻企业办税负担，根据《国家税务总局关于企业所得税资产损失资料留存备查有关事项的公告》（国家税务总局公告2018年第15号），企业向税务机关申报扣除资产损失，仅需填报企业所得税年度纳税申报表《资产损失税前扣除及纳税调整明细表》，不再报送资产损失相关资料。相关资料由企业留存备查。

资产损失是企业所得税风险管理的重中之重。可结合企业经营类型、营业数据、资产损失扣除类型与金额等基础数据进行分级分类管理。对于债权投资损失、股权投资损失、打包出售资产损失等金额较大、涉税风险较高的资产损失，可设置不同的指标维度专项监管；对于固定资产损失、存货损失这类企业生产经营中常见的损失类型，可进行常态化核实；对于企业经营类型与损失扣除类型明显不符的情形（如服装企业在“资产损失税前扣除及纳税调整明细表”中填报“生产性生物资产损失”），可定期批量化地进行提示提醒。

三、纳税调整

纳税调整方面的税收风险管理，主要以企业附报的财务报表、纳税调整项目明细表（A105000）、对外投资信息等数据为基础进行分析与风险防控。

（一）会计准则修订影响

近年来，收入、金融工具、租赁、债务重组、非货币型资产交换等会计准则均作较大修订，产生的税会差异也进一步增大，在税收政策维持既有规定的情况下，税会差异的纳税调整主要通过纳税调整项目明细表（A105000）予以关注。例如，新租赁准则施行后，对于承租人而言，无论是融资租赁还是经营租赁，均需要确认使用权资产和租赁负债（短期租赁和低价值租赁除外），而根据税法规定，以经营租赁方式租入的固定资产不得计算折旧扣除，企业以经营租赁方式租入固定资产发生的租赁费支出，按照租赁期限均匀扣除。因此，两者差异需在整个租赁期间作纳税调整，即，会计上确认的使用权资产折旧、计入财务费用的利息费用，均作纳税调增；实际支付的当期租赁付款额作纳税调减。

（二）财务报表数据分析比对

纳税调整方面，可结合财务报表数据进行分析比对，例如，利润表上“销售费用”“管理费用”“财务费用”与税前扣除数据的比对；又如，利润表中“公允价值变动收益”与纳税调整项目明细表中“公允价值变动净损益”的比对，比对时还需结合新金融工具准则修订后汇兑损益的影响作综合分析；再如，利润表中“其他收益”与纳税调整项目明细表中“不征税收入”数据的比对，鉴于增值税减免税，加计抵减等均在会计上计入“其他收益”，而相关减免税与加计抵减又不属于企业所得税不征税收入范畴，因此，还可结合增值税申报表相关数据作综合分析。

（三）特殊事项调整

纳税调整中的特殊事项相对小众，涉及的企业户数较少，但具体业务的涉税金额一般较大，因此，也是税收风险管理中关注的难点与要点。

例如，对于企业重组特殊性税务处理的适用，可结合企业对外投资情况、企业重组及递延纳税事项纳税调整明细表（A105100）、企业重组所得税特殊性税务处理报告表及附表、资产负债表中长期股权投资数据作综合分析，重点关注相关重组标的计税基础是否延续。

又如，对于特殊行业准备金税前扣除，可结合企业所得税年度纳税申报基础信息表（A000000）中“所属国民经济行业”填报类型，分析企业是否属于贷款损失准备金税前扣除的范围，并结合财务报表、资产损失税前扣除及纳税调整明细表（A105090）中“资产损失准备金核销金额”等数据作综合分析。

再如，对于合伙企业法人合伙人应分得的应纳税所得额，可结合税务登记中合伙企业合伙人信息，合伙企业个人合伙人“个人所得税经营所得纳税申报表（B表）”相关数据进行关联分析，防范法人合伙人取得合伙企业分配的应纳税所得额未及时足额确认所得之风险。

四、优惠适用

根据《国家税务总局关于发布修订后的〈企业所得税优惠政策事项办理办法〉的公告》（国家税务总局公告2018年第23号），目前，企业所得税所有优惠事项均采取“自行判别、申报享受、相关资料留存备查”的办理方式，相应的，纳税人对于优惠政策是否应享尽享，是否不应享受而享受，成为企业所得税税收风险管理的重点。

（一）名单制管理类优惠

对于采取名单制管理的税收优惠，如，非营利组织免税收入、软件与集成电路优惠、高新技术企业低税率优惠、技术先进型企业低税率优惠等，结合相关部门的名单，关注是否存在不应适用而适用的情形。

（二）受众群较广的税收优惠

例如，对于受众群较广的小型微利企业低税率优惠，关注企业所得税年度纳税申报基础信息表中“资产总额”“从业人数”“所属国民经济行业”“从事国家限制或禁止行业”等信息，比较分析企业是否正确适用税收政策，尤其在小型微利企业税收优惠力度进一步加大的形势下，还需防范企业是否不当利用此政策恶意少缴税款。

又如，对于股息红利免税优惠，结合企业对外投资情况、持有上市公司股票时间、永续债发行方对外公布的税收处理方法等综合分析是否正确适用免税优惠。

再如，对于研发费加计扣除政策，在国家大力支持研发投入的背景下，研发费加计扣除力度不断提升，税收管理上，一方面需关注应适用研发费加计扣除的企业是否均足额享受，另一方面，结合企业填报的相关数据、企业资质、业务实质等信息，分析是否存在负面清单行业享受了研发费加计扣除，并结合企业财务数据、外部科委数据，分析企业适用加计扣除的研发费费用归集是否正确。

（三）其他类优惠

实务中，对于国债利息免税优惠计算的准确性，企业是否属于农林牧渔项目所得减免优惠范围，区域优惠中主营业务收入占比，创投抵扣优惠资质及抵扣计算是否准确，技术转让所得减免优惠中技术是否符合政策要求等，均是税收风险管理的要点。

五、特定业务

在企业所得税税收风险管理中，还需关注一些周期较长、涉税金额较大的特定业务。例如，对于企业政策性搬迁业务，可结合规划和政府部门批文信息关注是否属于政策性搬迁范围；对于适用递延纳税政策的企业重组业务，需持续关注企业工商信息，分析其未来处置股权时计税基础是否延续；对于存在业绩补偿业务，需持续关注企业上市公司公告等信息，关注其业绩实现情况，分析交易当事方是否足额缴纳税款；对于房地产开发项目，需结合相关资质证书信息、土地增值税清算数据等，分析房地产开发项目是否及时准确进行纳税申报；对于境外投资抵免业务，需结合企业对外投资情况、申报抵免数据等进行分析比对。

第四节　个人所得税税收风险管理

2018年8月31日，新《个人所得税法》施行，自2019年1月1日起，新《个人所得税法实施条例》及配套文件相继出台。新《个人所得税法》开启了综合与分类相结合的税制体系，制定扣缴义务人预扣预缴与纳税人自行汇算清缴双维度征收模式，新增各部门信息共享、税收协同共治、信用信息联合惩戒、反避税等管理方式。与企业所得税纳税主体相比，自然人纳税人数量更为庞大，纳税意识、缴税能力参差不齐，对于新《个人所得税法》体系下的税收管理，以数治税是必然趋势。根据不同所得类型的内容、征纳方式、掌握的数据信息等情况，税收风险管理应关注以下方面。

一、综合所得

综合所得包括工资、薪金所得，劳务报酬所得，稿酬所得，特许权使用费所得，年度终了后次年3月1日至6月30日，居民个人汇总综合所得收入额，减除费用6万元以及专项扣除、专项附加扣除、依法确定的其他扣除和符合条件的公益慈善事业捐赠后，计算本年度应纳税额。

（一）依托外部数据，核实各项扣除是否真实、准确

《个人所得税法》第十五条规定，公安、人民银行、金融监督管理等相关部门应当协助税务机关确认纳税人的身份、金融账户信息。教育、卫生、医疗保

障、民政、人力资源社会保障、住房城乡建设、公安、人民银行、金融监督管理等相关部门应当向税务机关提供纳税人子女教育、继续教育、大病医疗、住房贷款利息、住房租金、赡养老人等专项附加扣除信息。因此，对于纳税人自行申报的各类专项附加扣除，可结合上述第三方信息进行比对核实。另外，对于商业健康保险、税收递延型商业养老保险，可通过保险公司数据进行后续管理。对于捐赠扣除，可结合公益性捐赠扣除名单，定期核实相关捐赠是否符合扣除条件。

（二）关注股权激励、科技成果转化、人才鼓励等特殊事项

对于股权激励、科技成果转换、高端人才等工资、薪金所得类优惠政策，可依据纳税人填报的表单、资料予以专项管理。

例如，对于适用上市公司、非上市公司股权激励优惠政策的纳税人，可根据企业申报的员工股权激励缴税信息、非上市公司股权激励个人所得税递延纳税备案表、股权激励计划、董事会或股东大会决议、激励对象任职或从事技术工作情况说明、个人所得税递延纳税情况年度报告表、上市公司股权激励个人所得税延期纳税备案表等相关资料，核实员工股权激励相关政策适用是否正确。

又如，对于适用职务科技成果转化现金奖励的个人，可结合扣缴个人所得税报告表中“免税所得”金额、科技人员取得职务科技成果转化现金奖励个人所得税备案表填报信息进行后续管理。

再如，对于海南自由贸易港、粤港澳大湾区均针对高端紧缺人才个人所得会优惠政策，可结合具体的人才管理办法、清单，人才个人所得税申报数据，核实政策适用是否准确。

（三）结合相关税种数据进行比对

对于综合所得中的劳务报酬所得、稿酬所得、特许权使用费所得，可结合发票抵账系统中个人开票数据，核实受票企业是否履行个人所得税代扣代缴义务。

（四）关注非居民个人

结合出入境管理局数据、境内雇主报告的信息、扣缴申报或自行申报数据等，比对非居民个人境内居住天数与工作天数，核实其纳税义务判断、“工资、薪金所得”、“劳务报酬所得”等个人所得税计算是否正确。

二、经营所得

个体工商户业主、个人独资企业投资者、合伙企业个人合伙人、承包承租经营者个人以及其他从事生产、经营活动的个人为经营所得的纳税义务人。经营所得是个人所得税税收管理的重点。

（一）核定征收管理

对于适用核定征收的个体工商户、个人独资企业、合伙企业，可结合增值税开票信息，关注其是否存在平时无收入支出或者仅有少量低频收入支出，突然发生大额开票业务的异常情况。可通过税务登记、工商等外部信息筛选并关注从事股权投资的个人独资企业、合伙企业，持续跟踪是否发生股权转让。对个人独资企业和合伙企业从事股权（票）、期货、基金、债券、外汇、贵重金属、资源开采权及其他投资品交易取得的所得，应全部纳入生产经营所得，依法征收个人所得税。根据个体工商户、个人独资企业、合伙企业增值税、个人所得税申报数据，关注是否存在具体经营内容、营业收入等与核定征收模式不相匹配的情形。对于个人投资多家个人独资企业、合伙企业，取得两处以上经营所得的，关注其年度汇缴时是否进行“个人所得税经营所得纳税申报表（C表）”合并申报纳税。对律师事务所、会计师事务所、税务师事务所、资产评估和房地产估价等鉴证类中介机构，不得实行核定征收个人所得税。

（二）优惠政策适用

根据《财政部、国家税务总局关于创业投资企业和天使投资个人有关税收政策的通知》（财税〔2018〕55号）、《国家税务总局关于创业投资企业和天使投资个人税收政策有关问题的公告》（国家税务总局公告2018年第43号），有限合伙制创业投资企业个人合伙人可以按规定适用投资抵扣优惠。可结合发展改革委、中国证券投资基金业协会备案的创投企业名单、被投资初创科技企业的企业所得税关于从业人员、销售收入、研发费金额等申报数据，核实个人合伙人政策适用是否正确。

根据《财政部、国家税务总局、发展改革委、证监会关于创业投资企业个人合伙人所得税政策问题的通知》（财税〔2019〕8号），创投企业可以选择按单一投资基金核算或者按创投企业年度所得整体核算两种方式之一，对其个人合伙人来源于创投企业的所得计算个人所得税应纳税额。可结合发展改革委、中国证券投资基金业协会备案的创投企业名单，单一投资基金核算方式备案、个人申报信息等核实个人合伙人政策适用是否正确。

根据《财政部、国家税务总局关于实施小微企业和个体工商户所得税优惠政策的公告》（财政部、国家税务总局公告2021年第12号）、《国家税务总局关于落实支持小型微利企业和个体工商户发展所得税优惠政策有关事项的公告》（税务总局公告2021年第8号），对个体工商户经营所得年应纳税所得额不超过100万元的部分，在现行优惠政策基础上，再减半征收个人所得税。个体工商户需将按规定计算得出的减免税额填入对应经营所得纳税申报表“减免税额”栏次，并附报“个人所得税减免税事项报告表”。对于通过电子税务局申报的个体工商户，税务机关将提供该优惠政策减免税额和报告表的预填服务。实行简易申报的定期定额个体工商户，税务机关按照减免后的税额进行税款划缴。对于未通过电子税务局申报的个体工商户，可通过其申报的经营数据，核实是否正确适用此政策。

（三）关注新兴业态

对于主播带货、直播平台、灵活用工人员、零工经济等新兴业务模式，分析提供服务的个人，其提供服务的性质属于劳务报酬所得还是经营所得，其中，属于劳务报酬所得的，可比对相关平台个人所得税扣缴申报数据，核实是否已代扣代缴个人所得税；对于属于取得经营所得的个人，可提示提醒其申报缴纳个人所得税。同时，可根据平台业务数据、流量统计数据、第三方支付数据等，核实个人是否足额申报缴纳个人所得税。

三、分类所得

分类所得包括财产租赁所得，财产转让所得，利息、股息、红利所得和偶然所得。实务中，对于分类所得的税收风险管理，较多集中于股权转让所得、不动产转让所得。

（一）股权转让所得

对于股权转让所得，可收集工商股东变更信息、税务登记中企业投资者信息、上市公司公告信息等，与个人股权转让所得扣缴申报、自行申报数据比对，及时发现取得股权转让所得的纳税人未申报、少申报情形。

《国家税务总局关于发布〈股权转让所得个人所得税管理办法（试行）〉的公告》（国家税务总局公告2014年第67号）规定，个人股权转让所得个人所得税以被投资企业所在地税务机关为主管税务机关。因此，需关注股权转让所得税款申报地点是否正确。

另外，需关注居民个人境外股权转让所得纳税申报情况，对于居民个人持有境外股权，目前主要依靠纳税人自行申报，而第三方数据信息较少，可尽可能结合外管局数据、金融机构数据、媒体信息（如VIE私有化架构拆除红筹回归，境外上市公司私有化公告信息）等，对个人持有、转让境外股权予以专项管理。

（二）不动产转让所得

《个人所得税法》第十五条规定，个人转让不动产的，税务机关应当根据不动产登记等相关信息核验应缴的个人所得税，登记机构办理转移登记时，应当查验与该不动产转让相关的个人所得税的完税凭证。对于不动产转让所得，关注不动产转让所得是否可适用核定征收，相关成本、收入是否真实、准确，是否属于免税情形等。

（三）其他分类所得

鉴于财产租赁所得较多发生于个人之间，主要依靠纳税人自行申报，对于财产租赁所得的税收风险管理，可通过房产中介等渠道获取个人出租房屋信息，结合纳税人申报数据，筛选可能存在应申报未申报的情形作进一步核实。对于利息、股息、红利所得，目前主要以扣缴申报为主，可结合银行等金融机构数据，核实个人取得相关收入，是否及时、足额缴纳个人所得税。

四、高收入、高净值自然人

自然人按照收入和资产分为高收入、高净值自然人和一般自然人。高收入、高净值自然人是指税务总局确定的、收入或资产净值超过一定额度的自然人。高收入、高净值自然人是个人所得税税收风险管理的重点，以税务总局和省税务机关为主开展风险分析识别，以省、市、县税务机关为主开展风险应对。

实务中，可通过工商登记信息、文广局数据、影视活动信息、互联网媒体资讯、企业所得税申报数据、增值税开票信息等，关注明星、艺人取得所得的纳税申报情况；可分行业分类别，设置高收入、高净值自然人基本税负指标，对税负明显异常的纳税人予以进一步核实；可结合个人所得税反避税条款，持续关注高收入、高净值自然人整体业务安排中是否存在恶意避税情形；可参考境外主管当局交换的金融账户涉税信息，时时关注离岸信托、家族信托等新型金融工具、新兴业务模式，对高收入、高净值自然人全球资产配置情况予以关注。

第五节　大企业税收风险管理

企业纳税人按规模分为大企业、重点税源企业和一般税源企业。大企业，专指税务总局确定并牵头管理的、资产或纳税规模达到一定标准的企业集团。

为加强国家税务总局管理服务的重点大企业集团（以下简称“千户集团”）风险管理和纳税服务工作，根据《中华人民共和国税收征收管理法》及其实施细则等有关规定，国家税务总局制定了《千户集团名册管理办法》。千户集团是指年度缴纳税额达到国家税务总局管理服务标准的企业集团，包括全部中央企业、中央金融企业以及达到上述标准的单一法人企业等。其中，年度缴纳税额为集团总部及其境内外全部成员企业境内年度纳税额合计，不包括关税、船舶吨税以及企业代扣代缴的个人所得税，不扣减出口退税和财政部门办理的减免税。千户集团名册管理范围分内资企业集团、外资企业集团。内资企业集团为纳入企业合并会计报表范围，或虽未编制合并会计报表，但为集团控制且办理了工商或税务登记的境内各级分公司和子公司、控股的境外公司以及其他涉税组织机构。其中，集团控制是指投资方拥有对被投资方的权力，通过参与被投资方的相关活动而享有可变回报，并且有能力运用对被投资方的权力影响其回报金额。外资企业集团为全球总部控股并在中国境内办理了工商或税务登记的各级分公司和子公司以及其他涉税组织机构。千户集团名单由国家税务总局确定，定期发布，实行动态管理。

为贯彻落实《深化大企业税收服务与管理改革实施方案》，提升大企业税收复杂事项风险管理层级，实施国家税务总局和省税务机关两级统筹分析，组织分类分级差别化应对，实现风险防控“精确制导”。国家税务总局组建千户集团税收风险分析专业团队，联合省税务机关大企业税收管理部门，跨区域统筹开展千户集团税收风险分析工作。国家税务总局统一推送千户集团税收风险应对任务。省税务局按照风险等级将应对任务推送给相应税务机关，并确定风险应对主体，实施差别化风险应对。省税务机关参照税务总局对千户集团的风险分析方法，统筹开展本省大企业的税收风险分析工作。

大企业集团具有组织架构复杂、业务模式多样、跨区域经营、经营数据量大等特征。大企业税收风险管理，以采集的企业集团财务报表数据、电子账套数据、申报数据、发票数据、审计报告、鉴证报告、第三方数据等为核心，结合企业资本结构、运营能力，所处的行业特性、从事的业务特征等，进行税收风险分析与识别，重点关注企业资产重组、跨境业务、跨区域事项、关联交易等复杂涉税事项。对于金融、房地产、建筑等行业性政策较强的企业集团，专门设置风险识别指标。

第六节　企业税收风险内控体系建设

企业需建立完善的税务风险内控体系，系统、全面地防范税务风险。税务风险内控体系可以归纳为：树立税务风险的意识，确立税务管理的目标；健全税务管理的制度，招募税务管理的人才；设置税务管理的岗位，明确税务管理的职责；规范税务管理的流程，严格税务管理的考评。

一、税务风险管理的目标

企业应倡导遵纪守法、诚信纳税的税务风险管理理念，增强员工的税务风险管理意识，并将其作为企业文化建设的一个重要组成部分。税务风险管理目标包括两个层面：第一个层面是控制税务合规风险，防范税务违法行为，依法履行纳税义务，避免因没有遵循税法可能遭受的法律制裁、财务损失或声誉损害；第二个层面是管理税务合规成本，防范由于事前税务筹划不足、事中执行失误、事后应对不力，导致多交税款。

税务风险管理的两个目标互为表里。一方面，控制税务合规风险的最终目的是管理税务合规成本，以防合规风险高企将给企业带来额外的滞纳金、税收利息、行政处罚的金钱成本，以及声誉损害的非金钱成本；另一方面，税务合规成本有效管理的前提是税务合规风险可控。

二、税务风险管理的流程

税务风险管理必须规范业务流程，否则必然陷于“头痛医头，脚痛医脚”，个别问题个别解决，停留在“点”的层面，治标不治本。税务风险管理的业务流程，可以从事前、事中和事后三个环节来概括。

1.事前。企业在作出投融资和经营活动决策之前，应当准确识别和评估税务风险，做好税务筹划工作。税务筹划，是指企业在生产经营活动和资本运营过程中，基于税法的规定和纳税遵从，以统筹兼顾为原则，采取科学的方法设计合理的交易结构，以实现税负最优化，企业利润最大化的决策过程。税务筹划应当具有合理的商业目的，并符合税法规定。税务筹划不是为了少缴税，而是避免多缴税。税务筹划的目标不是税负最低，而是企业整体利益最大化。

2.事中。在企业设立以及合同履行过程中，企业应当确保税务登记、账簿凭证管理、发票管理、税务档案管理、税务资料的准备和报备等涉税事项符合税法规定，对经济业务的会计处理符合会计制度或准则以及相关法律法规规定，纳税申报和税款缴纳符合税法规定。

3.事后。在税务检查过程中，企业应当加强税企沟通，做好事实主张、证据提供、税法适用、意见陈述等方面的工作，避免涉税争议，重点是对证据的理解和定性，以及对税法的理解和适用，最终在纳税人依法纳税和税务机关依法征税之间达成共识，依法维护自身权益。

三、税务风险管理的组织架构

税务风险管理应当由企业董事会负责督导并参与决策，董事会和管理层应将防范和控制税务风险作为企业经营的一项重要内容，促进企业内部管理与外部监管的有效互动。企业可结合生产经营特点和内部税务风险管理的要求设立税务管理机构和岗位，明确岗位的职责和权限。组织结构复杂的企业，可根据需要设立税务管理部门或岗位。例如，总分机构在分支机构设立税务部门或者税务管理岗位；再如，集团型企业在地区性总部、产品事业部或下属企业内部分别设立税务部门或者税务管理岗位。

（一）税务顾问

出于成本考虑，合理的税务风险管理组织架构，一般是“家里有能人，外面有高人”，即企业内部专设税务部，或者由财务部门负责税务风险管理，外聘资深税务顾问。企业内设的税务风险管理职能部门，在外部税务顾问指导下，通力协作实现税务风险管理的目标。

税务顾问一定是税务风险管理方面的资深专家，具备比内设的税务风险管理职能部门更宏观的视野，精深税法理论、税法技术、交易结构、公司战略等，负责指导税务风险管理的事前决策、日常咨询和事后完善。

（二）财务总监

财务总监的工作内容包括资本运营、税务筹划、企业内控、报表分析。优秀的财务总监，应当具备财务组织机构的建设能力、企业内控体系的构建能力、投资项目的风险评估、融资与资金的管控能力、税务风险的管理能力、财务预算的能力、成本费用控制的能力、财务外事的协调能力、财务风险的预警能力、社会资源的整合能力。

（三）税务经理

税务经理是公司和顾问之间的桥梁。税务经理在税务顾问的专业指导下，在财务总监的行政领导下，负责集团的税务风险管理。税务经理的工作内容包括：参与经营决策；设计操作方案；审核经济合同；开展纳税自查；税务稽查论证；协调涉税争议；税收法律救济；组织税务培训；集中税务咨询；指导纳税申报，税务审批，税务备案，税务备查事项；定期收集、整理、更新、解读、传递税法到项目公司；税收统计分析；关注税制改革；税务登记管理；税务资格管理；税务发票管理；税务档案管理；完善税务风险管理制度；绩效考评与奖励；其他涉税工作。

（四）税务师事务所

企业可根据需要对专业的涉及事项委托税务师事务所代理完成。例如，企业所得税汇算清缴、土地增值税清算、同期资料报备、纳税审查（健康体检）、股权并购涉税尽调、涉税争议协调，以及出具资产损失、高新技术企业认定等专项鉴证报告。

（五）不相容岗位分离

企业应建立科学、有效的职责分工和制衡机制，确保税务管理的不相容岗位相互分离、制约和监督。税务管理的不相容职责包括：

1. 税务筹划的起草与审批。
2. 税务资料的准备与审查。
3. 纳税申报表的填报与审批。
4. 税款缴纳划拨凭证的填报与审批。
5. 发票购买、保管与财务印章保管。
6. 税务风险事项的处置与事后检查。
7. 其他应分离的税务管理职责。

四、税务风险管理的制度构建

税务风险管理制度是根据风险评估结果，对典型的高风险事项制定的税务风险管理办法，主要包括企业内部的发票管理办法、税务登记办法、纳税申报制度、报批报备留存备查制度、纳税自查办法、税务稽查应对办法、同期资料申报制度、考核标准等。

五、税务风险管理的人力资源

企业涉税业务人员应具备必要的专业资质、良好的业务素质和职业操守，遵纪守法。企业应定期对涉税业务人员进行培训，不断提高其业务素质和职业道德水平。人是生产力的根本源泉，没有人，再健全的税务风险管理制度，也将缺乏税务风险管理的“能源”供应，优秀的人才为税务风险管理提供源源不断的动力。

企业应建立有效的激励约束机制，严格税务风险管理考评，将税务风险管理的工作成效与相关人员的业绩考核相结合。没有严格的考评监督，就会导致人员懈怠，税务风险管理松弛。

六、税务风险的识别和评估

税务风险的识别和评估在税务管理中具有先导作用，其含义是，只有准确地识别和评估税务风险，才能实施后续的税务风险应对措施，尤其是取得外部顾问的技术支持。税务风险的识别和评估存在不足的，无非导致两种结果：一是事无巨细地执行后续税务风险应对措施，增加税务风险管理的成本；二是重大疏漏、重大风险事项未能实施税务风险应对措施，带来税务合规和合规成本风险。

要做好税务风险的识别和评估工作，一方面，可以培养或引进能力较强的税务风险管理人才，对税务风险有较为准确的直觉或职业判断；另一方面，可以综合交易金额、交易频率、交易类型，评估风险等级。对于重大金额交易、频繁发生交易、高风险交易（例如关联交易），直接评估为高风险事项，实施专项的税务风险管理。

七、信息与沟通

企业应建立税务风险管理的信息与沟通制度，明确税务相关信息的收集、处理和传递程序，确保企业税务部门内部，企业税务部门与其他部门，企业税务部门与董事会、监事会等企业治理层以及管理层的沟通和反馈，发现问题应及时报告并采取应对措施。企业应与税务机关和其他相关单位保持有效的沟通，及时收集和反馈相关信息。

企业应当积极利用信息技术手段，辅助税务风险管理业务流程的实施，实现税务会计和纳税申报的自动化或半自动化，减少操作风险。利用信息技术，将税务管理的相关台账、底稿、合同等资料电子化存档，并建立目录索引，留存备查。

第七章

税务稽查管理

为深入贯彻落实中办、国办《关于进一步深化税收征管改革的意见》，国家税务总局要求各地税务部门以税收风险为导向、以“双随机、一公开”为基本方式，针对逃避税问题多发的重点领域，适当提高抽查比例，有序开展随机抽查，精准实施税务监管，打击涉税违法行为，保护守法诚信经营，维护经济税收秩序，维护国家税收安全，维护社会公平正义。

一是聚焦重点领域。围绕社会舆论和人民群众关切，针对农副产品生产加工、废旧物资收购利用、大宗商品（如煤炭、钢材、电解铜、黄金）购销、营利性教育机构、医疗美容、直播平台、中介机构、高收入人群股权转让等行业和领域，重点查处虚开（及接受虚开）发票、隐瞒收入、虚列成本、利用“税收洼地”和关联交易恶意税收筹划以及利用新型经营模式逃避税等涉税违法行为。

二是坚持风险导向。以“信用＋风险”监管

为基础，针对上述重点领域，强化税收大数据风险分析，根据税收风险适当提高“双随机、一公开”抽查比例。坚持“无风险不进户”，防止任意执法，未发现明显税收违法疑点和线索的，一般不确定为检查对象，着力引导纳税遵从。

三是规范执法程序。进一步规范税务系统组织实施“双随机”抽查的方式方法，探索形成个案解剖式调研检查、组织行业自查、实施重点检查的稽查治理模式，切实整顿规范重点领域税收秩序。认真做好查补税款的组织入库工作，提升稽查执法效果。坚持执法公开透明，自觉接受社会监督。

四是深化联合监管。积极参与市场监管领域部门联合随机抽查工作机制，形成税收共治合力。进一步健全完善税务、公安、海关和人民银行联合打击虚开骗税部际协作机制，精准有效打击“假企业”“假出口”“假申报”等违法行为。进一步强化税警协作，实行税警双方制度化、信息化、常态化联合办案，增强打击力度，彰显税法权威。

根据《国家税务总局关于印发〈税务稽查工作规程〉的通知》(国税发〔2009〕157号)，税务稽查以事实为根据，以法律为准绳，坚持公平、公开、公正、效率的原则。稽查局查处税收违法案件时，实行选案、检查、审理、执行分工制约原则。

第一节 选案管理

根据《国家税务总局关于印发〈税务稽查案源管理办法（试行）〉的通知》（税总发〔2016〕71号），税务稽查案源（以下统称“案源”），即税收违法案件的来源，是指经过收集、分析、判断、处理等程序形成的涉嫌偷税（逃避缴纳税款）、逃避追缴欠税、骗税、抗税、虚开发票等税收违法行为的相关数据、信息和线索。税务稽查案源管理，是指税务局稽查局（以下简称“稽查局”）按照规定程序，对各类涉税数据、信息和线索进行收集、处理、立案、反馈的管理过程。案源管理的具体流程主要包括：案源信息的收集、案源的分类处理、案源的立案分配和处理结果的使用。案源管理应当遵循依法依规、风险导向、统筹协调、分类分级、动态管理的原则。税务局应当以风险管理为导向，以税收大数据为支撑，以风险推送、外部转办、稽查自选为重点，以打击偷税（逃避缴纳税款）、逃避追缴欠税、骗税、抗税、虚开发票等税收违法行为为目标，注重处理结果的分析反馈和增值使用，形成风险闭环式案源管理的新格局。

一、案源信息

案源信息，是指税务局在税收管理中形成的，以及外部相关单位、部门或者个人提供的纳税人、扣缴义务人和其他涉税当事人（以下简称“纳税人”）的税收数据、信息和违法行为线索。具体包括：

1.纳税人自行申报的税收数据和信息，以及税务局在税收管理过程中形成的税务登记、发票使用、税收优惠、资格认定、出口退税、企业财务报表等涉税数据和信息。

2.税务局风险管理等部门在风险分析和识别工作中发现并推送的高风险纳税人风险信息。

3.上级党委、政府、纪检监察等单位和上级税务机关（以下统称“上级机关”）通过督办函、交办函等形式下发的督办、交办任务提供的税收违法线索。

4.检举人提供的税收违法线索。

5.受托协查事项形成的税收违法线索。

6.公安、检察、审计、纪检监察等外部单位以及税务局督察内审、纪检监察等部门提供的税收违法线索。

7.专项情报交换、自动情报交换和自发情报交换等过程中形成的国际税收情报信息。

8.稽查局执法过程中形成的案件线索、处理处罚等税务稽查数据。

9.政府部门和社会组织共享的涉税信息以及税务局收集的社会公共信息等第三方信息。

10.其他涉税数据、信息和税收违法线索。

稽查局案源部门（以下简称“案源部门”）负责接收风险管理等部门推送的高风险纳税人风险信息，税务局内、外部相关单位和部门提供的税收违法线索，并确认案源信息来源部门的工作和时限要求；接收督办、交办线索，并明确督办、交办事项的工作和时限要求；收集和整理纳税人自行申报信息、税收管理数据、税务稽查数据、国际税收情报信息和第三方信息等涉税数据、信息，并按照稽查任务和计划，提取选案所需的案源信息。

稽查局举报受理部门（以下简称“举报受理部门”）负责接收书信、来访、互联网、传真等形式的检举线索。12366纳税服务热线举报专岗负责接收的电话形式的检举线索，应填制举报工单后移交举报受理部门进一步处理。

稽查局协查部门（以下简称“协查部门”）负责接收协查信息管理系统发函、不通过协查系统发起的纸质发函、实地协查等形式的协查线索，并按照《税收违法案件协查函》的内容登记案源信息。

稽查局应当对案源信息进行分类处理，建立案源信息库；同时按照随机抽查工作要求，在案源信息档案中分级标识重点稽查对象，作为建立税务稽查随机抽查对象名录库的重要信息来源。

二、案源类型

根据案源信息的来源不同，将案源分为9种类型：

1.推送案源，是指根据风险管理等部门按照风险管理工作流程推送的高风险纳税人风险信息分析选取的案源。

2.督办案源，是指根据上级机关以督办函等形式下达的，有明确工作和时限要求的特定纳税人税收违法线索或者工作任务确认的案源。

3.交办案源，是指根据上级机关以交办函等形式交办的特定纳税人税收违法线索或者工作任务确认的案源。

4.安排案源，是指根据上级税务局安排的随机抽查计划和打击偷税（逃避缴纳税款）、逃避追缴欠税、骗税、抗税、虚开发票等稽查任务，对案源信息进行分析选取的案源。

5.自选案源，是指根据本级税务局制定的随机抽查和打击偷税（逃避缴纳税款）、逃避追缴欠税、骗税、抗税、虚开发票等稽查任务，对案源信息进行分析选取的案源。

6.检举案源，是指对检举线索进行识别判断确认的案源。

7.协查案源，是指对协查线索进行识别判断确认的案源。

8.转办案源，是指对公安、检察、审计、纪检监察等外部单位以及税务局督察内审、纪检监察等部门提供的税收违法线索进行识别判断确认的案源。

9.其他案源，是指对税务稽查部门自行收集或者税务局内、外部相关单位和部门提供的其他税收违法线索进行识别判断确认的案源。

督办案源、交办案源、转办案源、检举案源和协查案源由于来源渠道特殊，统称为“特殊案源”。对特殊案源应当由稽查局指定专人负责管理，严格遵守保密纪律，依法依规进行处理。

三、案源处理

案源处理，是指案源部门对收集的案源信息进行识别和判断，根据案源类型、纳税人状态、线索清晰程度、税收风险等级等因素，进行退回或者补正、移交税务局相关部门、暂存待查、调查核实（包括协查）、立案检查等分类处理的过程。

符合下列情形之一的，确认为需要立案检查的案源：

1.督办、交办事项明确要求立案检查的案源。

2.案源部门接收并确认的高风险纳税人风险信息案源，以及按照稽查任务和计划要求安排和自选的案源。

3.举报受理部门受理的检举内容详细、线索清楚的案源。

4.协查部门接收的协查案源信息涉及的纳税人状态正常，且存在下列情形之一的案源：委托方已开具“已证实虚开通知单”并提供相关证据的；委托方提供的证据资料能够证明协查对象存在税收违法嫌疑的；协查证实协查对象存在税收违法行为的。

5.转办案源涉及的纳税人状态正常，且税收违法线索清晰的案源。

6.经过调查核实（包括协查）发现纳税人存在税收违法行为的案源。

7.其他经过识别判断后应当立案的案源。

8.上级稽查局要求立案检查的案源。

四、案源分配

案源部门对立案的案源，应当合理地分配到检查部门，实施检查。

1.稽查层级与管理对象相匹配。对纳入全国、省级和市级重点稽查对象名录库的案源，按照分级管理的原则，由国家税务总局和省、市税务局稽查局分别组织或者实施检查。

2.执法主体与案件性质相匹配。按照案源的涉税违法数额大小、情节轻重、案情复杂程度、涉案地区多少、社会影响情况等因素，分别由国家税务总局和省、市、县税务局稽查局组织或者实施检查。本级稽查局查处确有困难的案源，可以报请上级稽查局督办。上级机关下发的督办案源未经批准，本级稽查局不得转给下级稽查局查处。

3.稽查力量与检查任务相匹配。案情复杂的案源可以采取“项目式管理、团队化作业”的形式组织检查。

4.办案能力与案源特点相匹配。根据案源所属行业和税收违法类型等特点，合理搭配检查人员力量或者采取竞标等形式选派检查人员。

案源分配计划经批准后，案源部门制作“税务稽查任务通知书”，附“税务稽查项目书”，列明检查所属期、检查疑点、检查时限和要求等内容，连同相关资料一并移交检查部门。

五、结果使用

稽查局应当按照风险管理要求，对案源处理结果进行跟踪反馈和统计分析，实现案源闭环管理。稽查局相关部门应当及时将案源处理结果填写“案源处理结果反馈单”，归集到案源部门。其中，未立案的，由案源部门记录未立案理由；中止、终结检查的，由检查部门反馈并附阶段性检查情况和中止、终结理由；中止、终结执行的，由执行部门反馈并附中止、终结理由，税务处理决定书、税务行政处罚决定书及相关资料；执行完毕的，由执行部门反馈并附税务处理决定书、税务行政处罚决定书、税收缴款书及相关资料。

六、税收违法行为检举管理

根据《税收违法行为检举管理办法》(国家税务总局令第49号)，检举，是指单位、个人采用书信、电话、传真、网络、来访等形式，向税务机关提供纳税人、扣缴义务人税收违法行为线索的行为。检举税收违法行为的单位、个人称为“检举人”；被检举的纳税人、扣缴义务人称为“被检举人”。检举人可以实名检举，也可以匿名检举。

税收违法行为，是指涉嫌偷税（逃避缴纳税款），逃避追缴欠税，骗税，虚开、伪造、变造发票，以及其他与逃避缴纳税款相关的税收违法行为。

检举管理工作坚持依法依规、分级分类、属地管理、严格保密的原则。

税务机关应当向社会公布举报中心的电话（传真）号码、通讯地址、邮政编码、网络检举途径，设立检举接待场所和检举箱。税务机关同时通过12366纳税服务热线接收税收违法行为检举。

（一）检举事项的接收与受理

检举人检举税收违法行为应当提供被检举人的名称（姓名）、地址（住所）和税收违法行为线索；尽可能提供被检举人统一社会信用代码（身份证件号码），法定代表人、实际控制人信息和其他相关证明资料。鼓励检举人提供书面检举材料。

以来访形式实名检举的，检举人应当提供营业执照、居民身份证等有效身份证件的原件和复印件。以来信、网络、传真形式实名检举的，检举人应当提供营业执照、居民身份证等有效身份证件的复印件。以电话形式要求实名检举的，税务机关应当告知检举人采取前述形式进行检举。检举人未采取前述形式进行检举的，视同匿名检举。

举报中心对接收的检举事项，应当及时审查，有下列情形之一的，不予受理：无法确定被检举对象，或者不能提供税收违法行为线索的；检举事项已经或者依法应当通过诉讼、仲裁、行政复议以及其他法定途径解决的；对已经查结的同一检举事项再次检举，没有提供新的有效线索的。除前述以外，举报中心自接收检举事项之日起即为受理。

（二）检举事项的处理

检举事项受理后，应当分级分类，按照以下方式处理：

1.检举内容详细、税收违法行为线索清楚、证明资料充分的，由稽查局立案检查。

2.检举内容与线索较明确但缺少必要证明资料，有可能存在税收违法行为的，由稽查局调查核实。发现存在税收违法行为的，立案检查；未发现的，作查结处理。

3.检举对象明确，但其他检举事项不完整或者内容不清、线索不明的，可以暂存待查，待检举人将情况补充完整以后，再进行处理。

4.已经受理尚未查结的检举事项，再次检举的，可以合并处理。

5.税收违法行为以外的检举事项，转交有处理权的单位或者部门。

举报中心可以税务机关或者以自己的名义向下级税务机关督办、交办检举事项。举报中心应当在检举事项受理之日起15个工作日内完成分级分类处理，特殊情况除外。查处部门应当在收到举报中心转来的检举材料之日起3个月内办理完毕；案情复杂无法在期限内办理完毕的，可以延期。

（三）检举人的答复和奖励

实名检举人可以要求答复检举事项的处理情况与查处结果。实名检举人要求答复处理情况时，应当配合核对身份；要求答复查处结果时，应当出示检举时提供的有效身份证件。举报中心可以视具体情况采取口头或者书面方式答复实名检举人。

实名检举事项的处理情况，由作出处理行为的税务机关的举报中心答复。将检举事项督办、交办、提交或者转交的，应当告知去向；暂存待查的，应当建议检举人补充资料。实名检举事项的查处结果，由负责查处的税务机关的举报中心答复。实名检举人要求答复检举事项查处结果的，检举事项查结以后，举报中心可以将与检举线索有关的查处结果简要告知检举人，但不得告知其检举线索以外的税收违法行为的查处情况，不得提供执法文书及有关案情资料。

检举事项经查证属实，为国家挽回或者减少损失的，按照财政部和国家税务总局的有关规定对实名检举人给予相应奖励。

（四）权利保护

检举人不愿提供个人信息或者不愿公开检举行为的，税务机关应当予以尊重和保密。税务机关应当在职责范围内依法保护检举人、被检举人的合法权益。税务机关工作人员与检举事项或者检举人、被检举人有直接利害关系的，应当回避。检举人有正当理由并且有证据证明税务机关工作人员应当回避的，经本级税务机关负责人或者稽查局负责人批准以后，予以回避。

税务机关工作人员必须严格遵守以下保密规定：

1. 检举事项的受理、登记、处理及查处，应当依照国家有关法律、行政法规等规定严格保密，并建立健全工作责任制，不得私自摘抄、复制、扣压、销毁检举材料。

2. 严禁泄露检举人的姓名、身份、单位、地址、联系方式等情况，严禁将检举情况透露给被检举人及与案件查处无关的人员。

3. 调查核实情况和立案检查时不得出示检举信原件或者复印件，不得暴露检举人的有关信息，对匿名的检举书信及材料，除特殊情况以外，不得鉴定笔迹。

4. 宣传报道和奖励检举有功人员，未经检举人书面同意，不得公开检举人的姓名、身份、单位、地址、联系方式等情况。

七、随机抽查管理

根据《推进税务稽查随机抽查实施方案》（税总发〔2015〕104号），所有待查对象，除线索明显涉嫌偷逃骗抗税和虚开发票等税收违法行为直接立案查处的之外，均须通过摇号等方式，从税务稽查对象分类名录库和税务稽查异常对象名录库中随机抽取。

随机抽查分为定向抽查和不定向抽查。定向抽查是指按照税务稽查对象类型、行业、性质、隶属关系、组织架构、经营规模、收入规模、纳税数额、成本利润率、税负率、地理区域、税收风险等级、纳税信用级别等特定条件，通过摇号等方式，随机抽取确定待查对象名单，对其纳税等情况进行稽查。不定向抽查是指不设定条件，通过摇号等方式，随机抽取确定待查对象名单，对其纳税等情况进行稽查。定向抽查与不定向抽查要结合应用，兼施并举，确保稽查执法效能。

对随机抽查对象，税务稽查部门可以直接检查，也可以要求其先行自查，再实施重点检查，或自查与重点检查同时进行。对自查如实报告税收违法行为，主动配合税务稽查部门检查，主动补缴税款和缴纳滞纳金的，依法从轻、减轻或不予行政处罚；税务稽查部门重点检查发现存在重大税收违法行为或故意隐瞒税收违法行为的，应依法从严处罚；涉嫌犯罪的，应依法移送公安机关处理。

随机抽查比例和频次要合理、适度，切合实际，以不影响公正与效率为前提，既要保证必要的抽查覆盖面和工作力度，又要防止检查过多和执法扰民。对全国、省、市重点税源企业，采取定向抽查与不定向抽查相结合的方式，每年抽查比例20%左右，原则上每5年检查一轮。对非重点税源企业，采取以定向抽查为主、辅以不定向抽查的方式，每年抽查比例不超过3%。对非企业纳税人，主要采取不定向抽查方式，每年抽查比例不超过1%。对列入税务稽查异常对象名录库的企业，要加大抽查力度，提高抽查比例和频次。3年内已被随机抽查的税务稽查对象，不列入随机抽查范围。

实施抽查的执法检查人员，通过摇号方式，从税务稽查执法检查人员分类名录库中随机选派，也可以采取竞标等方式选派。执法检查人员应根据抽查内容，结合其专长进行选派。在一定周期内对同一抽查对象不得由同一执法检查人员实施检查。对同一抽查对象实施检查，选派执法检查人员不得少于2人。执法检查人员与抽查对象有利害关系的，应依法回避。

第二节 检查管理

检查部门接到税务稽查任务通知书后，应当及时安排人员实施检查。检查人员实施检查前，应当查阅被查对象纳税档案，了解被查对象的生产经营情况、所属行业特点、财务会计制度、财务会计处理办法和会计核算软件，熟悉相关税收政策，确定相应的检查方法。检查前，应当告知被查对象检查时间、需要准备的资料等，但预先通知有碍检查的除外。检查应当由两名以上检查人员共同实施，并向被查对象出示税务检查证和税务检查通知书。

实施检查时，依照法定权限和程序，可以采取实地检查、调取账簿资料、询问、查询存款账户或者储蓄存款、异地协查等方法。对采用电子信息系统进行管理和核算的被查对象，可以要求其打开该电子信息系统，或者提供与原始电子数据、电子信息系统技术资料一致的复制件。被查对象拒不打开或者拒不提供的，经稽查局局长批准，可以采用适当的技术手段对该电子信息系统进行直接检查，或者提取、复制电子数据进行检查，但所采用的技术手段不得破坏该电子信息系统原始电子数据，或者影响该电子信息系统正常运行。

一、调查取证

实施检查时，应当依照法定权限和程序，收集能够证明案件事实的证据材料。收集的证据材料应当真实，并与所证明的事项相关联。调查取证时，不得严重违反法定程序收集证据材料；不得以违反法律强制性规定的手段获取且侵害他人合法权益的证据材料；不得以利诱、欺诈、胁迫、暴力等手段获取证据材料。调取账簿、记账凭证、报表和其他有关资料时，应当向被查对象出具调取账簿资料通知书，并填写调取账簿资料清单交其核对后签章确认。调取纳税人、扣缴义务人以前会计年度的账簿、记账凭证、报表和其他有关资料的，应当经所属税务局局长批准，并在3个月内完整退还；调取纳税人、扣缴义务人当年的账簿、记账凭证、报表和其他有关资料的，应当经所属设区的市、自治州以上税务局局长批准，并在30日内退还。退还账簿资料时，应当由被查对象核对调取账簿资料清单，并签章确认。

需要提取证据材料原件的，应当向当事人出具提取证据专用收据，由当事人核对后签章确认。对需要退还的证据材料原件，检查结束后应当及时退还，并履行相关签收手续。需要将已开具的纸质发票调出查验时，应当向被查验的单位或者个人开具发票换票证；需要将空白纸质发票调出查验时，应当向被查验的单位或者个人开具调验空白发票收据。经查无问题的，应当及时退还，并履行相关签收手续。

提取证据材料复制件的，应当由当事人或者原件保存单位（个人）在复制件上注明“与原件核对无误”及原件存放地点，并签章。

询问应当由两名以上检查人员实施。除在被查对象生产、经营、办公场所询问外，应当向被询问人送达询问通知书。

询问时应当告知被询问人有关权利和义务。询问笔录应当交被询问人核对或者向其宣读；询问笔录有修改的，应当由被询问人在改动处捺指印；核对无误后，由被询问人在尾页结束处写明“以上笔录我看过（或者向我宣读过），与我说的相符”，并逐页签章、捺指印。被询问人拒绝在询问笔录上签章、捺指印的，检查人员应当在笔录上注明。

当事人、证人可以采取书面或者口头方式陈述或者提供证言。当事人、证人口头陈述或者提供证言的，检查人员应当以笔录、录音、录像等形式进行记录。笔录可以手写或者使用计算机记录并打印，由当事人或者证人逐页签章、捺指印。

当事人、证人口头提出变更陈述或者证言的，检查人员应当就变更部分重新制作笔录，注明原因，由当事人或者证人逐页签章、捺指印。当事人、证人变更书面陈述或者证言的，变更前的笔录不予退回。

制作录音、录像等视听资料的，应当注明制作方法、制作时间、制作人和证明对象等内容。调取视听资料时，应当调取有关资料的原始载体；难以调取原始载体的，可以调取复制件，但应当说明复制方法、人员、时间和原件存放处等事项。对声音资料，应当附有该声音内容的文字记录；对图像资料，应当附有必要的文字说明。

以电子数据的内容证明案件事实的，检查人员可以要求当事人将电子数据打印成纸质资料，在纸质资料上注明数据出处、打印场所、打印时间或者提供时间，注明“与电子数据核对无误”，并由当事人签章。

需要以有形载体形式固定电子数据的，检查人员应当与提供电子数据的个人、单位的法定代表人或者财务负责人或者经单位授权的其他人员一起将电子数据复制到存储介质上并封存，同时在封存包装物上注明制作方法、制作时间、制作人、文件格式及大小等，注明“与原始载体记载的电子数据核对无误”，并由电子数据提供人签章。

收集、提取电子数据，检查人员应当制作现场笔录，注明电子数据的来源、事由、证明目的或者对象，提取时间、地点、方法、过程，原始存储介质的存放地点以及对电子数据存储介质的签封情况等。进行数据压缩的，应当在笔录中注明压缩方法和完整性校验值。

检查人员实地调查取证时，可以制作现场笔录、勘验笔录，对实地调查取证情况予以记录。制作现场笔录、勘验笔录，应当载明时间、地点和事件等内容，并由检查人员签名和当事人签章。当事人经通知不到场或者拒绝在现场笔录、勘验笔录上签章的，检查人员应当在笔录上注明原因；如有其他人员在场，可以由其签章证明。

检查人员异地调查取证的，当地税务机关应当予以协助；发函委托相关稽查局调查取证的，必要时可以派人参与受托地稽查局的调查取证，受托地稽查局应当根据协查请求，依照法定权限和程序调查。需要取得境外资料的，稽查局可以提请国际税收管理部门依照有关规定程序获取。

查询从事生产、经营的纳税人、扣缴义务人存款账户，应当经县以上税务局局长批准，凭检查存款账户许可证明向相关银行或者其他金融机构查询。查询案件涉嫌人员储蓄存款的，应当经设区的市、自治州以上税务局局长批准，凭检查存款账户许可证明向相关银行或者其他金融机构查询。

被查对象有下列情形之一的，依照税收征管法和税收征管法实施细则有关逃避、拒绝或者以其他方式阻挠税务检查的规定处理：

1. 提供虚假资料，不如实反映情况，或者拒绝提供有关资料的。

2. 拒绝或者阻止税务机关记录、录音、录像、照相和复制与案件有关的情况和资料的。

3. 在检查期间转移、隐匿、销毁有关资料的。

4. 有不依法接受税务检查的其他情形的。

二、税收保全

（一）采取税收保全

税务机关有根据认为从事生产、经营的纳税人有逃避纳税义务行为，可以在规定的纳税期之前，责令限期缴纳应纳税款；在限期内发现纳税人有明显的转移、隐匿其应纳税的商品、货物以及其他财产或者应纳税收入迹象的，可以责成纳税人提供纳税担保。如果纳税人不能提供纳税担保，经县以上税务局局长批准，可以依法采取税收强制措施。

检查从事生产、经营的纳税人以前纳税期的纳税情况时，发现纳税人有逃避纳税义务行为，并有明显的转移、隐匿其应纳税的商品、货物以及其他财产或者应纳税收入迹象的，经县以上税务局局长批准，可以依法采取税收强制措施。

稽查局采取税收强制措施时，应当向纳税人、扣缴义务人、纳税担保人交付税收强制措施决定书，告知其采取税收强制措施的内容、理由、依据以及依法享有的权利、救济途径，并履行法律、法规规定的其他程序。

采取冻结纳税人在开户银行或者其他金融机构的存款措施时，应当向纳税人开户银行或者其他金融机构交付冻结存款通知书，冻结其相当于应纳税款的存款；并于作出冻结决定之日起3个工作日内，向纳税人交付冻结决定书。

采取查封、扣押商品、货物或者其他财产措施时，应当向纳税人、扣缴义务人、纳税担保人当场交付查封、扣押决定书，填写查封商品、货物或者其他财产清单或者出具扣押商品、货物或者其他财产专用收据，由当事人核对后签章。查封清单、扣押收据一式二份，由当事人和稽查局分别保存。

采取查封、扣押有产权证件的动产或者不动产措施时，应当依法向有关单位送达税务协助执行通知书，通知其在查封、扣押期间不再办理该动产或者不动产的过户手续。

对于"检查从事生产、经营的纳税人以前纳税期的纳税情况时，发现纳税人有逃避纳税义务行为，并有明显的转移、隐匿其应纳税的商品、货物以及其他财产或者应纳税收入迹象的"采取查封、扣押措施的，期限一般不得超过6个月；重大案件有下列情形之一，需要延长期限的，应当报国家税务总局批准：

1.案情复杂，在查封、扣押期限内确实难以查明案件事实的。

2.被查对象转移、隐匿、销毁账簿、记账凭证或者其他证据材料的。

3.被查对象拒不提供相关情况或者以其他方式拒绝、阻挠检查的。

4.解除查封、扣押措施可能使纳税人转移、隐匿、损毁或者违法处置财产，从而导致税款无法追缴的。

除上述规定情形外采取查封、扣押、冻结措施的，期限不得超过30日；情况复杂的，经县以上税务局局长批准，可以延长，但是延长期限不得超过30日。

（二）解除税收保全

有下列情形之一的，应当依法及时解除税收强制措施：

1.纳税人已按履行期限缴纳税款、扣缴义务人已按履行期限解缴税款、纳税担保人已按履行期限缴纳所担保税款的。

2.税收强制措施被复议机关决定撤销的。

3.税收强制措施被人民法院判决撤销的。

4.其他法定应当解除税收强制措施的。

解除税收强制措施时，应当向纳税人、扣缴义务人、纳税担保人送达解除税收强制措施决定书，告知其解除税收强制措施的时间、内容和依据，并通知其在规定时间内办理解除税收强制措施的有关事宜：采取冻结存款措施的，应当向冻结存款的纳税人开户银行或者其他金融机构送达解除冻结存款通知书，解除冻结；采取查封商品、货物或者其他财产措施的，应当解除查封并收回查封商品、货物或者其他财产清单；采取扣押商品、货物或者其他财产措施的，应当予以返还并收回扣押商品、货物或者其他财产专用收据。

税收强制措施涉及协助执行单位的，应当向协助执行单位送达税务协助执行通知书，通知解除税收强制措施相关事项。

三、检查中止和终结

（一）中止检查

有下列情形之一，致使检查暂时无法进行的，经稽查局局长批准后，中止检查：

1. 当事人被有关机关依法限制人身自由的。
2. 账簿、记账凭证及有关资料被其他国家机关依法调取且尚未归还的。
3. 与税收违法行为直接相关的事实需要人民法院或者其他国家机关确认的。
4. 法律、行政法规或者国家税务总局规定的其他可以中止检查的。

中止检查的情形消失，经稽查局局长批准后，恢复检查。

（二）终结检查

有下列情形之一，致使检查确实无法进行的，经稽查局局长批准后，终结检查：

1. 被查对象死亡或者被依法宣告死亡或者依法注销，且有证据表明无财产可抵缴税款或者无法定税收义务承担主体的。
2. 被查对象税收违法行为均已超过法定追究期限的。
3. 法律、行政法规或者国家税务总局规定的其他可以终结检查的。

检查结束前，检查人员可以将发现的税收违法事实和依据告知被查对象。被查对象对违法事实和依据有异议的，应当在限期内提供说明及证据材料。被查对象口头说明的，检查人员应当制作笔录，由当事人签章。

第三节　审理管理

审理人员依据法律、行政法规、规章及其他规范性文件，对检查部门移交的《税务稽查报告》及相关材料进行逐项审核，重点审核以下内容：被查对象是否准确；税收违法事实是否清楚，证据是否充分，数据是否准确，资料是否齐全；适用法律、行政法规、规章及其他规范性文件是否适当，定性是否正确；是否符合法定程序；是否超越或者滥用职权；税务处理、处罚建议是否适当；其他应当审核确认的事项或者问题。

拟对被查对象或者其他涉税当事人作出税务行政处罚的，向其送达“税务行政处罚事项告知书”，告知其依法享有陈述、申辩及要求听证的权利。审理完毕，审理部门区分下列情形分别作出处理：有税收违法行为，应当作出税务处理决定的，制作税务处理决定书；有税收违法行为，应当作出税务行政处罚决定的，制作税务行政处罚决定书；税收违法行为轻微，依法可以不予税务行政处罚的，制作不予税务行政处罚决定书；没有税收违法行为的，制作税务稽查结论。

审理环节，重点关注以下事项。

一、补缴税款的期限

根据《税收征收管理法》第五十二条规定，因税务机关的责任，致使纳税人、扣缴义务人未缴或者少缴税款的，税务机关在3年内可以要求纳税人、扣缴义务人补缴税款，但是不得加收滞纳金。因纳税人、扣缴义务人计算错误等失误，未缴或者少缴税款的，税务机关在3年内可以追征税款、滞纳金；有特殊情况的，追征期可以延长到5年（特殊情况，是指纳税人或者扣缴义务人因计算错误等失误，未缴或者少缴、未扣或者少扣、未收或者少收税款，累计数额在10万元以上的）。对偷税、抗税、骗税的，税务机关追征其未缴或者少缴的税款、滞纳金或者所骗取的税款，不受前述规定期限的限制。

二、偷税的认定和处理

（一）偷税的认定

《税收征收管理法》第六十三条第一款规定："纳税人伪造、变造、隐匿、擅自销毁账簿、记账凭证，或者在账簿上多列支出或者不列、少列收入，或者经税务机关通知申报而拒不申报或者进行虚假的纳税申报，不缴或者少缴应纳税款的，是偷税。对纳税人偷税的，由税务机关追缴其不缴或者少缴的税款、滞纳金，并处不缴或者少缴的税款百分之五十以上五倍以下的罚款；构成犯罪的，依法追究刑事责任。

扣缴义务人采取前款所列手段，不缴或者少缴已扣、已收税款，由税务机关追缴其不缴或者少缴的税款、滞纳金，并处不缴或者少缴的税款百分之五十以上五倍以下的罚款；构成犯罪的，依法追究刑事责任。"

根据《国家税务总局办公厅关于呼和浩特市昌隆食品有限公司有关涉税行为定性问题的复函》（国税办函〔2007〕513号）、《国家税务总局关于税务检查期间补正申报补缴税款是否影响偷税行为定性有关问题的批复》（税总函〔2013〕196号）、《关于北京聚菱燕塑料有限公司偷税案件复核意见的批复》（税总函〔2016〕274号）和《国家税务总局关于进一步做好税收违法案件查处有关工作的通知》（税总发〔2017〕30号）第一条第二款规定，纳税人主观故意实施了上述行为。对未采取欺骗、隐瞒手段，只是因理解税收政策不准确、计算错误等失误导致未缴、少缴税款的，依法追缴税款、滞纳金，不定性为偷税。

（二）偷税的处理

根据《税收征管法》第六十三条和第八十六条规定，税务机关应对5年内发现的偷税行为依法处以不缴或者少缴的税款百分之五十以上五倍以下的罚款。构成犯罪的，依法追究刑事责任。

关于5年期限的起算时点，根据《行政处罚法》第二十九条规定，为违法行为发生之日，即应纳税款的申报截止日期。但是，违法行为有连续或者继续状态的，则从行为终了之日起计算。所谓“连续”和“继续”，行政处罚法未作具体定义。参照刑法的理解，“继续”是指行政违法行为处于继续状态。例如，在补充申报以前，逾期未申报处于继续状态。“连续”是指反复实施了数个独立但违反相同法条的行政违法行为。例如，连续的偷税行为。

5年期限的截止时点为发现时间。根据《稽查规范》规定，任何机关只要启动调查、取证和立案程序，均可视为发现。群众举报后被认定属实的，发现时间以收到举报时间为准。

（三）示例

【例7.1】H房地产企业某项目2017年完工，已知该项目住宅产品总建筑面积305281平方米，总成本603541万元，会计上于交付时确认收入并结转成本。截至2017年12月31日，企业累计已售住宅72517平方米并全部交付，当年结转成本143366.22万元；2018年全年销售住宅85532万平方米并已全部交付，当年结转成本175027.90万元；2019年全年销售住宅103952万平方米并已全部交付，当年结转成本205513.26万元。截至2019年12月31日，企业财务报表住宅存货余额79633.62万元。

稽查人员对企业的成本结转作了重新计算，发现2016年和2018年计算正确，2017年多结转5931万元。企业解释当时的计算底稿未留存，经试验发现多结转原因是计算时将已售建筑面积85532平方米错按88532平方米计算。该情形是否定性为偷税?

答：三年中有一年结转错误，在无证据证明主观故意的前提下，可以合理推定属于计算错误，不作偷税处理。但是，如果三年中有两年乃至三年错误多结转，因为此类缘由的错误不可能连续发生，可以合理推定企业的主观故意，作偷税处理。

【例7.2】稽查局接到举报，Y餐饮企业采用两套账的方式偷逃餐饮服务增值税、企业所得税等税收，该企业的企业所得税征收方式鉴定为核定征收，核定应税所得率8%。经调查取证，确认隐瞒收入500万元，核定少计应税所得40万元，核定少缴企业所得税10万元。该情形是否定性偷税？是否可以处50%即5万元的行政处罚?

答：根据《税收征管法》第六十三条规定，对照三个条件作分析：（1）企业实施了隐瞒收入的行为；（2）设立两套账隐瞒收入显然属于主观故意；（3）企业少缴的10万元企业所得税与设立两套账隐瞒收入的行为具有因果关系。综上所述，应当定性为偷税，可以处以5万元的罚款。

【例7.3】稽查局对Z餐饮企业实施税务检查，该企业的企业所得税征收方式鉴定为查账征收。经调查取证，确认企业完整申报了应税收入，但成本费用方面由于扣除凭证严重残缺，决定按照8%的应税所得率进行核定征收，补缴企业所得税20万元。该情形是否定性偷税？

答：根据《税收征管法》第六十三条规定，对照三个条件作分析：（1）企业未实施六十三条规定的行为；（2）未实施前述行为，自然不存在主观故意的认定问题；（3）稽查局查补的企业所得税20万元，原因是税务机关对征收方式的改变，即从查账征收改核定征收，与前述行为无任何因果关系。综上所述，该情形不定性偷税。

需要注意的是，核定征收并非一定不能定性为偷税，需要根据《税收征管法》第六十三条等规定作具体问题具体分析。

三、其他常见处罚情形

1.《税收征收管理法》第六十四条规定，纳税人、扣缴义务人编造虚假计税依据的，由税务机关责令限期改正，并处5万元以下的罚款。纳税人不进行纳税申报，不缴或者少缴应纳税款的，由税务机关追缴其不缴或者少缴的税款、滞纳金，并处不缴或者少缴的税款百分之五十以上五倍以下的罚款。

2.扣缴义务人应扣未扣、应收而不收税款的，由税务机关向纳税人追缴税款，对扣缴义务人处应扣未扣、应收未收税款百分之五十以上三倍以下的罚款。

3.发票类罚款。

（1）《发票管理办法》第三十五条规定，违反本办法的规定，有下列情形之一的，由税务机关责令改正，可以处1万元以下的罚款；有违法所得的予以没收：

①应当开具而未开具发票，或者未按照规定的时限、顺序、栏目，全部联次一次性开具发票，或者未加盖发票专用章的；

②使用税控装置开具发票，未按期向主管税务机关报送开具发票的数据的；

③使用非税控电子器具开具发票，未将非税控电子器具使用的软件程序说明资料报主管税务机关备案，或者未按照规定保存、报送开具发票的数据的；

④拆本使用发票的；

⑤扩大发票使用范围的；

⑥以其他凭证代替发票使用的；

⑦跨规定区域开具发票的；

⑧未按照规定缴销发票的；

⑨未按照规定存放和保管发票的。

（2）《发票管理办法》第三十六条规定，跨规定的使用区域携带、邮寄、运输空白发票，以及携带、邮寄或者运输空白发票出入境的，由税务机关责令改正，可以处1万元以下的罚款；情节严重的，处1万元以上3万元以下的罚款；有违法所得的予以没收。

丢失发票或者擅自损毁发票的，依照前款规定处罚。

（3）《发票管理办法》第三十七条规定，违反本办法第二十二条第二款的规定虚开发票的，由税务机关没收违法所得；虚开金额在1万元以下的，可以并处5万元以下的罚款；虚开金额超过1万元的，并处5万元以上50万元以下的罚款；构成犯罪的，依法追究刑事责任。

非法代开发票的，依照前款规定处罚。

（4）《发票管理办法》第三十八条规定，私自印制、伪造、变造发票，非法制造发票防伪专用品，伪造发票监制章的，由税务机关没收违法所得，没收、销毁作案工具和非法物品，并处1万元以上5万元以下的罚款；情节严重的，并处5万元以上50万元以下的罚款；对印制发票的企业，可以并处吊销发票准印证；构成犯罪的，依法追究刑事责任。

前款规定的处罚，《中华人民共和国税收征收管理法》有规定的，依照其规定执行。

（5）《发票管理办法》第三十九条规定，有下列情形之一的，由税务机关处1万元以上5万元以下的罚款；情节严重的，处5万元以上50万元以下的罚款；有违法所得的予以没收：

①转借、转让、介绍他人转让发票、发票监制章和发票防伪专用品的；

②知道或者应当知道是私自印制、伪造、变造、非法取得或者废止的发票而受让、开具、存放、携带、邮寄、运输的。

需要注意的是，根据《行政处罚法》《国家税务总局关于发布〈税务行政处罚裁量权行使规则〉的公告》（国家税务总局公告2016年第78号）等法律、法规、规章规定可以给予行政处罚，如当事人首次违反且情节轻微，并在税务机关发现前主动改正的或者在税务机关责令限期改正的期限内改正的，不予行政处罚。另外，对当事人的同一个税收违法行为不得给予两次以上罚款的行政处罚。

四、自由裁量权的行使

（一）行政处罚的基本原则

《行政处罚法》第四条和第五条规定：“行政处罚遵循公正、公开的原则。设定和实施行政处罚必须以事实为依据，与违法行为的事实、性质、情节以及社会危害程度相当。实施行政处罚，纠正违法行为，应当坚持处罚与教育相结合，教育公民、法人或者其他组织自觉守法。”

《国家税务总局关于进一步做好税收违法案件查处有关工作的通知》（税总

发〔2017〕30号）规定："新形势下，衡量税务稽查执法办案水平高低，不仅要看是否依法查处税收违法行为，而且要看是否促进经济社会发展。税务机关要根据案件的不同形态实施分类处理，重点查处重大税收违法行为，切实做到当严则严，该宽则宽，宽严相济，罚当其责，宽严有据，充分发挥税务稽查职能作用，确保法律效果和社会效果的有机统一。"

税务机关实施税务行政处罚，应当在合法合规，依法行政的基础上，贯彻行政处罚之精神，罚当其责，应罚尽罚，处罚与教育相结合，当罚必罚，惩前毖后，治病救人，以提高全社会的纳税遵从为目标。

（二）行政处罚的自由裁量

根据国家税务总局公告2016年第78号文件第九条规定，省税务机关制定本地区统一适用的税务行政处罚裁量基准。以江苏省为例，根据《江苏省税务行政处罚裁量基准》（江苏省税务局公告2018年第8号）规定，对纳税人偷税的行政处罚自由裁量标准如下：

1.纳税人实施偷税有以下情形之一的，处不缴或少缴税款0.5倍以上1倍以下罚款：

①纳税人配合税务机关检查的；

②在税务机关对其违法行为作出税务处理前主动补缴税款和滞纳金的；

③违法行为较轻的。

2.纳税人实施偷税有以下情形之一的，处不缴或少缴税款1倍以上2倍以下罚款：

①因偷税被税务机关处罚或刑事处罚的，3年内又实施偷税的；

②纳税人以非暴力方式不配合税务机关检查的。

3.纳税人实施偷税，且以暴力、威胁方式阻碍税务机关检查的，处不缴或少缴税款2倍以上5倍以下的罚款。

五、涉嫌犯罪案件移送

根据《税收征管法》第七十七条和《行政执法机关移送涉嫌犯罪案件的规定》（中华人民共和国国务院令第310号）等有关规定，纳税人、扣缴义务人有《税收征管法》第六十三条、第六十五条、第六十六条、第六十七条、第七十一条规定的行为涉嫌犯罪的，税务机关必须依法移交司法机关追究刑事责任。税务人员徇私舞弊，对依法应当移交司法机关追究刑事责任的不移交，情节严重的，依法追究刑事责任。

根据《最高人民检察院公安部关于公安机关管辖的刑事案件立案追诉标准的规定（二）》（公通字〔2010〕23号）、《最高人民检察院公安部关于公安机关管辖的刑事案件立案追诉标准的规定（二）的补充规定》（公通字〔2011〕47号）等规定，移送司法机关的追诉标准如表7.1所示：

表 7.1　　　　涉税犯罪汇总表

罪名	《刑法》规定	应予立案追诉标准
隐匿、故意销毁会计凭证、会计账簿、财务会计报告罪	第一百六十二条：隐匿或者故意销毁依法应当保存的会计凭证、会计账簿、财务会计报告，情节严重的，处五年以下有期徒刑或者拘役，并处或者单处二万元以上二十万元以下罚金。单位犯前款罪的，对单位判处罚金，并对其直接负责的主管人员和其他直接责任人员，依照前款的规定处罚。	隐匿或者故意销毁依法应当保存的会计凭证、会计账簿、财务会计报告，涉嫌下列情形之一的，应予立案追诉：①隐匿、故意销毁的会计凭证、会计账簿、财务会计报告涉及金额在五十万元以上的；②依法应当向司法机关、行政机关、有关主管部门等提供而隐匿、故意销毁或者拒不交出会计凭证、会计账簿、财务会计报告的；③其他情节严重的情形。
逃税罪	第二百零一条：纳税人采取欺骗、隐瞒手段进行虚假纳税申报或者不申报，逃避缴纳税款数额较大并且占应纳税额百分之十以上的，处三年以下有期徒刑或者拘役，并处罚金；数额巨大并且占应纳税额百分之三十以上的，处三年以上七年以下有期徒刑，并处罚金。扣缴义务人采取前款所列手段，不缴或者少缴已扣、已收税款，数额较大的，依照前款的规定处罚。对多次实施前两款行为，未经处理的，按照累计数额计算。 有第一款行为，经税务机关依法下达追缴通知后，补缴应纳税款，缴纳滞纳金，已受行政处罚的，不予追究刑事责任；但是，五年内因逃避缴纳税款受过刑事处罚或者被税务机关给予二次以上行政处罚的除外。	①纳税人采取欺骗、隐瞒手段进行虚假纳税申报或者不申报，逃避缴纳税款，数额在五万元以上并且占各税种应纳税总额百分之十以上，经税务机关依法下达追缴通知后，不补缴应纳税款、不缴纳滞纳金或者不接受行政处罚的；②纳税人五年内因逃避缴纳税款受过刑事处罚或者被税务机关给予二次以上行政处罚，又逃避缴纳税款，数额在五万元以上并且占各税种应纳税总额百分之十以上的；③扣缴义务人采取欺骗、隐瞒手段，不缴或者少缴已扣、已收税款，数额在五万元以上的。 纳税人在公安机关立案后再补缴应纳税款、缴纳滞纳金或者接受行政处罚的，不影响刑事责任的追究。
抗税罪	第二百零二条：以暴力、威胁方法拒不缴纳税款的，处三年以下有期徒刑或者拘役，并处拒缴税款一倍以上五倍以下罚金；情节严重的，处三年以上七年以下有期徒刑，并处拒缴税款一倍以上五倍以下罚金。	①造成税务工作人员轻微伤以上的；②以给税务工作人员及其亲友的生命、健康、财产等造成损害为威胁，抗拒缴纳税款的；③聚众抗拒缴纳税款的；④以其他暴力、威胁方法拒不缴纳税款的。
逃避追缴欠税罪	第二百零三条：纳税人欠缴应纳税款，采取转移或者隐匿财产的手段，致使税务机关无法追缴欠缴的税款，数额在一万元以上不满十万元的，处三年以下有期徒刑或者拘役，并处或者单处欠缴税款一倍以上五倍以下罚金；数额在十万元以上的，处三年以上七年以下有期徒刑，并处欠缴税款一倍以上五倍以下罚金。	纳税人欠缴应纳税款，采取转移或者隐匿财产的手段，致使税务机关无法追缴欠缴的税款，数额在一万元以上的，应予立案追诉。
骗取出口退税罪	第二百零四条：以假报出口或者其他欺骗手段，骗取国家出口退税款，数额较大的，处五年以下有期徒刑或者拘役，并处骗取税款一倍以上五倍以下罚金；数额巨大或者有其他严重情节的，处五年以上十年以下有期徒刑，并处骗取税款一倍以上五倍以下罚金；数额特别巨大或者有其他特别严重情节的，处十年以上有期徒刑或者无期徒刑，并处骗取税款一倍以上五倍以下罚金或者没收财产。 纳税人缴纳税款后，采取前款规定的欺骗方法，骗取所缴纳的税款的，依照本法第二百零一条的规定定罪处罚；骗取税款超过所缴纳的税款部分，依照前款的规定处罚。	以假报出口或者其他欺骗手段，骗取国家出口退税款，数额在五万元以上的，应予立案追诉。

续表

罪名	《刑法》规定	应予立案追诉标准
虚开增值税专用发票、用于骗取出口退税、抵扣税款发票罪	第二百零五条：虚开增值税专用发票或者虚开用于骗取出口退税、抵扣税款的其他发票的，处三年以下有期徒刑或者拘役，并处二万元以上二十万元以下罚金；虚开的税款数额较大或者有其他严重情节的，处三年以上十年以下有期徒刑，并处五万元以上五十万元以下罚金；虚开的税款数额巨大或者有其他特别严重情节的，处十年以上有期徒刑或者无期徒刑，并处五万元以上五十万元以下罚金或者没收财产。单位犯本条规定之罪的，对单位判处罚金，并对其直接负责的主管人员和其他直接责任人员，处三年以下有期徒刑或者拘役；虚开的税款数额较大或者有其他严重情节的，处三年以上十年以下有期徒刑；虚开的税款数额巨大或者有其他特别严重情节的，处十年以上有期徒刑或者无期徒刑。虚开增值税专用发票或者虚开用于骗取出口退税、抵扣税款的其他发票，是指有为他人虚开、为自己虚开、让他人为自己虚开、介绍他人虚开行为之一的。	虚开增值税专用发票或者虚开用于骗取出口退税、抵扣税款的其他发票，虚开的税款数额在一万元以上或者致使国家税款被骗数额在五千元以上的，应予立案追诉。
伪造、出售伪造的增值税专用发票罪	第二百零六条：伪造或者出售伪造的增值税专用发票的，处三年以下有期徒刑、拘役或者管制，并处二万元以上二十万元以下罚金；数量较大或者有其他严重情节的，处三年以上十年以下有期徒刑，并处五万元以上五十万元以下罚金；数量巨大或者有其他特别严重情节的，处十年以上有期徒刑或者无期徒刑，并处五万元以上五十万元以下罚金或者没收财产。单位犯本条规定之罪的，对单位判处罚金，并对其直接负责的主管人员和其他直接责任人员，处三年以下有期徒刑、拘役或者管制；数量较大或者有其他严重情节的，处三年以上十年以下有期徒刑；数量巨大或者有其他特别严重情节的，处十年以上有期徒刑或者无期徒刑。	伪造或者出售伪造的增值税专用发票二十五份以上或者票面额累计在十万元以上的，应予立案追诉。
非法出售增值税专用发票罪	第二百零七条：非法出售增值税专用发票的，处三年以下有期徒刑、拘役或者管制，并处二万元以上二十万元以下罚金；数量较大的，处三年以上十年以下有期徒刑，并处五万元以上五十万元以下罚金；数量巨大的，处十年以上有期徒刑或者无期徒刑，并处五万元以上五十万元以下罚金或者没收财产。	非法出售增值税专用发票二十五份以上或者票面额累计在十万元以上的，应予立案追诉。
非法购买增值税专用发票、购买伪造的增值税专用发票罪	第二百零八条：非法购买增值税专用发票或者购买伪造的增值税专用发票的，处五年以下有期徒刑或者拘役，并处或者单处二万元以上二十万元以下罚金。非法购买增值税专用发票或者购买伪造的增值税专用发票又虚开或者出售的，分别依照本法第二百零五条、第二百零六条、第二百零七条的规定定罪处罚。	非法购买增值税专用发票或者购买伪造的增值税专用发票二十五份以上或者票面额累计在十万元以上的，应予立案追诉。

续表

罪名	《刑法》规定	应予立案追诉标准
非法制造、出售非法制造的用于骗取出口退税、抵扣税款发票罪	第二百零九条第一款：伪造、擅自制造或者出售伪造、擅自制造的可以用于骗取出口退税、抵扣税款的其他发票的，处三年以下有期徒刑、拘役或者管制，并处二万元以上二十万元以下罚金；数量巨大的，处三年以上七年以下有期徒刑，并处五万元以上五十万元以下罚金；数量特别巨大的，处七年以上有期徒刑，并处五万元以上五十万元以下罚金或者没收财产。	伪造、擅自制造或者出售伪造、擅自制造的可以用于骗取出口退税、抵扣税款的非增值税专用发票五十份以上或者票面额累计在二十万元以上的，应予立案追诉。
非法制造、出售非法制造的其他发票罪	第二百零九条第二款：伪造、擅自制造或者出售伪造、擅自制造的前款规定以外的其他发票的，处二年以下有期徒刑、拘役或者管制，并处或者单处一万元以上五万元以下罚金；情节严重的，处二年以上七年以下有期徒刑，并处五万元以上五十万元以下罚金。非法出售可以用于骗取出口退税、抵扣税款的其他发票的，依照第一款的规定处罚。非法出售第三款规定以外的其他发票的，依照第二款的规定处罚。	伪造、擅自制造或者出售伪造、擅自制造的不具有骗取出口退税、抵扣税款功能的普通发票一百份以上或者票面额累计在四十万元以上的，应予立案追诉。
非法出售用于骗取出口退税、抵扣税款发票罪	第二百零九条第三款：非法出售可以用于骗取出口退税、抵扣税款的其他发票的，依照第一款的规定处罚。	非法出售可以用于骗取出口退税、抵扣税款的非增值税专用发票五十份以上或者票面额累计在二十万元以上的，应予立案追诉。
非法出售发票罪	第二百零九条第四款：非法出售第三款规定以外的其他发票的，依照第二款的规定处罚。	非法出售普通发票一百份以上或者票面额累计在四十万元以上的，应予立案追诉。
虚开发票罪	第二百零五条：虚开本法第二百零五条规定以外的其他发票，情节严重的，处二年以下有期徒刑、拘役或者管制，并处罚金；情节特别严重的，处二年以上七年以下有期徒刑，并处罚金。单位犯前款罪的，对单位判处罚金，并对其直接负责的主管人员和其他直接责任人员，依照前款的规定处罚。	虚开刑法第二百零五条规定以外的其他发票，涉嫌下列情形之一的，应予立案追诉：①虚开发票一百份以上或者虚开金额累计在四十万元以上的；②虽未达到上述数额标准，但五年内因虚开发票行为受过行政处罚二次以上，又虚开发票的；③其他情节严重的情形。
持有伪造的发票罪	第二百一十条：明知是伪造的发票而持有，数量较大的，处二年以下有期徒刑、拘役或者管制，并处罚金；数量巨大的，处二年以上七年以下有期徒刑，并处罚金。单位犯前款罪的，对单位判处罚金，并对其直接负责的主管人员和其他直接责任人员，依照前款的规定处罚。	明知是伪造的发票而持有，具有下列情形之一的，应予立案追诉：①持有伪造的增值税专用发票五十份以上或者票面额累计在二十万元以上的，应予立案追诉；②持有伪造的可以用于骗取出口退税、抵扣税款的其他发票一百份以上或者票面额累计在四十万元以上的，应予立案追诉；③持有伪造的第 1 项、第 2 项规定以外的其他发票二百份以上或者票面额累计在八十万元以上的，应予立案追诉。

税收违法行为涉嫌犯罪的，填制涉嫌犯罪案件移送书，经税务局局长批准后，依法移送公安机关，并附送以下资料：①涉嫌犯罪案件情况的调查报告；②涉嫌犯罪的主要证据材料复制件；③其他有关涉嫌犯罪的材料。

实务中，需关注司法程序和行政程序协调。根据《关于加强行政执法与刑事司法衔接工作的意见》（中办发〔2011〕8号）第一条第三款、《最高人民法院关于在司法机关对当事人虚开增值税专用发票罪立案侦查之后刑事判决之前，税务机关又以同一事实以偷税为由对同一当事人能否作出行政处罚问题的答复》（〔2008〕行他字第1号）和《行政执法机关移送涉嫌犯罪案件的规定》第十一条规定，行政执法机关在移送公安前可以作出行政处罚决定。向公安机关移送涉嫌犯罪案件前已经作出的行政处罚决定，不停止执行。

依照行政处罚法的规定，行政执法机关向公安机关移送涉嫌犯罪案件前，已经依法给予当事人罚款的，人民法院判处罚金时，依法折抵相应罚金。已经作出行政处罚决定的，应当将行政处罚决定书一并抄送公安机关、人民检察院。

未作出行政处罚决定的，原则上应当在公安机关决定不予立案或者撤销案件、人民检察院作出不起诉决定、人民法院作出无罪判决或者免予刑事处罚后，再决定是否给予行政处罚。依照有关法律、法规或者规章的规定应当给予行政处罚的，应当依法实施行政处罚。

另外，根据《最高人民法院关于在司法机关对当事人虚开增值税专用发票罪立案侦查之后刑事判决之前，税务机关又以同一事实以偷税为由对同一当事人能否作出行政处罚问题的答复》（〔2008〕行他字第1号）规定，税务机关在发现涉嫌犯罪并移送公安机关进行刑事侦查后，不再针对同一违法行为作出行为罚和申诫罚以外的行政处罚；刑事被告人构成涉税犯罪并被处以人身和财产的刑罚后，税务机关不应再作出罚款的行政处罚。如当事人行为不构成犯罪，则公安机关应将案件退回税务机关，税务机关可依法追究当事人的行政违法责任。

六、重大税务案件审理

根据《重大税务案件审理办法》（国家税务总局令第34号），下列重大税务案件应当由省以下各级税务局设立的重大税务案件审理委员会作出审理：重大税务行政处罚案件，具体标准由各省、自治区、直辖市和计划单列市税务局根据本地情况自行制定；根据《重大税收违法案件督办管理暂行办法》督办的案件；应司法、监察机关要求出具认定意见的案件；拟移送公安机关处理的案件；审理委员会成员单位认为案情重大、复杂，需要审理的案件；其他需要审理委员会审理的案件。

经审理委员会会议审理，根据不同情况，作出以下处理：案件事实清楚、证据确凿、程序合法、法律依据明确的，依法确定审理意见；案件事实不清、证据不足的，由稽查局对案件重新调查；案件执法程序违法的，由稽查局对案件重新处理；案件适用法律依据不明确，或者需要处理的有关事项超出本机关权限的，按规定程序请示上级机关或征求有权机关的意见。

第四节 执行管理

稽查局应当依法及时送达税务处理决定书、税务行政处罚决定书、不予税务行政处罚决定书、税务稽查结论等税务文书。

一、强制执行

具有下列情形之一的，经县以上税务局局长批准，稽查局可以依法强制执行，或者依法申请人民法院强制执行：纳税人、扣缴义务人未按照规定的期限缴纳或者解缴税款、滞纳金，责令限期缴纳逾期仍未缴纳的；经稽查局确认的纳税担保人未按照规定的期限缴纳所担保的税款、滞纳金，责令限期缴纳逾期仍未缴纳的；当事人对处罚决定逾期不申请行政复议也不向人民法院起诉、又不履行的；其他可以依法强制执行的。

当事人确有经济困难，需要延期或者分期缴纳罚款的，可向稽查局提出申请，经税务局局长批准后，可以暂缓或者分期缴纳。

作出强制执行决定前，应当制作并送达催告文书，催告当事人履行义务，听取当事人陈述、申辩意见。经催告，当事人逾期仍不履行行政决定，且无正当理由的，经县以上税务局局长批准，实施强制执行。实施强制执行时，应当向被执行人送达强制执行决定书，告知其实施强制执行的内容、理由及依据，并告知其享有依法申请行政复议或者提起行政诉讼的权利。催告期间，对有证据证明有转移或者隐匿财物迹象的，可以作出立即强制执行决定。

稽查局采取从被执行人开户银行或者其他金融机构的存款中扣缴税款、滞纳金、罚款措施时，应当向被执行人开户银行或者其他金融机构送达扣缴税收款项通知书，依法扣缴税款、滞纳金、罚款，并及时将有关凭证送达被执行人。

拍卖、变卖被执行人商品、货物或者其他财产，以拍卖、变卖所得抵缴税款、滞纳金、罚款的，在拍卖、变卖前应当依法进行查封、扣押。稽查局拍卖、变卖被执行人商品、货物或者其他财产前，应当制作拍卖/变卖抵税财物决定书，经县以上税务局局长批准后送达被执行人，予以拍卖或者变卖。拍卖或者变卖实现后，应当在结算并收取价款后3个工作日内，办理税款、滞纳金、罚款的入库手续，并制作拍卖/变卖结果通知书，附拍卖/变卖查封、扣押的商品、货物或者其他财产清单，经稽查局局长审核后，送达被执行人。以拍卖或者变卖所得抵缴税款、滞纳金、罚款和拍卖、变卖等费用后，尚有剩余的财产或者无法进行拍卖、变卖财产的，应当制作返还商品、货物或者其他财产通知书，附返还商品、货物或者其他财产清单，送达被执行人，并自办理税款、滞纳金、罚款入库手续之日起3个工作日内退还被执行人。

二、中止执行

执行过程中发现有下列情形之一的，经稽查局局长批准后，中止执行：

1.当事人死亡或者被依法宣告死亡，尚未确定可执行财产的。

2.当事人进入破产清算程序尚未终结的。

3.可执行财产被司法机关或者其他国家机关依法查封、扣押、冻结，致使执行暂时无法进行的。

4.可供执行的标的物需要人民法院或者仲裁机构确定权属的。

5.法律、行政法规和国家税务总局规定其他可以中止执行的。

中止执行情形消失后，经稽查局局长批准，恢复执行。

三、终结执行

当事人确无财产可供抵缴税款、滞纳金、罚款或者依照破产清算程序确实无法清缴税款、滞纳金、罚款，或者有其他法定终结执行情形的，经税务局局长批准后，终结执行。

四、其他

税务处理决定书、税务行政处罚决定书等决定性文书送达后，有下列情形之一的，稽查局可以依法重新作出：

1.决定性文书被人民法院判决撤销的。

2.决定性文书被行政复议机关决定撤销的。

3.税务机关认为需要变更或者撤销原决定性文书的。

4.其他依法需要变更或者撤销原决定性文书的。

附：国家税务总局曝光8起虚开发票违法典型案例[①]

为了维护正常的经济税收秩序，在国家税务总局统一部署下，各地税务部门联合公安等部门重拳出击，在开展打击虚开骗税违法犯罪行为专项行动中，破获多起虚开发票案件，净化了税收环境，对不法分子形成有力震慑。

一、四川查处“5·21”电子普通发票虚开案

2020年5月，成都警税运用大数据分析技术，发现同一团伙控制下的85户空壳企业涉嫌虚开电子普通发票。警税两部门立即联合成立专案组进行查处，

① http：//www.chinatax.gov.cn/chinatax/n810219/n810724/c5164059/content.html

于2020年7月实施收网行动，成功破获该起虚开电子普通发票案，打掉职业虚开犯罪团伙2个，抓获犯罪嫌疑人4名。经查，该团伙利用疫情期间“非接触式”办税缴费便利措施，控制空壳企业919户，向全国31个省（区、市）21821户下游企业或个人虚开增值税发票11万余份，虚开金额31亿多元，其中虚开电子普通发票2807份，虚开金额1.05亿元。

二、深圳查处“护航1号”电子普通发票虚开案

2021年初，深圳税务部门依托智慧稽查系统发现一起涉嫌虚开电子普通发票案件线索，警税联合成立专案组开展查处，运用信息化战法快速锁定异地虚开窝点。2021年2月，深圳警税同时在深圳和广东陆丰、普宁等地开展“护航1号”收网行动，成功打掉电子普通发票虚开团伙1个，抓获犯罪嫌疑人5名，摧毁犯罪窝点4个。初步查明，该犯罪团伙控制了580余家注册在深圳的空壳企业，利用电子普通发票便利属性，采取异地开票的手段，对外虚开增值税普通发票15.8万余份，涉案金额10亿多元。其中虚开电子普通发票37734份，虚开金额2.35亿元。

三、北京查处“8·27”增值税发票虚开案

近期，北京税务稽查部门与公安部门联手，成功破获“8·27”虚开案。该团伙直接或间接控制30余家虚开企业，针对客户多为个体工商户、个人且部分人员不需要发票这一特点，将销售收入打入个人账户形成票货分离，利用大量发票富余额度，从事虚开发票犯罪活动。该团伙2013年至2019年间涉嫌对外虚开增值税专用发票7万余份，涉案金额109亿元；涉嫌对外虚开增值税普通发票2万余份，涉案金额3.23亿元。

四、湖南查处“1·23”增值税发票虚开案

2021年1月，湖南娄底税务部门在日常巡查过程中，发现3家汽车销售公司存在重大虚开增值税发票嫌疑，迅速会同公安部门成立联合专案组进行立案查处。经查，以张某为首的犯罪团伙自2020年底以来，在娄底成立22家空壳公司虚开发票，涉及发票500余份，虚开金额6亿余元。2021年1月底，联合专案成功收网，捣毁作案窝点3个，抓获嫌疑人5名。

五、重庆查处“4·01”增值税发票虚开案

2020年4月初，重庆税务、公安部门运用大数据开展虚开风险扫描研判时，发现一虚开发票团伙线索，随即会同税务总局驻重庆特派办联合开展查处工

作。2020年5月，重庆市公安局、重庆市税务局和国家税务总局驻重庆特派办联合，对“4·01”专案涉及的7个虚开团伙跨省虚开发票案实施统一收网行动，打掉窝点12个，抓获犯罪嫌疑人63名，查获作案工具若干。经查，该团伙采取注册若干户空壳企业的方式，对外虚开增值税专用发票和普通发票金额71.8亿元。

六、浙江查处利用疫情期间税收优惠政策虚开发票案

2020年5月，杭州市税务局通过大数据全面扫描申报疫情防控税收优惠政策企业及相关涉税数据，发现某商贸公司存在重大虚开疑点，经进一步分析监测，最终锁定关联企业62户，其中李某控制的21户企业主要负责成立公司后虚开发票；胡某控制的41户企业主要负责非法出售营业执照和开票资格等违法行为。杭州警税开展集中收网行动，抓获犯罪嫌疑人18名，涉案金额2.5亿元。

七、上海查处利用疫情期间税收优惠政策虚开发票案

2020年3月，上海市税务部门联合公安部门开展大数据分析筛查，发现一个虚开发票团伙利用疫情期间小规模纳税人减按1%征收率征收增值税的优惠政策及办税便利条件，大肆开展虚开犯罪活动。随即，上海市公安部门与税务部门组成联合专案组，对8个虚开犯罪团伙及122户受票企业开展集中收网，抓获犯罪嫌疑人121名。

八、江苏查处利用软件产品税收优惠政策虚开发票骗取政府补贴案

2020年12月，江苏警税协同配合，成功破获某软件科技公司虚开发票案，抓获犯罪嫌疑人2人。经查，2019年7月以来，该公司控制人利用国家对软件产品增值税实际税负超3%部分即征即退的优惠政策，虚高软件产品价格向当地37家实体企业开具增值税专用发票3518万元，同时与受票单位勾结，共同制作虚假材料骗取当地工信部门鼓励企业技术升级的财政补贴。截至案发，已有21家受票单位向政府申报政策补贴100余万元。

国家税务总局稽查局有关负责人表示，税务部门将全面贯彻落实中办、国办印发的《关于进一步深化税收征管改革的意见》，会同公安机关精准、有效打击“假企业”虚开发票、“假出口”骗取退税、“假申报”骗取税费优惠等行为，对损害国家利益的税收违法犯罪个人或团伙，坚持以零容忍的态度“露头就打”。同时充分发挥税收大数据作用，实现对虚开骗税等违法犯罪行为惩处从事后打击向事前、事中精准防范转变，保障国家税收安全。

第八章

企业迁移与信息变更管理

根据《税务登记管理办法》，纳税人税务登记内容发生变化的，应当向原税务登记机关申报办理变更税务登记。纳税人提交的有关变更登记的证件、资料齐全的，应如实填写税务登记变更表，符合规定的，税务机关应当日办理；不符合规定的，税务机关应通知其补正。

第一节 信息变更报告

涉及企业信息变更的，重点关注下列事项：

1. 一照一码户市场监管等部门登记信息发生变更的，向市场监管等部门申报办理变更登记。税务机关接收市场监管等部门变更信息，经纳税人确认后更新系统内的对应信息。一照一码户生产经营地、财务负责人等非市场监管等部门登记信息发生变化时，应向主管税务机关申报办理变更。

2. 两证整合个体工商户信息发生变化的，应向市场监督管理部门申报信息变更，税务机关接收市场监督管理部门变更信息，经纳税人确认后更新系统内的对应信息；经纳税人申请，也可由税务机关发起变更。其中，纳税人名称、纳税人识别号、业主姓名、经营范围不能由税务机关发起。

3. 对于境内股权转让业务，被投资企业发生个人股东变动或者个人股东所持股权变动的，应当在次月15日内向主管税务机关报送含有股东变动信息的“个人所得税基础信息表（A表）”及股东变更情况说明。股权转让交易双方均为非居民企业且在境外交易的，被转让股权的境内企业在依法变更税务登记时，应将股权转让合同复印件报送主管税务机关。

4. 境内机构和个人向非居民发包工程作业或劳务项目合同发生变更的，发包方或劳务受让方应自变更之日起10日内向所在地主管税务机关报送“非居民项目合同变更情况报告表”。

第二节 企业迁移

企业因生产经营、规划发展所需，经常会发生注册地、经营地迁移，迁移过程中会涉及清票、清税、进项税额转移、优惠适用承继、资质认定延续、征收方式确定等诸多涉税事项。

一、便利办理

《中共中央办公厅、国务院办公厅关于进一步深化税收征管改革的意见》提到，要简化企业涉税涉费事项跨省迁移办理程序，2022年基本实现资质异地共认。持续扩大跨省经营企业全国通办涉税涉费事项范围，2025年基本实现全国通办。为了支持企业合理流动，对于企业注册地跨省市迁移，国家税务总局出台了一系列支持性文件，便利企业税务迁移。

例如，《国家税务总局关于支持和服务长江三角洲区域一体化发展措施的通知》（税总函〔2019〕356号）规定，便利企业跨省迁移业务办理。长三角区域纳税信用级别为A级、B级的企业，因住所、经营地点在区域内跨省（市）迁移涉及变更主管税务机关的，税务机关可为符合相应条件的企业办理跨省（市）迁移手续，迁出地税务机关即时将企业相关信息推送至迁入地税务机关，迁入地税务机关自动办理接入手续，企业原有纳税信用级别等资质信息、增值税期末留抵税额等权益信息可予承继。

又如，《国家税务总局关于实施便利小微企业办税缴费新举措的通知》（税总函〔2019〕336号）规定，优化跨区迁移服务。各省税务局探索为属于正常户且不存在未办结事项的小微企业，提供省内跨区迁移注销的线上办理服务，并在风险可控的前提下快速办结，让符合条件的小微企业办理省内跨区迁移更便捷。

再如，《国家税务总局关于京津冀范围内纳税人办理跨省（市）迁移有关问题的通知》（税总发〔2015〕161号）明确规定了企业跨省（市）迁移过程中的具体事项与流程，可做实务参考。根据该文件，要点如下：

（一）适用范围

1.纳税人在京津冀范围内，因住所、经营地点变动涉及改变省（市）主管税务机关的，应当持有关证件和资料，向原主管税务机关申报办理注销税务登记（一照一码户办理清税申报），并在规定期限内向迁入地税务机关申报办理税务登记。

2.纳税人存在以下情况的，在未办结有关事项前，不得办理跨省（市）迁移手续：

（1）有未申报记录的；

（2）有各类欠缴或多缴税款、罚款或滞纳金的；

（3）有未结清的出口退（免）税款的；

（4）有未结稽查案件的；

（5）有未结行政处罚、行政复议或者行政诉讼案件的；

（6）有未处理完的在批文书的；

（7）税务机关规定的其他情形。

（二）时限要求

1.增值税一般纳税人办理跨省（市）迁移手续，应先完成纳税申报和增值税发票报税，再办理有关跨省（市）迁移手续。

2.纳税人在纳税申报期内（含所得税年度申报），提出办理跨省（市）迁移申请的，应完成当期全部申报并结清已申报税款后，办理有关跨省（市）迁移手续。

3.纳税人应自原主管税务机关注销其税务登记或开具“清税证明”之日起30日内向迁入地税务机关申报办理税务登记。

4.新设立的一照一码户在工商部门办理完变更登记后，应及时到迁入地税务机关办理有关涉税事宜。

（三）业务衔接

1.纳税申报及税款征收。跨省（市）迁移的纳税人，迁出前应完成全部纳税申报事项，并结清已申报的应纳税款及滞纳金、罚款和各类查补税款，迁出后发生的相关退、补税款，一律由迁入地税务机关完成。

2.税收优惠政策。纳税人跨省（市）迁移后，除区域优惠政策外，其原享受的各项税收优惠延续执行。迁出地税务机关在征管系统内取消相关税收优惠政策操作，收回纳税人迁移前税务机关送达的有关备案、审批文书，归入纳税人档案一并移交迁入地税务机关，迁入地税务机关据此在征管系统内重新流转相关税收优惠政策备案、审批文书，不得要求纳税人重新办理审批手续。

3.相关资格资质。

（1）迁入地税务机关对纳税人由迁出地税务机关认定的纳税信用等级资质予以认可。

（2）增值税一般纳税人迁移后，其增值税一般纳税人资格延续登记。纳税人办理注销税务登记前，尚有未抵扣进项税额的，迁出地税务机关应填报“增值税一般纳税人迁移进项税额转移单”，在增值税发票系统升级版中核实企业的发票缴销、补录情况。

（3）使用“税库银”电子缴税方式的纳税人，应与迁出地税务机关终止“实时缴税协议”，在迁入地税务机关重新签订“实时缴税协议”。

4.税控机具。

（1）纳税人使用的增值税发票系统升级版专用设备（包括金税盘、税控盘、报税盘）交由迁出地税务机关注销收回，纳税人在迁入地重新购置专用设备。

（2）使用税控收款机的纳税人迁出前应抄报当期开票数据，报送相关资料并办理税控收款机注销核准（收回税控卡、用户卡）。

5.发票及各类证件。

（1）纳税人跨省（市）迁移，迁出前应向迁出地税务机关申请缴销其全部结存空白发票（包括各类税控系统中的电子发票）及发票领购薄。

（2）增值税一般纳税人迁移后取得的原纳税人识别号发票需办理换票手续后，再进行申报抵扣。

（3）其他有关证件应由迁出地税务机关收缴或由纳税人交迁入地税务机关据以办理相关手续。

6.核定征收。实行定率征收的纳税人，迁入地税务机关原则上继续按照迁出地税务机关核定内容执行，如需要调整，应重新制作相关核定文书。如符合有关规定需实行查账征收的，迁入地税务机关可以改为查账征收方式，并书面通知纳税人。

实行定额征收的纳税人办理跨省（市）迁移时，迁出地税务机关取消其核定征收信息，由迁入地税务机关确定具体征收方式。

7.档案资料移交。纳税人办理跨省（市）迁移，迁出地税务机关应向迁入地税务机关移交纳税人的纳税档案，并填制“移交纳税登记户资料清单”，纳税人凭以下资料办理迁移手续：

（1）增值税一般纳税人尚有未抵扣进项税额的，应提供“增值税一般纳税人迁移进项税额转移单”，迁入地税务机关据此进行增值税进项税额的初始化处理。

（2）提供加盖迁出地主管税务机关公章的、迁出前清税处理完毕的“增值税纳税申报表”及附表、“企业所得税纳税申报表”及附表。

迁出地税务机关已对档案进行数字化处理的，可以移交加盖税务机关公章的数字图像影印件。京津冀内网信息交换平台搭建完成后，跨省迁移电子档案资料可利用内网信息交换平台进行数据交换。

迁出地税务机关应负责移交档案资料的完整性，封存并加盖封存章后，通过交换或其他方式随同档案资料一并送往迁入地税务机关，并填写“税源户移交签收单”。迁入地税务机关查收后，应将“税源户移交签收单”回执通过纸质或电子邮件方式返回迁出地税务机关。

迁入地主管税务机关接到迁出地主管税务机关递送的“纳税人迁移通知书”后，应于当日通过纸质或电子方式回复迁出地税务机关，并在3日内主动与纳税人取得联系，敦促纳税人按期办理税务登记及纳税申报等相关手续。

（四）具体业务操作

1.迁出地税务机关业务流程。

（1）跨省（市）迁移纳税人向迁出地税务机关填报“注销税务登记申请审批表”（一照一码户填制“清税申报表”），并结清其已申报税款及滞纳金、罚款和各类查补税款。

（2）迁出地税务机关负责办理纳税人的结税清票、收缴证件等相关工作。

（3）迁出地税务机关办理完上述有关事项后，在征管系统中进行迁出处理，填制“纳税人迁移通知书”一式三份（一份由迁出地税务机关留存，一份送迁入地税务机关确认，一份交纳税人到迁入地税务机关办理涉税事项时校验），并通知纳税人在规定的时间内办理迁入手续。

（4）迁出地税务机关填制“移交纳税登记户资料清单”和“税源户移交签收单”，并向迁入地税务机关移交纳税人档案及其他纳税资料。

2.迁入地税务机关业务流程。

（1）纳税人持“纳税人迁移通知书”、变更后的营业执照副本及复印件和其他有关资料等，到迁入地税务机关税务登记部门办理迁入手续。

（2）迁入地税务机关将“税务档案”和“移交纳税登记户资料清单”与“纳税人迁移通知书”等资料核对无误后，在征管系统中进行税务登记操作。

（3）迁入地税务机关办理完毕迁入手续后，填写“税源户移交签收单”回执回复迁出地税务机关，并告知纳税人在规定期限内到其主管税务机关办理申报纳税等相关涉税事宜。

二、其他关注事项

1.《科技部、财政部、国家税务总局关于修订印发〈高新技术企业认定管理办法〉的通知》（国科发火〔2016〕32号）规定，跨认定机构管理区域整体迁移的高新技术企业，在其高新技术企业资格有效期内完成迁移的，其资格继续有效；跨认定机构管理区域部分搬迁的，由迁入地认定机构按照本办法重新认定。

2.《财政部、税务总局、商务部、科技部、国家发展改革委关于将技术先进型服务企业所得税政策推广至全国实施的通知》（财税〔2017〕79号），省级科技、商务、财政、税务和发展改革部门对经认定并享受税收优惠政策的技术先进型服务企业应做好跟踪管理，对变更经营范围、合并、分立、转业、迁移的企业，如不再符合认定条件，应及时取消其享受税收优惠政策的资格。

3.根据《国家税务总局关于发布〈企业政策性搬迁所得税管理办法〉的公告》（国家税务总局公告2012年第40号），企业发生政策性搬迁业务，企业迁出地和迁入地主管税务机关发生变化的，由迁入地主管税务机关负责企业搬迁清算。

4.《国家税务总局关于一般纳税人迁移有关增值税问题的公告》（国家税务总局公告2011年第71号）规定，增值税一般纳税人（以下简称“纳税人”）因住所、经营地点变动，按照相关规定，在工商行政管理部门作变更登记处理，但因涉及改变税务登记机关，需要办理注销税务登记并重新办理税务登记的，在迁达地重新办理税务登记后，其增值税一般纳税人资格予以保留，办理注销税务登记前尚未抵扣的进项税额允许继续抵扣。迁出地主管税务机关应认真核实纳税人在办理注销税务登记前尚未抵扣的进项税额，填写“增值税一般纳税人迁移进项税额转移单”。“增值税一般纳税人迁移进项税额转移单”一式三份，迁出地主管税务机关留存一份，交纳税人一份，传递迁达地主管税务机关一份。迁达地主管税务机关应将迁出地主管税务机关传递来的“增值税一般纳税人迁移进项税额转移单”与纳税人报送资料进行认真核对，对其迁移前尚未抵扣的进项税额，在确认无误后，允许纳税人继续申报抵扣。

第九章

企业注销管理

根据《公司法》第一百八十条，公司因下列原因解散：公司章程规定的营业期限届满或者公司章程规定的其他解散事由出现；股东会或者股东大会决议解散；因公司合并或者分立需要解散；依法被吊销营业执照、责令关闭或者被撤销；公司经营管理发生严重困难，继续存续会使股东利益受到重大损失，通过其他途径不能解决的，持有公司全部股东表决权百分之十以上的股东，可以请求人民法院解散公司。除因合并或分立而解散外，其余原因引起的公司解散，均需在解散事由出现之日起15日内成立清算组，开始清算。

根据《税务登记管理办法》，纳税人发生解散、破产、撤销以及其他情形，依法终止纳税义务的，应当在向工商行政管理机关或者其他机关办理注销登记前，持有关证件和资料向原税务登记机关申报办理注销税务登记；按规定不需要在工商行政管理机关或者其他机关办理注册登记的，应当自有关机关批准或者宣告终止之日起15日内，持有关证件和资料向原税务登记机关申报办理注销税务登记。纳税人被工商行政管理机关吊销营业执照或者被其他机关予以撤销登记的，应当自营业执照被吊销或者被撤销登记之日起15日内，向原税务登记机关申报办理注销税务登记。境外企业在中国境内承包建筑、安装、装配、勘探工程和提供劳务的，应当在项目完工、离开中国前15日内，持有关证件和资料，向原税务登记机关申报办理注销税务登记。纳税人办理注销税务登记前，应当向税务机关提交相关证明文件和资料，结清应纳税款、多退（免）税款、滞纳金和罚款，缴销发票、税务登记证件和其他税务证件，经税务机关核准后，办理注销税务登记手续。

税务注销管理是税收管理的最后一环，是税收管理的重点，既要便利纳税人，优化注销程序，同时又要防范税收流失。

第一节 简易注销管理

为优化营商环境、深化“放管服”改革，国家税务总局先后出台了《国家税务总局关于进一步优化办理企业税务注销程序的通知》（税总发〔2018〕149号）、《国家税务总局关于深化“放管服”改革 更大力度推进优化税务注销办理程序工作的通知》（税总发〔2019〕64号）等文件，简化了企业税务注销程序，具体事项如下。

一、清税证明免办服务

对向市场监管部门申请简易注销的纳税人，符合下列情形之一的，可免予到税务机关办理清税证明，直接向市场监管部门申请办理注销登记。

1.未办理过涉税事宜的。

2.办理过涉税事宜但未领用发票、无欠税（滞纳金）及罚款的。

二、优化税务注销即办服务

对向市场监管部门申请一般注销的纳税人，税务机关在为其办理税务注销时，进一步落实限时办结规定。对未处于税务检查状态、无欠税（滞纳金）及罚款、已缴销增值税专用发票及税控专用设备，且符合下列情形之一的纳税人，优化即时办结服务，采取“承诺制”容缺办理，即：纳税人在办理税务注销时，若资料不齐，可在其作出承诺后，税务机关即时出具清税文书。

1.纳税信用级别为A级和B级的纳税人。

2.控股母公司纳税信用级别为A级的M级纳税人。

3.省级人民政府引进人才或经省级以上行业协会等机构认定的行业领军人才等创办的企业。

4.未纳入纳税信用级别评价的定期定额个体工商户。

5.未达到增值税纳税起征点的纳税人。

纳税人应按承诺的时限补齐资料并办结相关事项。若未履行承诺的，税务机关将对其法定代表人、财务负责人纳入纳税信用D级管理。

另外，未办理过涉税事宜的纳税人，主动到税务机关办理清税的，税务机关可根据纳税人提供的营业执照即时出具清税文书。办理过涉税事宜但未领用发票、无欠税（滞纳金）及罚款的纳税人，主动到税务机关办理清税，资料齐全的，税务机关即时出具清税文书；资料不齐的，可采取“承诺制”容缺办理，在其作出承诺后，即时出具清税文书。例如，纳税人需要报送的财务报表资料、纳税申报资料、有多缴税款需要提交退还多缴税款资料等，如果纳税人不能及时提供这些资料但急需清税文书的，可先作出承诺，税务机关即时出具清税文书，纳税人应按承诺的时限补齐资料并办结相关事项。纳税人若未履行承诺的，税务机关将对其法定代表人、财务负责人纳入纳税信用D级管理。经人民法院裁定宣告破产的纳税人，持人民法院终结破产程序裁定书向税务机关申请税务注销的，税务机关即时出具清税文书，按照有关规定核销“死欠”。

三、简化税务注销办理的资料和流程

1.简化资料。对已实行实名办税的纳税人，免予提供“税务登记证”正（副）本、“临时税务登记证”正（副）本、“发票领用簿”、个人身份证件、市场监督管理部门吊销营业执照决定原件（复印件）、上级主管部门批复文件或董事会决议原件（复印件）、项目完工证明、验收证明等相关文件原件（复印件）。

2.开设专门窗口。在办税服务厅设置注销业务专门服务窗口，并根据情况及时增加专门服务窗口数量。

3.提供“套餐式”服务。整合税务注销前置事项，实行“一窗受理、内部流转、限时办结、窗口出件”的“套餐式”服务模式。

4.强化“首问责任制”和“一次性告知”。纳税人到办税服务厅办理税务注销时，首次接待的税务人员应负责问清情况，区分事项和复杂程度，分类出具需要办理的事项告知书，并做好沟通和辅导工作。

5.优化内部工作流程和岗责分配。对纳税人办理注销业务涉及多事项的，要创新工作方式，简并优化流程、岗责，实现联动、限时处理。

6.处于非正常状态纳税人在办理税务注销前，需先解除非正常状态，补办纳税申报手续。符合以下情形的，税务机关可打印相应税种和相关附加的“批量零申报确认表”，经纳税人确认后，进行批量处理：

（1）非正常状态期间增值税、消费税和相关附加需补办的申报均为零申报的；

（2）非正常状态期间企业所得税月（季）度预缴需补办的申报均为零申报，且不存在弥补前期亏损情况的。

批量零申报涉及的相关税（费）种具体包括：企业所得税月（季）度预缴申报、增值税和消费税以及相关附加税（费）。

7.纳税人办理税务注销前，无需向税务机关提出终止“委托扣款协议书”申请。税务机关办结税务注销后，委托扣款协议自动终止。

第二节　一般注销管理

一般情况下，企业清算注销，税收方面主要涉及资产处置、股东分配环节的税务处理及注销程序管理。

一、清算程序的步骤

（一）成立清算组

除因公司合并或者分立需要解散以外，在解散事由出现之日起15日内成立清算组，开始清算。清算期间，企业存续，但不得开展与清算无关的经营活动。有限责任公司的清算组由股东组成，股份有限公司的清算组由董事或者股东大会确定的人员组成。逾期不成立清算组进行清算的，债权人可以申请人民法院指定有关人员组成清算组进行清算。

（二）通知和债权申报

清算组应当自成立之日起10日内通知债权人，并于60日内在报纸上公告。债权人应当自接到通知书之日起30日内，未接到通知书的自公告之日起45日内，向清算组申报其债权。

债权人申报债权，应当说明债权的有关事项，并提供证明材料。清算组应当对债权进行登记。在申报债权期间，清算组不得对债权人（含税务机关）进行清偿。

需要注意的是，按照法律规定，债务的清偿按照不申报不清偿的原则进行，因此即使是税收债权，税务机关也应关注清算公告，及时对欠税等作债权申报。根据《国家税务总局关于税收征管若干事项的公告》（国家税务总局公告2019年第48号），税务机关在人民法院公告的债权申报期限内，向管理人申报企业所欠税款（含教育费附加、地方教育附加，下同）、滞纳金及罚款。因特别纳税调整产生的利息，也应一并申报。企业所欠税款、滞纳金、罚款，以及因特别纳税调整产生的利息，以人民法院裁定受理破产申请之日为截止日计算确定。企业所欠税款、滞纳金、因特别纳税调整产生的利息，税务机关按照企业破产法相关规定进行申报，其中，企业所欠的滞纳金、因特别纳税调整产生的利息按照普通破产债权申报。

（三）清算财产清理

清理企业财产，分别编制资产负债表和财产清单。清算企业的财产包括宣布终止时企业的全部财产以及企业在清算期间取得的资产。已经作为担保物的财产相当于担保债务的部分，不属于清算财产，担保物的价款超过所担保的债务数额的部分，属于清算财产。

（四）清算资产处置

清算资产处置，包括收回应收款项、非货币性资产转让等。非货币性资产的转让，应依法照章缴纳增值税、土地增值税、印花税、附加税费等各项税收。企业将非货币性资产未对外处置，而直接分配给股东的，应当按可变现价值或约定的合理的交易价格确认资产转让收入。无法收回的应收款项作坏账核销处理。

（五）清偿债务

清算组按下列顺序清偿债务：

1.支付清算费用。企业办理清算发生的费用从现有财产中优先支付。清算费用包括法定清算机构成员的工资、差旅费、办公费、公告费、诉讼费及清算过程中必需的其他支出。清算过程中处置资产需要缴纳各项税费（含清算所得税）也作为清算费用处理。

2.应付未付的职工工资、社会保险费用、法定补偿金等。

3.应缴未缴的各项税费，是指生产经营过程中应交未交的各项税费，清算过程的产生的税费按清算费用处理。

4.尚未偿付的债务。

（六）剩余财产分配

有限责任公司，除公司章程另有规定者外，应当按投资各方出资比例分配；股份有限公司，按优先股股份面值对优先股股东分配。优先股股东分配后的剩余部分，按普通股股东的股份比例进行分配，股份有限公司章程规定不按持股比例分配的除外。如果剩余财产不足全额偿还优先股金时，按各优先股股东所持比例分配。

（七）制作清算报告，申请注销登记

公司清算结束后，清算组应当制作清算报告，报股东会、股东大会或者人民法院确认，并报送公司登记机关申请注销，公告公司终止。

二、资产处置的处理

企业全部资产均应按可变现价值或交易价格，确认资产转让所得或损失，并照章缴纳增值税、土地增值税、印花税、附加税费等各项税收。其中，对外处置的，按交易价格确认资产转让收入；直接分配给股东的，应按可变现价值或约定的合理的交易价格确认资产转让收入。

（一）处置使用过的固定资产

企业处置下列使用过的固定资产，按照简易办法依照3%征收率减按2%征收增值税，不得开具增值税专用发票：

1.一般纳税人销售自己使用过的属于条例第十条规定不得抵扣且未抵扣进项税额的固定资产。

2. 2008年12月31日以前未纳入扩大增值税抵扣范围试点的纳税人，销售自己使用过的2008年12月31日以前购进或者自制的固定资产。

3. 2008年12月31日以前已纳入扩大增值税抵扣范围试点的纳税人，销售自己使用过的在本地区扩大增值税抵扣范围试点以前购进或者自制的固定资产。

4. 购进或者自制固定资产时为小规模纳税人，认定为一般纳税人后销售该固定资产。

5. 发生按简易办法征收增值税应税行为，销售其按照规定不得抵扣且未抵扣进项税额的固定资产。

6. 营改增纳税人销售自己使用过的、纳入营改增试点之日前取得的固定资产。

“固定资产”，是指使用期限超过12个月的机器、机械、运输工具以及其他与生产经营有关的设备、工具、器具等有形动产。“使用过”，是指根据财务会计制度已经计提折旧的固定资产。

纳税人也可以放弃减税，按照简易办法依照3%征收率缴纳增值税，并可以开具增值税专用发票。

（二）处置不动产

企业处置不动产的，应当依法缴纳增值税、附加税费、土地增值税、印花税和企业所得税。

1. 增值税。

（1）一般纳税人转让其2016年4月30日前取得（不含自建）的不动产，可以选择适用简易计税方法计税，以取得的全部价款和价外费用扣除不动产购置原价或者取得不动产时的作价后的余额为销售额，按照5%的征收率计算应纳税额。纳税人应按照上述计税方法向不动产所在地主管税务机关预缴税款，向机构所在地主管税务机关申报纳税。

（2）一般纳税人转让其2016年4月30日前自建的不动产，可以选择适用简易计税方法计税，以取得的全部价款和价外费用为销售额，按照5%的征收率计算应纳税额。纳税人应按照上述计税方法向不动产所在地主管税务机关预缴税款，向机构所在地主管税务机关申报纳税。

（3）一般纳税人转让其2016年4月30日前取得（不含自建）的不动产，选择适用一般计税方法计税的，以取得的全部价款和价外费用为销售额计算应纳税额。纳税人应以取得的全部价款和价外费用扣除不动产购置原价或者取得不动产时的作价后的余额，按照5%的预征率向不动产所在地主管税务机关预缴税款，向机构所在地主管税务机关申报纳税。

（4）一般纳税人转让其2016年4月30日前自建的不动产，选择适用一般计税方法计税的，以取得的全部价款和价外费用为销售额计算应纳税额。纳税人应以取得的全部价款和价外费用，按照5%的预征率向不动产所在地主管税务机关预缴税款，向机构所在地主管税务机关申报纳税。

（5）一般纳税人转让其2016年5月1日后取得（不含自建）的不动产，适用一般计税方法，以取得的全部价款和价外费用为销售额计算应纳税额。纳税人应以取得的全部价款和价外费用扣除不动产购置原价或者取得不动产时的作价后的余额，按照5%的预征率向不动产所在地主管税务机关预缴税款，向机构所在地主管税务机关申报纳税。

（6）一般纳税人转让其2016年5月1日后自建的不动产，适用一般计税方法，以取得的全部价款和价外费用为销售额计算应纳税额。纳税人应以取得的全部价款和价外费用，按照5%的预征率向不动产所在地主管税务机关预缴税款，向机构所在地主管税务机关申报纳税。

（7）小规模纳税人转让其取得（不含自建）的不动产，以取得的全部价款和价外费用扣除不动产购置原价或者取得不动产时的作价后的余额为销售额，按照5%的征收率计算应纳税额。转让其自建的不动产，以取得的全部价款和价外费用为销售额，按照5%的征收率计算应纳税额。小规模纳税人，应按照本条规定的计税方法向不动产所在地主管税务机关预缴税款，向机构所在地主管税务机关申报纳税。

（8）上述销售额可以差额扣除的，因为税法并未限制差额扣除部分不得开具专用发票，因此可以全额开具增值税专用发票，例如江西省国家税务局全面推开营改增政策问题解答七规定："销售不动产（不含自建）选择简易征收，以取得的全部价款和价外费用减去该不动产购置原价或者取得不动产时的作价后的余额为销售额，应当全额开具增值税发票，不使用差额征税开票功能开票。"

2. 土地增值税。

（1）应税收入的确定。企业处置不动产，应当按照转让旧房相关政策缴纳土地增值税。根据《国家税务总局关于营改增后土地增值税若干征管规定的公告》（国家税务总局公告2016年第70号）规定，适用增值税一般计税方法的纳税人，其转让房地产的土地增值税应税收入不含增值税销项税额；适用简易计税方法的纳税人，其转让房地产的土地增值税应税收入不含增值税应纳税额。

（2）扣除项目的确定。处置不动产土地增值税的扣除项目，包括土地成本、房屋及建筑物的评估价格、评估费和转让环节缴纳的相关税费，具体内容如下：

依据《财政部、国家税务总局关于土地增值税一些具体问题规定的通知》（财税字〔1995〕048号）规定，转让旧房的，应按房屋及建筑物的评估价格、取得土地使用权所支付的地价款和按国家统一规定交纳的有关费用以及在转让环节缴纳的税金，作为扣除项目金额计征土地增值税。

对取得土地使用权时未支付地价款或不能提供已支付的地价款凭据的，不允许扣除取得土地使用权所支付的金额。

旧房及建筑物的评估价格，是指在转让已使用的房屋和建筑物时，由政府批准设立的房地产评估机构评定的重置成本价乘以成新度折扣率后的价格。

纳税人转让旧房及建筑物时因计算纳税的需要而对房地产进行评估，其支付的评估费用允许在计算增值额时予以扣除。纳税人隐瞒、虚报房地产成交价格等情形而按房地产评估价格计算征收土地增值税所发生的评估费用，不允许在计算土地增值税时予以扣除。

纳税人处置环节缴纳的印花税，属于与转让房地产有关的税金予以扣除。

纳税人受让不动产环节缴纳的契税，在旧房及建筑物的评估价中已包括了此项因素，在计征土地增值税时，不另作为与转让房地产有关的税金予以扣除。

若纳税人不能取得评估价格，但能提供购房发票的，根据《财政部、国家税务总局关于土地增值税若干问题的通知》（财税〔2006〕21号）规定，可按发票所载金额并从购买年度起至转让年度止每年加计5%计算。计算扣除项目时的每年，按购房发票所载日期起至售房发票开具之日止，每满12个月计1年；超过1年，未满12个月但超过6个月的，可以视同为1年。

根据国家税务总局公告2016年第70号规定，提供的购房凭据为营改增前取得的营业税发票的，发票所载金额不扣减营业税；提供的购房凭据为营改增后取得的增值税普通发票的，发票所载金额为价税合计金额；提供的购房发票为营改增后取得的增值税专用发票的，发票所载金额为不含增值税金额加上不允许抵扣的增值税进项税额之和。

对纳税人购房时缴纳的契税，凡能提供契税完税凭证的，准予作为“与转让房地产有关的税金”予以扣除，但不作为加计5%的基数。

对于转让旧房及建筑物，既没有评估价格，又不能提供购房发票的，税务机关可以根据《中华人民共和国税收征收管理法》第三十五条的规定，实行核定征收。

3.印花税。企业处置存货或设备按照“购销合同”缴纳印花税，处置房产、股权按“产权转移书据”缴纳印花税。

（三）房产税和城镇土地使用税

清算期间，企业应当依法照章缴纳房产税和城镇土地使用税。企业确有困难的，可依法根据所在省、自治区、直辖市人民政府规定，申请享受定期减征或者免征房产税和城镇土地使用税。

三、债权债务的处理

清算中不能收回的应收款项应作为坏账损失处理按规定于税前扣除，留存备查相关资产损失资料。企业确实无法偿付的应付款项，根据《企业所得税法实施条例》第二十二条规定，属于企业取得的其他收入，应计入清算所得。

企业清算前已确定不需支付的应付款项，应并入生产经营期间所得征税。企业清算期间确定的不需支付的应付款项，需并入清算所得征税。企业清算期间应支付但由于清算资产不足以偿还的未付款项，无须并入清算所得征税。盈余公积和资本公积属于股东权益，不计入清算所得。

四、清算所得的计算

根据《企业所得税法实施条例》第十一条和《财政部、国家税务总局关于企业清算业务企业所得税处理若干问题的通知》（财税〔2009〕60号）规定，企业的全部资产可变现价值或交易价格，减除资产的计税基础、清算费用、相关税费，加上债务清偿损益、依法弥补亏损等后的余额，为清算所得。

企业清算时，应当以整个清算期间作为一个纳税年度，依法计算清算所得及其应纳所得税。企业应当自清算结束之日起15日内，向主管税务机关报送企业清算所得税纳税申报表，结清税款。

清算环节，可以按规定享受相关免税收入、所得减免等税收优惠。需要注意的是，由于清算期间取得的收入包含财产转让等非日常经营所得，因此可能导致不满足享受税收优惠条件。例如，西部大开发15%优惠税率需要主营业务收入占企业收入总额70%以上，如果清算环节主营业务收入占比未达标，则不得享受该优惠。

另外，企业需要改变持续经营核算原则，对预提或待摊性质的费用进行处理。例如，应当分期确认所得的项目（如符合条件的企业债务重组确认的应纳税所得额占该企业当年应纳税所得额50%以上等业务），剩余未确认所得的金额，必须一次性并入清算所得；对于生产经营期间预提的各项费用（不含递延所得税负债）不再支付的，必须并入清算所得；其他待摊费用（如按3年平均扣除的企业筹办费、房屋装修费等）按照剩余计税基础扣除；非同一控制下的企业合并形成的商誉，在生产经营期间不得摊销扣除，在计算清算所得时一次性扣除。递延所得税资产与应纳税所得额无关，其计税基础为零。

清算前未扣除完毕的业务宣传费，可结转到清算期间，在清算销售（营业）收入的15%比例内限额扣除，超出部分不得扣除。根据《财政部、国家税务总局关于广告费和业务宣传费支出税前扣除有关事项的公告》（财政部、国家税务总局公告2020年第43号）规定，对化妆品制造或销售、医药制造和饮料制造（不含酒类制造）企业，上述比例为30%。

五、分配环节的处理

企业全部资产的可变现价值或交易价格减除清算费用，职工的工资、社会保险费用和法定补偿金，结清清算所得税、以前年度欠税等税款，清偿企业债务后的余额，为可以向所有者分配的剩余资产。被清算企业的股东取得的股息所得和投资转让所得应区别股东身份作处理。

（一）企业所得税纳税人

被清算企业的股东分得的剩余资产的金额，其中相当于被清算企业累计未分配利润和累计盈余公积中按该股东所占股份比例计算的部分，应确认为股息所得；剩余资产减除股息所得后的余额，超过或低于股东投资成本的部分，应确认为股东的投资转让所得或损失。

（二）个人所得税纳税人

根据《国家税务总局关于个人终止投资经营收回款项征收个人所得税问题的公告》（国家税务总局公告2011年第41号）规定，无论是非居民个人，还是居民个人，从被清算企业分得的剩余资产的金额，不区分股息所得和股权转让所得，全部按照“财产转让所得”项目适用的规定计算缴纳个人所得税，并由清算企业负责代扣代缴。

六、被合并或分立方式注销

（一）企业所得税的处理

根据《财政部、国家税务总局关于企业重组业务企业所得税处理若干问题的通知》（财税〔2009〕59号）规定，企业合并或分立注销的，符合条件的可选择适用特殊性税务处理，无需作清算申报。不符合条件或选择不适用特殊性税务处理的，虽然无需经清算程序，但企业所得税处理上需视同清算作税务处理。

（二）增值税的处理

根据《营业税改征增值税试点有关事项的规定》（财税〔2016〕36号）和《国家税务总局关于纳税人资产重组有关增值税问题的公告》（国家税务总局公告2011年第13号）规定，企业合并或分立注销，涉及的资产重组，不属于增值税征税范围，不缴纳增值税。注销企业的留抵税额根据《国家税务总局关于纳税人资产重组增值税留抵税额处理有关问题的公告》（国家税务总局公告2012年第55号）规定，结转至新纳税人处继续抵扣。

企业也可以选择作为应税行为，向重组业务中的资产承接方开具增值税专用发票，承接方可依法抵扣进项。

（三）土地增值税的处理

根据《财政部、国家税务总局关于继续实施企业改制重组有关土地增值税政策的通知》（财税〔2018〕57号）规定，两个或两个以上企业合并为一个企业，且原企业投资主体存续的，对原企业将房地产转移、变更到合并后的企业，暂不征土地增值税。投资主体存续，是指原企业出资人必须存在于改制重组后的企业，出资人的出资比例可以发生变动。

企业分设为两个或两个以上与原企业投资主体相同的企业，对原企业将房地产转移、变更到分立后的企业，暂不征土地增值税。投资主体相同，是指企业改制重组前后出资人不发生变动，出资人的出资比例可以发生变动。

重组中的房地产受让方，在重组后再转让国有土地使用权并申报缴纳土地增值税的，应以改制前取得该宗国有土地使用权所支付的地价款和按国家统一规定缴纳的有关费用，作为取得土地使用权所支付的金额。

上述重组政策不适用于房地产转移任意一方为房地产开发企业的情形。因此，对于任意一方为房地产开发企业，或者企业放弃享受重组递延纳税优惠的，应当视同清算缴纳土地增值税。

需要说明的是，财税〔2018〕57号文件执行期限为2018年1月1日至2020年12月31日。截至本书完稿时，新文件尚未发布，请读者关注接力文件。

（四）契税的处理

根据《财政部、国家税务总局关于继续执行企业事业单位改制重组有关契税政策的公告》（财政部、国家税务总局公告2021年第17号）规定，两个或两个以上的公司，依照法律规定、合同约定，合并为一个公司，且原投资主体存续的，对合并后公司承受原合并各方土地、房屋权属，免征契税。公司依照法律规定、合同约定分立为两个或两个以上与原公司投资主体相同的公司，对分立后公司承受原公司土地、房屋权属，免征契税。

（五）印花税的处理

根据《财政部、国家税务总局关于企业改制过程中有关印花税政策的通知》（财税〔2003〕183号）规定，企业因改制签订的产权转移书据免予贴花。

以吸收合并、新设合并和存续分立、新设分立方式成立的新企业，其新启用的资金账簿记载的资金，凡原已贴花的部分可不再贴花，未贴花的部分和以后新增加的资金按规定贴花。

（六）房产税的处理

房产自用的，房产税从价计征。根据《财政部、国家税务总局关于房产税、城镇土地使用税有关问题的通知》（财税〔2008〕152号）规定，房屋原价应根据国家有关会计制度规定进行核算。

根据《企业会计准则第20号——企业合并》规定，同一控制下的合并或分立，重组中的房产承受方应当按照合并日在被合并方的账面价值计量，即不改变原房产税的计税依据。对于非同一控制下的合并或分立，重组中的房产承受方应当按照房产的公允价值确认房产原值，并按照新的房产原值缴纳房产税。

七、个体工商户、个人独资企业、合伙企业注销

《个体工商户登记管理办法（2019年修订版）》规定，申请个体工商户注销登记，需提交申请人签署的个体工商户注销登记申请书、个体工商户营业执照正本及所有副本、国家市场监督管理总局规定的其他文件。

《中华人民共和国个人独资企业法》规定，个人独资企业解散，由投资人自行清算或者由债权人申请人民法院指定清算人进行清算。个人独资企业财产不足以清偿债务的，投资人应当以其个人的其他财产予以清偿。个人独资企业清

算结束后，投资人或者人民法院指定的清算人应当编制清算报告，并于15日内到登记机关办理注销登记。

《中华人民共和国合伙企业法》规定，合伙企业发生解散事由的，应当由清算人进行清算，合伙企业财产在支付清算费用和职工工资、社会保险费用、法定补偿金以及缴纳所欠税款、清偿债务后的剩余财产，按规定进行分配。清算结束，清算人应当编制清算报告，经全体合伙人签名、盖章后，在15日内向企业登记机关报送清算报告，申请办理合伙企业注销登记。合伙企业注销后，原普通合伙人对合伙企业存续期间的债务仍应承担无限连带责任

个体工商户、个人独资企业、合伙企业注销的，需进行《个人所得税经营所得纳税申报表（B表）》申报，企业的清算所得应当视为年度经营所得，由投资者依法缴纳个人所得税。

第三节　企业破产注销

根据《企业破产法》，债务人不能清偿到期债务，并且资产不足以清偿全部债务或者明显缺乏清偿能力的，可以向人民法院提出重整、和解或者破产清算申请。债务人不能清偿到期债务，债权人可以向人民法院提出对债务人进行重整或者破产清算的申请。企业法人已解散但未清算或者未清算完毕，资产不足以清偿债务的，依法负有清算责任的人应当向人民法院申请破产清算。人民法院裁定受理破产申请的，应当同时指定管理人。

破产清算期间，企业会有继续履行合同、生产经营或者处置财产等行为，这些行为常涉及发票开具需求，也可能产生增值税、印花税、土地增值税等税收。对此，《国家税务总局关于税收征管若干事项的公告》（国家税务总局公告2019年第48号）规定：在人民法院裁定受理破产申请之日至企业注销之日期间，企业应当接受税务机关的税务管理，履行税法规定的相关义务。破产程序中如发生应税情形，应按规定申报纳税。从人民法院指定管理人之日起，管理人可以按照《中华人民共和国企业破产法》第二十五条规定，以企业名义办理纳税申报等涉税事宜。企业因继续履行合同、生产经营或处置财产需要开具发票的，管理人可以以企业名义按规定申领开具发票或者代开发票。

为便利企业破产注销，确保税收债权依法清收，不少省级税务机关会同当地省高院，就破产环节的涉税问题做专题研究，明确相关事项，例如，四川省高级人民法院、税务局出台《关于企业破产程序涉税问题处理的意见》（发布日期：2021年3月31日，附后，供参考）；湖南省高级人民法院、税务局印发《关于便利企业破产涉税事项理推营商环境竟优化的意见》（湘高法发〔2021〕7号 发布日期：2021年4月1日）等。

附：四川省高级人民法院、税务局关于企业破产程序涉税问题处理的意见

为持续优化营商环境，服务经济高质量发展，提高破产案件办理效率，为困境企业重整创造条件，降低市场主体退出成本，确保税收债权依法清收，根据《中华人民共和国企业破产法》《中华人民共和国税收征收管理法》等法律法规，结合企业破产处置工作实际，制定本意见。

一、优化税收征管流程

（一）办理权限

人民法院裁定受理破产申请的，其指定的管理人可持人民法院出具的受理破产申请裁定书、指定管理人决定书、管理人介绍信，以破产企业（指进入破产程序的企业，下同）名义至主管税务机关办理相关涉税事宜。

（二）税务查询

管理人可申请查询破产企业纳税申报、税款缴纳和接受处罚等涉税信息。现场办理查询业务的，管理人可以在主管税务机关办税服务厅注销清税业务专窗（专区）申请查询，主管税务机关即时予以办结，特殊情况需要延后回复的，原则上不得超过3个工作日。

网上办理查询业务的，管理人可登录国家税务总局四川省电子税务局申请查询。如管理人未掌握破产企业登录密码，可以在主管税务机关办税服务厅申请办理密码重置。

（三）政策咨询

税务机关为管理人提供办理破产相关税收政策的咨询服务，管理人可通过12366纳税服务热线、办税服务厅现场咨询室、相关税务人员等渠道对有关税收政策进行咨询。

重大破产涉税事项，主管税务机关纳税服务部门为牵头部门，负责组织协调征管科技部门、税政部门、法制部门和税源管理部门，解答管理人涉税问题咨询。对于难以答复的疑难问题，主管税务机关应当向上级税务机关请示后，及时予以答复。

管理人或企业制定重整计划草案，管理人制定分配方案、进行资产处置等，可以书面申请主管税务机关对相关内容提供税收测算，主管税务机关依法予以支持，及时予以答复。

（四）非正常户解除

企业在人民法院裁定受理破产申请前被主管税务机关认定为非正常户的，管理人就企业逾期未申报行为接受处罚，并补办纳税申报的，主管税务机关应当对税款、滞纳金、罚款向管理人申报债权，并按规定解除企业的非正常户

认定。

主管税务机关在税收债权申报时，如发现企业的税务登记状态为非正常户的，一并通知管理人在债权申报截止日前办理相关涉税处理事项。

（五）纳税申报

管理人据实补办人民法院裁定受理破产申请前企业未办理的纳税申报，未发现企业有应税行为的，可暂按零申报补办纳税申报。人民法院裁定受理破产申请前，企业发生税收违法行为应当给予行政处理、处罚的，主管税务机关依法作出行政处理、处罚决定，并将企业应补缴税（费）、滞纳金、罚款按照法律规定进行债权申报，依法受偿。

人民法院裁定受理破产申请后，经人民法院许可或债权人会议决议，企业因继续营业或者因破产财产的使用、拍卖、变现所产生的应当由企业缴纳的税（费），管理人以企业名义按规定申报缴纳。相关税（费）依法按照共益债务或者破产费用，由破产财产随时清偿，主管税务机关无须另行申报债权，由管理人直接申报缴纳。

（六）发票领用

破产企业应当接受税务机关的税务管理，管理人负责管理企业财产和营业事务的，由管理人代表破产企业履行法律规定的相关纳税义务。人民法院裁定受理破产申请后，企业在破产程序中因继续履行合同、生产经营或者处置财产确需使用发票的，管理人可以以企业名义到主管税务机关申领、开具发票，按规定缴纳税款。主管税务机关在督促企业就新产生的纳税义务足额纳税的同时，按照有关规定满足其合理发票领用需要，不得以破产企业存在欠税情形为由拒绝。

管理人发现企业的税控设备、发票等在接管前有丢失情形的，及时向主管税务机关报备，并以企业名义按照规定办理挂失、补办等手续。

管理人应当妥善管理发票，不得发生丢失、违规开具等情形，违反《中华人民共和国发票管理办法》等法律法规的，主管税务机关应当按相关规定进行处理。

（七）清算期间企业所得税处理

人民法院裁定宣告企业破产后，企业终止经营活动的，应进行企业清算所得税处理。管理人可通过国家税务总局四川省电子税务局向主管税务机关进行清算备案，无须提交附列资料。

对于经营期内未预缴的企业所得税按规定预缴申报，并自实际经营终止之日起60日内，向税务机关办理当期企业所得税汇算清缴；同时，以整个清算期作为一个独立的纳税年度计算清算所得，期间不需要再进行企业所得税预缴申报，自清算结束之日起15日内完成清算申报。

（八）重整与和解中的所得税税前扣除政策

对于破产企业根据资产处置结果，人民法院裁定批准或认可的重整计划、和解协议确定或形成的资产损失，依照税法规定进行资产损失扣除。主管税务机关对破产企业提交的与此有关的申请材料应快捷审查，便利办理。

（九）税款入库与退库

在破产企业财产分配时，管理人持人民法院关于财产分配的裁定书到主管税务机关办理税款入库手续。

主管税务机关在征收管理中发现破产企业有可以申请退税的情形，应当告知管理人。

（十）税务注销

企业经人民法院裁定宣告破产的，管理人可持人民法院终结破产清算程序裁定书向税务机关申请企业税务注销，主管税务机关即时出具清税文书，按照有关规定核销“死欠”，不得违反规定要求额外提供证明文件，或以税款未获全部清偿为由拒绝办理。

主管税务机关办税服务厅设置注销清税业务专窗（专区），受理企业破产清算注销业务，实现专人负责，一窗通办。

二、服务企业破产重整

（一）税务信息变更

企业在重整过程中因引进战略投资人等原因确需办理税务登记信息变更的，向设立登记管理部门申报办理变更登记，税务机关接收设立登记管理部门变更信息，经企业确认后即时更新相关信息。对于无须设立登记管理部门采集的变更信息，企业可直接向主管税务机关申报办理变更登记。

企业因原法定代表人犯罪等列入重大风险防控企业名单，导致企业重整时无法办理税务信息变更的，可由管理人以企业名义办理税务信息变更。

（二）纳税信用修复

重整或和解程序中，税务机关依法受偿后，管理人或破产企业可以向主管税务机关提出纳税信用修复申请，主管税务机关根据人民法院出具的批准重整计划或认可和解协议的裁定书评价其纳税信用级别。已被公布重大税收违法失信案件信息的上述破产企业，经税务机关确认后，停止公布并从公告栏中撤出，并将相关情况及时通知实施联合惩戒和管理的部门。

税务机关可充分运用与银行间的纳税信用应用机制，将评价结果经企业授权后向相关银行开放查询。

三、落实税收优惠政策

（一）破产清算事项

依法进入破产程序的企业纳税确有困难的，管理人可以在人民法院裁定受理破产申请后，按现行规定向主管税务机关申请房产税和城镇土地使用税困难减免。

（二）破产重整及和解事项

企业在破产过程中，实施资产重组，通过合并、分立、出售、置换等方式，将全部或者部分实物资产以及与其相关联的债权、负债和劳动力一并转让给其他单位和个人，其中涉及的货物、不动产、土地使用权转让符合规定条件的，不征收增值税。

企业在破产过程中，发生重组业务，符合规定条件的，可适用企业所得税特殊性税务处理。

企业在破产过程中，符合规定条件的，可享受改制重组有关契税、土地增值税、印花税优惠政策。

管理人认为企业符合国家相关税收优惠政策的，可以向主管税务机关提出咨询或者申请，由主管税务机关按规定做好政策辅导或者落实。

四、依法清收税收债权

（一）税收债权申报

人民法院或管理人自裁定受理破产申请之日起25日内，书面通知主管税务机关申报税收债权。无法确定主管税务机关的，人民法院或管理人可以书面通知国家税务总局四川省税务局，国家税务总局四川省税务局应当协助确定并通知主管税务机关。

主管税务机关收到债权申报通知后，应当在确定的债权申报期限内向管理人依法申报企业所欠税（费）、滞纳金、罚款，以及因特别纳税调整产生的利息等，同时提供收取债权分配款的账号。企业所欠税（费）、滞纳金、罚款，以及因特别纳税调整产生的利息，以人民法院裁定受理破产申请之日为截止日计算确定。其中企业所欠滞纳金、因特别纳税调整产生的利息按照普通破产债权申报。未在债权申报期限内申报的税收债权，可以在破产财产最后分配前补充申报。

主管税务机关申报税收债权时，应当列明所申报债权的税（费）种、税率（征收率）、性质以及计算依据等。

（二）债权登记及审查确认

管理人应当对主管税务机关提交的债权申报材料进行登记造册，详尽记载申报债权额、申报债权的证据、优先权情况、申报时间等事项，对申报的税收债权进行审查，编制债权表，供利害关系人查阅。

因企业破产程序中欠缴税（费）、滞纳金、罚款和因特别纳税调整产生的利息的债权性质和清偿顺序不同，税务机关依法受偿欠缴税（费）、滞纳金、罚款和因特别纳税调整产生的利息办理入库时，按人民法院生效裁判文书执行。

（三）税收债权核对

企业或者其他债权人对主管税务机关申报的税收债权有异议的，管理人应及时向主管税务机关书面反馈。主管税务机关认为异议成立的，应当重新申报税收债权；认为异议不成立的，应当向管理人提供异议部分税收债权的计算方式和征收依据，以便管理人核对。

管理人对主管税务机关提供的材料核对后不予认可的，主管税务机关应当在债权人会议核查结束后15日内向审理破产案件的人民法院提起债权确认之诉。

（四）积极行使表决权

主管税务机关作为债权人，应当参加债权人会议，依法行使表决权。

重整案件中，欠缴税款和滞纳金的债权分别编入税款债权组和普通债权组，主管税务机关应当分别行使表决权。

（五）依法核销破产企业欠缴税款

主管税务机关在破产清算程序中依法受偿破产企业欠缴的税款本金、滞纳金、罚款后，应当按照人民法院裁定认可的财产分配方案中确定的受偿比例，办理欠缴税款本金、滞纳金、罚款的入库，并依法核销未受偿的税款本金、滞纳金、罚款。

五、其他涉税事项

（一）税务检查

企业进入破产程序后，税务机关此前已经启动尚未办结的税务检查程序可继续开展；一般不再启动新的税务检查程序，但发现重大违法线索必须查处的情形除外。

（二）行政强制

在人民法院裁定受理破产申请前税务机关已对企业财产采取税收保全措施的，在人民法院裁定受理破产申请后管理人持受理破产申请裁定书和指定管理人决定书，依法向有关部门、金融机构申请解除对破产企业财产的税收保全措施。税收保全措施解除后，管理人应当及时通知原采取保全措施的税务机关。

税务机关在人民法院裁定受理破产申请前已对企业财产采取强制执行措施的，在人民法院裁定受理破产申请后，应当依照《中华人民共和国企业破产法》第十九条的规定中止执行程序，并将企业财产移交给管理人。

人民法院裁定驳回破产申请，或者依据《中华人民共和国企业破产法》第一百零八条的规定裁定终结破产程序的，应当及时通知原已采取税收保全措施并已依法解除的税务机关按照原顺位恢复相关税收保全措施。在已依法解除保全措施的税务机关恢复保全措施或者表示不再恢复之前，人民法院不得解除对企业财产的保全措施。

（三）管理人履职身份认可

税务机关应当保障管理人依法履行职务。因企业公章遗失、未能接管等原因，无法在向税务机关提交的相关文书材料中加盖企业公章的，由管理人对该情况作出书面说明，加盖管理人印章即可。

因税收管理要求必须使用破产企业印章而管理人未能接管破产企业印章的，管理人可以凭人民法院出具的相关文书重新制作印章。

（四）管理责任

因管理人代表企业办理涉税事项时未遵守税收法律、法规，造成企业未缴或者少缴税款的，主管税务机关责令限期整改。对拒不改正或未勤勉尽责履行代企业进行纳税申报义务的管理人，主管税务机关可将有关情况通报人民法院。人民法院应当责令管理人依法履行纳税义务。

本意见自发布之日起施行。